U0883098

娱 乐 法

宋海燕 著

商務印書館
创于1897 The Commercial Press

2017 年 · 北京

图书在版编目(CIP)数据

娱乐法/宋海燕著.—北京:商务印书馆,2014(2017.6重印)
ISBN 978-7-100-10638-2

Ⅰ.①娱… Ⅱ.①宋… Ⅲ.①文化事业—行政管理—法规—美国 Ⅳ.①D971.221

中国版本图书馆CIP数据核字(2014)第181390号

权利保留,侵权必究。

娱 乐 法

宋海燕 著

商 务 印 书 馆 出 版
(北京王府井大街36号 邮政编码 100710)
商 务 印 书 馆 发 行
北 京 冠 中 印 刷 厂 印 刷
ISBN 978-7-100-10638-2

2014年9月第1版 开本880×1230 1/32
2017年6月北京第3次印刷 印张10⅜

定价:38.00元

自　　序

年余前，应商务印书馆盛邀，提笔撰写《娱乐法》一书。

中国电影票房收入近年来爆炸式的增长、影视公司大手笔的海外收购、互联网产业跨界内容制作的万丈雄心——如此种种似乎都意味着中国娱乐产业黄金时代的到来。一时间，"娱乐法"一词荣登热门词汇榜，而娱乐法律师也开始自成一系。

那么，究竟何谓"娱乐法"？其实，娱乐法并非一门单独的法律学科，而是融合了合同法、著作权法、商标法、侵权责任法、劳动法，甚至破产法的跨部门的调整娱乐行业商业行为的法律规范的总和。作为世界上最成熟发达的娱乐产业鼻祖，以好莱坞为代表的美国娱乐产业覆盖了电影、电视、数字媒体、音乐、出版、软件游戏等多项产业。由于娱乐产业所涉及的法律问题有其特殊性，为适时反映该产业的法律需求，美国不少法学院（包括作者所任教的法学院）也专门开设了"娱乐法"课程。

与娱乐产业最为相关的法律领域首推知识产权法律制度，尤其是著作权法。毕竟娱乐产业的核心资产——如小说、剧本、影视作品、音乐作品、游戏软件等无形资产正是著作权保护的对象。同时，娱乐产业的从业人员也多被著作权法视为"作者及其他权利人"的作家、编剧、导演、作曲、摄影、演员等。因此，本书讲述的重点之一即为知识产权法在娱乐产业的具体应用。

本书作者在美国洛杉矶 Loyola 法学院担任法学教授之前，曾任美国迪士尼公司亚太区资深法律顾问，有幸近距离接触美国好莱坞的商业模式，并亲自解决各种法律相关问题。本书通过对美国好莱坞百年发展的回顾，结合中美两国的法律与实践，精选娱乐产业的经典案例若干，向中国读者推出一部基于美国好莱坞娱乐产业模式相关的行为规范，简称为“娱乐法”。本书第一章为美国好莱坞电影产业的发展史及行业玩家的简略介绍；第二章至第五章分别从著作权、商标权、人格权及合同法等角度系统阐述娱乐产业所涉及的法律问题；第六章至第九章则围绕电影及电视两大产业，阐述影视剧本的获取、电影融资、电视真人秀节目的法律保护及影视产业的基本经济学概念等。第十章摘录了活跃在中美影视圈的朋友们对于该行业的前景展望。最后，附录中收集了娱乐产业常用的部分格式合同及行业术语，以供读者学习参考之用。

作为一名学者、律师及通俗文学的爱好者，如何将法律题材的书籍写得通俗易懂、深入浅出，一直是作者努力尝试的目标。毕竟《娱乐法》一书应有“娱乐大众”的觉悟与精神。期望书中的案例精选能够让本书的阅读略添趣味。

作者首先要感谢商务印书馆王兰萍编审的大力支持。与王编审合作经年，她的信任与支持是敦促作者耕耘文字的动力之一。商务印书馆许月竹深厚的法律功底与严谨的校对工作为本书的内容与文采增色不少。作者同时要感谢本校法学硕士专业（LLM）毕业的学生张然、何谢晨与徐天然。他们三位在本书的撰写过程中从事了大量的文献研究与翻译工作，可算是较早接触美国娱乐法的中国留学生了。同时要感谢的还包括为本书第十章采访录贡献段落的业界朋友，以及许超先生，他为本书提供了十分有价值的建议和指导。最后，向所有包容、关爱、支持我的家人及朋友致谢！

书中疏漏、谬误之处，还请读者海涵指正。

是为序。

宋海燕

2014 年夏，意大利博洛尼亚

目　　录

第一章　美国的好莱坞产业

好莱坞，为"Hollywood"之音译，位于美国加州洛杉矶西北郊。自1903年立市以来，因大量电影公司与艺人的涌入，逐渐成为美国各大影视巨头聚集的世界影视娱乐中心，现在更成为美国影视产业的代名词。[①] 下面我们就一起来回顾一下好莱坞的历史发展。

第一节　好莱坞的发迹史

一、犹太移民创建的电影王国(1900—1920)[②]

回顾好莱坞的创建史，你会发现美国早期电影公司的创始人大都是来自东欧的犹太裔移民。你可以说这是巧合，然而，一切巧合的背后也有着其历史的必然性。早期的犹太移民并不被美国主流社会所接纳，而电影业也同样处在不被主流社会所重视的边缘地带。无论是出于纯粹的商业目的，或是为了实现其"美国梦"的理想，犹太裔移民都不约而同地将目光落在了电影行业以及好莱坞这个尚未被开发的

---

① 详见"好莱坞"一词在维基百科的释义：http://zh.wikipedia.org/wiki/%E5%A5%BD%E8%8E%B1%E5%9D%9E。好莱坞后于1910年并入洛杉矶市。

② 关于犹太裔美国移民建立好莱坞的历史，参阅 Neal Gabler, *An Empire of Their Own: How the Jews Invented Hollywood*, Anchor Books, 1989.

处女地。

华纳兄弟电影公司(Warner Bros. Entertainment, Inc.,华纳兄弟)的创始人为华纳四兄弟:哈利·华纳(Harry Warner)、亚伯特·华纳(Albert Warner)、山姆·华纳(Sam Warner),以及杰克·华纳(Jack Warner)。[①] 华纳四兄弟都是犹太移民。在进入电影行业之前,他们做过补鞋匠,开过自行车商店,也从事过各种贸易业务。1903年,四兄弟开始在宾夕法尼亚州建立五分钱电影院,主要观众是刚刚抵埠的新移民以及蓝领工人阶级。巨大的市场需求让他们很快赚到了第一桶金,从此,他们开始做起了大规模电影发行与放映业务。

米高梅电影公司(Metro-Goldwyn-Mayer Studios Inc.,米高梅)的三位创始人马库斯·罗伊(Marcus Loew)、路易·梅耶(Louis B. Mayer)、塞缪尔·高德温(Samuel Goldwyn)也是犹太裔美国人。[②] 1923年,罗伊控制的米特罗电影公司(Metro)濒临倒闭,但是他没有选择撤回资金,而是收购了另外一家同样濒临倒闭的由高德温控制的电影公司。重组后的公司又招聘了当时的独立制片人梅耶,最终组成了以三人姓氏共同命名的"米高梅"(Metro-Goldwyn-Mayer)公司。

派拉蒙电影公司(Paramount Pictures Corporation,派拉蒙)的创始人阿道夫·朱克尔(Adolph Zukor)是出生在匈牙利的犹太人。他16岁跟随父辈移民到美国,在皮货店当过学徒。在从皮货生意赚到第一桶金之后,朱克尔也进入到电影业,创立了派拉蒙电影公司。[③]

环球电影公司(Universal Studios Inc.,环球)的创始人卡尔·莱

---

① 华纳电影公司创立背景,参考维基百科:http://en.wikipedia.org/wiki/Warner_Bros.

② 米高梅电影公司背景,见 http://en.wikipedia.org/wiki/Metro-Goldwyn-Mayer.

③ 派拉蒙电影公司的历史背景,见 http://en.wikipedia.org/wiki/Paramount_Pictures.

默尔(Carl Laemmle)是来自德国的犹太移民。在经营过服装店、书店的生意后,莱默尔通过筹资,买下几家剧院建立了自己的电影发行系统。① 莱默尔在日后击败爱迪生的电影专利一战中发挥了重要的作用。

福克斯公司(Fox Film Corporation,福克斯)的创始人威廉·福克斯(William Fox)是出生于匈牙利的犹太移民。威廉是最早将电影的拍摄与发行融为一体(纵向整合)的电影人之一。威廉极为看重对影院的建设,并一度有意并购米高梅公司。然而突如其来的一场车祸及 1929 年美国的股市崩盘迫使威廉不得不放弃并购计划,随后福克斯与二十世纪影业公司(Twentieth Century Pictures)合并,这就是日后的二十世纪福克斯电影公司(Twentieth Century Fox Film Corporation,二十世纪福克斯)。②

哥伦比亚电影公司(Columbia Pictures Industries,Inc.,哥伦比亚公司)的创始人哈里·科恩(Harry Cohn)出生于纽约的犹太工人家庭。科恩掌管哥伦比亚电影公司长达 34 年之久,是电影公司历史上在任最长的创始人之一,仅次于杰克·华纳。③

不仅美国早期的电影公司创始人是犹太移民,很多导演、编剧也是犹太人。这些来自东欧的犹太新移民们很快通过自己的勤奋努力以及广大的关系网,打造了一个利润丰厚、规模庞大的电影王国。他们在接下来的几十年内,逐步将美国电影推向了世界舞台。

在美国电影产业的早期发展中,拍摄的地理位置逐渐从美国东岸转移到美国西岸。而加州的好莱坞更成为电影拍摄的首选地,其原因

---

① 环球电影公司的早期背景,见 http://en.wikipedia.org/wiki/Universal_Studios.

② 二十世纪福克斯电影公司历史背景,见 http://en.wikipedia.org/wiki/20th_Century_Fox.

③ 哥伦比亚电影公司历史背景,见 http://en.wikipedia.org/wiki/Columbia_Pictures.

主要有二。第一,美国加州地区的自然条件十分优越。这里的天气好,日照时间长。虽然当时电灯已经发明,但拍摄最好的光源依然是自然光。除此之外,加州的视野宽广,有各种不同的自然风景风貌,对电影拍摄有利。第二,发明家爱迪生(Thomas Edison)当时拥有若干用于电影拍摄的照相机及放映机的发明专利。爱迪生成立的"电影专利公司"(Motion Picture Patents Company)通过许可爱迪生拥有的发明专利,向各大电影公司索要专利许可费,而拒绝支付许可费者(如环球电影公司)则面临着专利侵权之诉。① 因此,不少电影公司为了躲避爱迪生的电影专利,纷纷远避到好莱坞。由于加州离电影专利公司所处的美国东岸距离遥远,在交通不便的二十世纪初,爱迪生的电影专利公司对位于好莱坞的电影制片公司基本无计可施。因此爱迪生电影专利公司的存在,也无意间促成了好莱坞电影产业的发展。

值得一提的是,爱迪生创办的电影专利公司并没有维持很久。1912 年,美国司法部开始对电影专利公司的专利垄断行为进行调查。1915 年,美国宾州地区法院认定电影专利公司许可"专利池"(patent pool)的行为违反了《谢尔曼反垄断法》(*Sherman Antitrust Act*,谢尔曼法)。② 随后,爱迪生控制的电影专利公司逐渐走向衰落。

二、大制片电影公司的黄金时代(1920—1940)

二十世纪中期是好莱坞电影公司的迅速发展期。当时,规模较大的电影公司通过扩张,掌握了从影片制作到发行以及影院放映的一整套产业链,从而形成了以大制片公司(studio)为基础的好莱坞格局。

---

① *Motion Picture Patents Co. v. Laemmle*, 178 F. 104, 105 (S. D. N. Y 1910); *Motion Picture Patents Co. v. Ullman*, 186 F. 174, 175 (S. D. N. Y. 1910).

② *United States v. Motion Picture Patents Co.*, 225 F. 800, 808 (E. D. Pa. 1915).

这个时期的好莱坞特征主要表现为两点：第一，导演、编剧以及演员都是为大制片公司打工的雇员。这种雇佣制度为日后美国电影作品版权的权属规则（即属于制片公司）埋下了伏笔。第二，规模较小的独立制片公司在影片质量与发行方面都无法与大制片公司竞争。由于当时的主流导演、编剧及演员都是大制片公司的固定雇员，如果独立制片公司想借用上述人才，就必须得到大制片公司的同意，并支付高昂的借用费用。其结果往往是独立制片公司得不到最好的剧本、导演或演员，而只能选用一些二三线演员或不知名的导演，其票房号召力自然大打折扣。另一方面，大制片公司由于集制片、发行及放映于一身，其出品的影片总能得到最好最广泛的放映机会。而独立制片公司拍摄的电影想要在大制片公司旗下的影院放映，则必须支付高额的票房分成作为代价。

大制片公司制度下的好莱坞迎来了20年左右的黄金时期。在此期间，当时的八大电影公司[米高梅、派拉蒙、华纳兄弟、二十世纪福克斯、雷电华（RKO Radio Pictures Inc.）、哥伦比亚公司、环球及联艺（United Artists）]控制了好莱坞的主要市场，而独立制片公司则被排除在竞争之外。①

时过境迁，曾经是弱者（underdog）的好莱坞电影公司至此已发展为庞大的托拉斯集团。1938年，美国联邦贸易委员会（Federal Trade Commission）受命调查大制片电影公司存在的垄断行为。1948年美国最高法院在审理"美国司法部诉派拉蒙电影公司"（*United States v. Paramount Pictures, Inc.*）一案中，②认为派拉蒙等电影公司固定价

---

① Michael Conant, *Antitrust in the Motion Picture Industry*, 1960, pp. 202—203.

② *U.S. v. Paramount Pictures, Inc.*, 334 US 131(1948).

格(price fixing)、垄断影片发行的行为违反了谢尔曼法的规定。美国最高法院在将本案发回重审的过程中,明确要求作为被告的各大电影公司必须将影片的发行与放映功能分离,从而结束了电影公司统揽影片的制作、发行与放映的大一统时代。①

三、行业工会的发展

美国最高法院对于"派拉蒙"案件的判决宣告大制片电影公司的时代告一段落。与此同时,导演、演员、编剧也逐渐脱离了与电影公司的雇佣关系,可以自由地根据不同的项目选择电影公司,与之签约合作。然而势单力薄的自由职业者很快发现,在与实力雄厚的制片公司谈判时,他们并没有太多的谈判筹码。谈判结果往往以接受不平等条款为代价,来获得工作机会。

于是,二十世纪中期,代表作家、导演与演员的行业工会开始发挥集体谈判的力量,为维护作家、导演与演员的利益与制片公司展开轮番博弈。其实,电影行业的各个工会早在二十世纪三十年代就已形成,但真正对好莱坞产生影响却是在创意人员相继离开制片公司之后。本章第二节将具体介绍美国好莱坞行业工会的性质及作用。

四、娱乐媒体集团的并购潮

二十世纪末至今,美国娱乐产业开始了一场轰轰烈烈方兴未艾的并购潮。1985 年,默多克(Rupert Murdoch)拥有的新闻集团(News Corp.)收购了二十世纪福克斯公司。1989 年,华纳兄弟与美国时代公司(Time Inc.)合并,组成新的时代华纳公司(TimeWarner Inc.,时

---

① *U.S. v. Paramount Pictures, Inc.*, 334 US 131(1948).

代华纳)；随后，时代华纳公司又并购了特纳广播公司(Turner Broadcasting System)。1994年，派拉蒙的母公司派拉蒙通讯公司(Paramount Communications)被传媒集团维亚康姆(Viacom)收购。而哥伦比亚电影公司则于1982年被美国可口可乐(Coca-Cola)公司收购，后又于1989年卖给了日本的索尼(Sony)公司，现为索尼影视娱乐公司(Sony Pictures Entertainment，索尼影视)子公司。环球电影公司的命运更是波折，几经转手，其东家先后为日本松下(Panasonic)、法国维旺迪集团(Vivendi)、美国通用电气(General Electric)。2011年环球被美国最大的有线电视公司康卡斯特(Comcast)收入旗下。

经过将近30年的重新洗牌，如今的好莱坞电影产业呈现六大电影公司与独立制片公司共存的局面。其中，六大电影公司是指华特迪士尼电影公司(Walt Disney Studios Motion Pictures，迪士尼)①、索尼影视娱乐公司②、派拉蒙电影公司③、二十世纪福克斯电影公司④、华纳

---

① 华特迪士尼电影公司(Walt Disney Studios Motion Pictures)，简称迪士尼(Disney)，是美国一家娱乐媒体公司，也是全世界最大的娱乐传媒企业。1923年由华特·迪士尼(Walt Disney)与兄长洛伊·迪士尼(Roy Disney)创立。华特迪士尼集团旗下的电影发行品牌包括：华特迪士尼影片(Walt Disney Pictures)、试金石影片(Touchstone Pictures)、好莱坞影片(Hollywood Pictures)、米拉麦克斯影业(Miramax Films)及皮克斯动画室(Pixar Animation Studios)。公司官方网址见：http://thewaltdisneycompany. com/.

② 索尼影视娱乐公司(Sony Pictures Entertainment Inc.)，简称为SPE。1989年9月25日，日本索尼陆续并购了哥伦比亚广播公司的电影与音乐部门，也并购了拥有火炬女神与飞马象征的哥伦比亚三星电影公司，它们全部成为了索尼影视娱乐的子公司。2004年11月，索尼成功并购历史悠久的米高梅电影公司，使索尼的电影事业部门成为世界第一的电影大厂。公司官方网址见：http://www. sonypictures. net/.

③ 派拉蒙电影公司(Paramount Pictures Corporation)是一家美国电影制造商和发行公司，创始于1912年，是美国历史最久的一家电影制作公司。公司官方网址见：http://www. paramount. com/.

④ 二十世纪福克斯电影公司(Twentieth Century Fox Film Corporation)是美国最主要的电影、电视节目发行和制作公司之一，总部坐落在美国加州洛杉矶比佛利山庄西侧的世界城。曾是新闻集团的一个子公司，现属于二十一世纪福克斯公司(21st Century Fox，Inc.)旗下。公司官方网址见：http://www. foxmovies. com/.

兄弟电影公司①以及环球电影公司②。

在六大电影公司不断整合重组的同时,不少新的独立制片公司也崭露头角,其中颇有名气的包括狮门娱乐公司(Lions Gate Entertainment,狮门)③与温斯坦影业(The Weinstein Company)④。近年来知名度颇高的《暮光之城》(*Twilight*)与《饥饿游戏》(*The Hunger Games*)等影片正是出自狮门之手。2013 年狮门影业的市场占有率超过了六大电影公司之中的派拉蒙和二十世纪福克斯,在全美排名第五。⑤ 而温斯坦影业则以制作高品质的艺术片而著称,其拍摄的影片《国王的演讲》(*The King's Speech*)与《艺术家》(*The Artist*)分别获得 2011 年及 2012 奥斯卡最佳影片奖。

---

① 华纳兄弟电影公司(Warner Bros. Entertainment,Inc.)是全球最大的电影和电视娱乐制作公司。目前,该公司是时代华纳旗下子公司,总部分别位于美国加利福尼亚州的伯班克以及纽约市。华纳兄弟包括几大子公司,其中主要有华纳兄弟电视公司(Warner Bros. Television)、华纳兄弟动画制作公司(Warner Bros. Animation)、DC 漫画公司(DC Comics)等。公司网址见:http://www.warnerbros.com/.

② 环球电影公司(Universal City Studios LLC),美国最大的电影公司之一,同时也是好莱坞历史第二悠久的电影公司。旗下拥有环球影视家庭娱乐公司(Universal Studios Home Entertainment)、焦点影业(Focus Features)、环球动画工作室(Universal Animation Studios)等。公司网址见:http://www.universalstudios.com/.

③ 狮门娱乐公司(Lions Gate Entertainment)是一家北美娱乐公司。1997 年加拿大投资银行家弗兰克·吉乌斯特拉(Frank Giustra)创建了狮门娱乐公司前身狮门影视公司(Lions gate Films),以投资于他的家乡正在发展壮大的电影业。公司网址见:http://www.lionsgate.com/.

④ 温斯坦影业(The Weinstein Company)是一家美国电影公司,由包柏·温斯坦(Bob Weinstein)和哈维·温斯坦(Harvey Weinstein)兄弟在离开米拉麦克斯影业(Miramax Films)后于 2005 年创建。次元影业(Dimension Films)属于该公司的子公司。公司网址见:http://weinsteinco.com/.

⑤ 2013 年美国电影公司票房占有率排行榜:http://boxofficemojo.com/studio/?view=company&view2=yearly&yr=2013&p=.htm.

第二节　好莱坞的玩家们

熟悉美国好莱坞运作的人，最常挂在嘴边的话就是“关系”。这点与中国人熟知的“关系学”极为相似。演员的经纪人需要使出浑身解数，寻找好的剧本和角色；而剧作家也需要通过各种人脉关系向影视公司推销自己的剧本。好莱坞的大腕们通常在早餐会、午餐宴请及晚宴中，交换信息，积累人脉。俗称的“好莱坞玩家们”包括以下各方：经纪代理（包括专业的经纪代理、个人经理人、娱乐法律师）、买方（美国六大电影公司①及独立制片商）以及各大行业协会，如美国作家协会（Writers Guild of America）②、美国导演协会（Directors Guild of America）③、美国电影演员、电视及广播艺术家协会（Screen Actors Guild-American Federation of Television and Radio Artists）④等。

一、经纪代理⑤

经纪代理的主要任务是为其代理的客户（包括演员、作家、导演、

---

① 美国的六大电影公司包括：华特迪士尼电影公司（Walt Disney Studios Motion Pictures）、派拉蒙电影公司、索尼电影娱乐公司，二十世纪福克斯、华纳兄弟、环球电影公司。上述六大电影公司皆为美国电影协会（Motion Picture of America “MPAA”）的成员。详见 http://www.mpaa.org/our-story/.

② 美国作家协会（Writers Guild of America，WGA），包括各种类型的作家，如新闻记者、小说作家、剧本作家等。其按照地理分布，由美国东岸作家协会及美国西岸作家协会组成。网站分别为：http://www.wga.org，https://www.wgaeast.org/.

③ 美国导演协会（Directors Guild of America，DGA），包括电影作品、电视作品的导演。其网站为：http://www.dga.org/.

④ 美国电影演员、电视及广播艺术家协会（SAG-AFTRA）的前身为两个单独的组织，即“美国电影演员协会”（Screen Actors Guild，SAG）及“美国电视及广播艺术家协会”（American Federation of Television and Radio Artists“AFTRA”）。上述两协会于 2012 年正式合并，现已成为美国娱乐圈最大的工会组织。见 Michael Ceply，“*Mergers of Performers' Unions Approved*”，*N. Y. TIMES*，Mar. 30，2012。SAG-AFTRA 网站为：http://www.sagaftra.org/.

⑤ 经纪代理：Talent Agent.

歌手、制片人及其他剧组人员）寻找合适的工作机会。上世纪三十年代，美国好莱坞产业初起步时，美国的电影公司通过与导演、演员及制片人签订劳动合同的方式将其纳入旗下并确立双方的雇佣关系。签署聘书的演员或导演成为电影公司的正式员工，享受规定的员工薪酬及福利政策，并在合同期限内为电影公司拍摄影片。那时，一张好莱坞电影公司的雇佣合同代表着稳定的薪酬、固定的铁饭碗、漂泊生活的终结——这些都吸引着不少的演员和导演。

然而，这种劳动雇佣制度到上世纪六十年代发生了变化。为更好的控制成本，电影公司不再使用长期雇佣的方式聘请导演、制片及演员，而是以项目的方式招聘每部影片所需要的人才。一方面，电影公司的选择面大了，除了旗下签约的艺人及作家可供挑选，还可按照每部影视作品的需要，寻找更加符合剧中角色的人才。同时，作家、艺人及导演也得到了更多的发展机会。首先，作为自由撰稿人的剧本作家可向不同的电影公司兜售自己的剧本，价高者得之，而不再受限于合同中规定的固定薪酬。艺人也可按照个人喜好，挑选适合自己的剧本，并有机会为自己争取更多的酬劳。但另一方面，缺乏议价能力的部分导演、作家及艺人却因失去了固定的工作保障，需要为生机而奔波。好莱坞的经纪人制度由此而诞生。他们需要为其代理的客户寻找合适的工作机会，参加雇佣合同的谈判，为客户争取最大的利益。

在美国加利福尼亚州，代表演艺人员的经纪代理需获得专门的许可方可从事此工作。根据美国加州劳动法第 1700 章的规定，经纪代理需交付价值五万美金的担保，提供指纹及各式推荐信，方可获得经纪代理的资格。①

---

① Section 1700, the California Labor Code, also known as the California Talent Agency Act.

经纪代理通过收取中介费的形式赚取利润。一般而言，经纪代理的中介费为其代理的客户年收入的10%。美国大多数的经纪代理都是美国经纪代理协会（The Association of Talent Agents）①的成员。美国经纪代理协会作为经纪代理的工会组织，负责协调其成员与WGA、DGA及SAG-AFTRA等工会的关系，商定经纪代理的规章制度及获酬办法等。根据美国经纪代理协会与上述工会组织签订的条款，若经纪代理未能在一定时间内为其所代理的客户（如作家、导演或艺人）寻得工作机会，被代理方有权终止代理关系。

作为被代理方，多数艺人、作家或导演都希望寻找知名的经纪人做其代理。知名的经纪人往往意味着更好的人脉关系，更多的就业机会。而好莱坞多数的电影公司也常常指明只与某些熟悉的经纪代理合作，如剧本须由经纪代理呈上，他们才会审阅；而角色也只通过有许可的经纪代理去寻觅。电影公司的逻辑有它的合理性：若某位艺人、作家有其专属的经纪代理，说明他们的作品或表演品质有所保障，因此值得电影公司投资时间及精力去核查。

大多数的经纪代理位于美国的洛杉矶及纽约。他们或从事固定行业的经纪代理（如只代理演员或只代理作家），或同时代理多行业的人才。同样，作为艺人，也可同时聘请多个经纪代理，例如请其中一位代理专门负责与其电影或电视作品的角色相关的事宜，另一位代理则专门处理与其广告或商业活动的出场费相关的事宜等。

二、个人经理人

根据传统意义上对个人经理人的理解，个人经理人相当于其代理的艺人的个人助理，主要负责艺人的日常生活及行程安排，或提供职

---

① 美国经纪代理协会（The Association of Talent Agents，“ATA”），http://www.agentassociation.com/#fact_4.

业方面的咨询建议。与专业的经纪代理不同，个人经理人不属于美国加州劳动法中《经纪代理法》的管辖范围，无需获得专门的执业许可，也无需提交执业担保金。事实上，任何人都可成为个人经理人。而其收费范围也不受美国加州《经纪代理法》或美国经纪代理协会与其他工会组织所签订的合约限制。个人经理人可根据与其代理的艺人所签署的经理合同，获得更多的报酬。

按照美国加州劳动法的规定，个人经理人只可负责其客户的日常琐事，不可从事为其寻找工作及代言机会的工作。上述工作只能由获得许可的职业经纪代理负责。然而从近几年的发展趋势来看，个人经理人与职业经纪代理的界线愈发模糊。不少个人经理人有“捞过界”的嫌疑，从事了职业经纪代理方可从事的工作，如为其代理的艺人寻找出境机会、参与谈判等。因此，美国经纪代理协会正敦促美国加州政府推出更严格的规范，规范个人经理人的行为活动。同时，由个人经理人组成的美国人才经理人协会(The Talent Managers' Association)①也于2011年推出了一系列的《标准行为准则》②，试图规范个人代理人的市场行为。《标准行为准则》第三条规定“个人经理人的中介费不得超过其代理艺人年收入的15%”③；第四条规定“个人经理人与其艺人签订的代理合同不得超过三年之约(音乐领域除外，可为五年)”。④

---

① 美国人才经理人协会(The Talent Managers' Association，TMA)。网站见 http://www.talentmanagers.org/.

② 美国人才经理人协会《标准行为准则》见 http://www.talentmanagers.org/TMA2011_ethics.php.

③ 美国人才经理人协会《标准行为准则》第三条，见 http://www.talentmanagers.org/TMA2011_ethics.php.

④ 美国人才经理人协会《标注行为准则》第四条，见 http://www.talentmanagers.org/TMA2011_ethics.php.

三、买家：美国六大电影公司及独立制片人

在好莱坞，电影素材的主要买家是美国六大电影公司，即华特迪士尼电影公司、派拉蒙电影公司、索尼电影娱乐公司、二十世纪福克斯电影公司、华纳兄弟电影公司及环球电影公司。同时，很多的独立制片公司也是好莱坞买家的重要组成部分。譬如，因发行电影《国王的演讲》（*The King's Speech*）及《艺术家》（*The Artist*）等艺术影片从而获得奥斯卡最佳影片奖及其他国际大奖的温斯坦影业公司（The Weinstein Company）正是位于洛杉矶的一家独立制片公司。

美国六大电影公司与独立制片公司在商业的具体运作上并没有很大的不同。其区别主要表现在以下两个方面：第一，在选材方面，独立制片公司更偏向于拍摄及发行“艺术类的影片”。事实上，诸如奥斯卡金像奖、法国戛纳电影节奖的得主往往是独立制片公司，而并不是美国六大电影公司。这与他们对拍摄题材的选择是有很大关系的。六大电影公司更为关注票房的收入，因此其拍摄的题材也更为商业化，中国观众常说的好莱坞大片通常就是这一类影片。而独立制片公司更喜欢挑选预算易控制的题材进行拍摄。因为艺术片属于低预算的片种，因此也更加受到独立制片商的青睐。同时，参与评选的评委们看重的也是参选影片的艺术性而非票房收入或市场的欢迎程度，故电影节的各类评选中，独立制片公司拍摄的影片经常是赢家。第二，在拍摄预算及获酬方面，由于六大电影公司的拍摄预算远远超过独立制片公司的拍摄预算，因此对于演员、剧作家及导演而言，能获得六大电影公司的合约在经济收入上则更有保障。

尽管在拍摄题材及预算方面，六大电影公司与独立制片公司略有不同，但在项目运作的流程方面，两者并无显著差别。美国的电影公

司在筛选拍摄题材、寻找好的剧本、挖掘合适的演员及谈判签约等方面均采用流程作业的方式，由不同的部门分别负责。其中扮演重要角色的部门包括：公司创意部、业务发展部及公司法务部。

1. 公司创意部

电影公司的创意部主要负责剧本的筛选、拍摄题材的选择及剧作家、导演及演员的挑选工作。创意部的工作流程可归纳如下：工作人员首先通过阅读剧本梗概或面谈剧作家的形式，接触大量的剧本构思，从中筛选可供拍摄的题材。在小组讨论并通过推荐的剧本题材后，创意部便开始寻找并雇佣剧作家，进行剧本的进一步开发，并开始物色合适的导演、编剧及领衔主演。

2. 业务发展部

在公司创意部做出选材及物色人选的决定之后，业务发展部就开始具体的谈判工作。事实上，美国电影公司中业务发展部的不少人员皆有法律背景，为执业律师，因为他们日常工作的一项重要内容正是合同的谈判工作。他们负责与公司创意部所推荐的剧作家、导演、演员及其他剧作人员谈判雇佣条件、双方分成方式等其他一系列合同的主要条款。

业务发展部的具体工作流程可归纳如下：首先，他们需要与公司创意部沟通，充分了解拍摄项目的背景，创意部推荐人员的简历等基本情况。随后，业务发展部会根据创意部拟定的推荐名单联系演员、导演及剧作家的经纪代理，询问其身价，尤其是最近类似题材的拍摄中参与人员相应的获酬价格。在获得上述信息后，业务发展部便自行展开调查，确认其信息的准确性。在确认过报价信息的准确性，并参考过该项目的预算后，业务发展部若仍有意雇佣相关演员、导演及剧作家，可向其经纪代理正式出价，开始谈判，具体商定报酬方式、独占期限、知识产权所有权归属及雇佣合同的其他主要条款。

业务发展部与代表演员、导演或剧作家的经纪代理就合同的主要条款达成一致后，合同的具体起草工作则由公司法务部完成。

3. 公司法务部

顾名思义，电影公司的法务部多由律师组成。其主要任务是在业务发展部已谈好的合同条款的基础上，起草具体的合同条款。事实上，业务发展部谈妥的合同备忘录[①]往往只有几段话或者几页，仅包括合同最核心的条款。然而，在公司法务部完善合同细节时，最终的合同往往长达四五十页，其中包括十分详尽的定义解释（如何定义“作品”、“地域”、“知识产权”、“利润”等含义）、权利保证条款、免责条款、合同管辖地等标准的合同条款。

电影公司的法务部通常专设知识产权部或雇佣专门的版权律师，以确保其作品的拍摄及发行过程中没有与知识产权相关的隐患。具体而言，版权律师应确保大到“剧本的来源、电影中对于音乐作品的使用、商标的使用”，小到“电影的标题、影片中摄入的背景照片”等一系列环节均无知识产权的隐患。关于这部分，我们将在第二章和第三章具体介绍。

四、娱乐法律师

与其他行业的律师有所不同，好莱坞娱乐法律师的角色常介于律师与经纪代理之间。一方面，他们从事着传统的律师工作：譬如为客户提供法律咨询，参与谈判，起草并审阅合同，代表客户参与诉讼等；另一方面，他们也会凭借人脉关系，帮助客户介绍项目，从中收取佣金。因此，娱乐法律师的收费颇为特殊：有些以小时费收取费用，有些（尤其是专门代表明星艺人的律师）则以其代理客户年收入的百分比（一

---

① 这种合同备忘录通常称为“deal memo”.

般为 5%)收取咨询费。

作为美国娱乐产业的中心,洛杉矶云集了为数众多的娱乐法律师。他们或就职于律师事务所,或就职于电影公司的法务部[①],或担任明星艺人的私人法律顾问。

五、行业协会

美国好莱坞的行业协会(工会)主要包括:美国电影演员、电视及广播艺术家协会,美国作家协会,美国导演协会,以及舞台雇员、电影技师、艺术家及其他人员国际联盟(International Alliance of Theatrical Stage Employees, Moving Picture Technicians, Artists and Allied Crafts)[②]等。

(一)美国作家协会(WGA)

若要成为美国作家协会的会员,申请人——作家需在申请入会前的连续三年内成功积累 24 个积分,同时缴纳一定的申请费。作家获得积分的途径有二:其作品成功出售或作家与电影公司签约写作。不同的作品可获得不同的积分。如为一部不少于 90 分钟片长的电影、电视节目或广播剧撰写剧本,可获得 24 个积分;为一部在黄金时段播出、时间不少于 4 小时的电视连续剧撰写故事梗概,亦可获得 24 个积分。若为之撰写的电视连续剧在非黄金时段播出,则该剧需每周播放五次,方可获得 24 个积分。

(二)美国电影演员、电视及广播表演艺术家协会

美国电影演员、电视及广播表演艺术家协会的前身为两个单独的行

---

① 美国迪士尼公司法务部自身雇佣的律师就高达数百人。

② 舞台雇员、电影技师、艺术家及其他人员国际联盟(International Alliance of Theatrical Stage Employees, Moving Picture Technicians, Artists and Allied Crafts,"IATSE"),网站为:http:iatse.net.

业工会——“美国电影演员协会”及“美国电视及广播表演艺术家协会”。上述两工会于2012年合并后，现已成为美国好莱坞最大的工会组织，有能力为表演艺术家争取更大的谈判权。

（三）美国导演协会（DGA）

美国导演协会的成员包括电影及电视作品的导演、制片经理、助理导演、舞台经理等。若想申请成为导演协会的成员，申请人首先需获得传媒娱乐公司的雇佣合同，同时该公司还需与导演协会签订劳资协定（collective bargaining agreements）。目前，大多数的好莱坞电影公司及广播公司（如米高梅、派拉蒙、环球、索尼影视、二十世纪福克斯、华纳兄弟、国家广播公司（National Broadcasting Company，NBC）、美国广播公司（American Broadcasting Company，ABC）及哥伦比亚广播公司（CBS Broadcasting，Inc.，CBS）都与美国导演协会签订了劳资协定。

（四）行业协会的缔约方（Guild Signatories）

美国好莱坞的行业协会在促进其成员的就业机会及保障就业的报酬福利方面扮演着十分重要的角色。根据美国电影公司与各行业协会签订的劳资协定，电影公司若希望雇佣隶属于行业协会的艺人、作家或导演，首先应成为该行业协会的缔约方，遵守劳资协定中的各项条款，同意向成员提供就业的最低工资保障、医疗养老保险及其他福利条件。为更好地与代表艺人、导演及作家的行业协会谈判劳资协定，好莱坞的影视公司们也自行组织起来，成立了“美国电影电视制片协会”（The Alliance of Motion Picture and Television Producers）①，作为其行业协会参与跟其他行业协会的劳资协定的谈判。

---

① 美国电影电视制片协会（The Alliance of Motion Picture and Television Producers，“AMPTP”），网站为：http://www.amptp.org/.

第二章　娱乐产业的著作权

知识产权发展至今，其保护的智力活动成果主要有：技术发明、工业品外观设计、集成电路图设计、受著作权保护的作品、商业秘密、商标及其代表的商誉等。而与之相对应的知识产权也发展为：专利权、著作权、商业秘密及商标权等权利。其中，与娱乐产业最为相关的知识产权则首推著作权。毕竟娱乐产业的核心——如小说、剧本、影视作品、音乐作品、游戏软件等无形资产正是著作权法所保护的客体，娱乐产业的从业人员也多为著作权法视为"权利人及作者"的作家、编剧、导演、作曲、摄影、演员等。因此，本章的重点即为著作权在娱乐产业的具体应用。

本章将首先介绍著作权的基本概念，包括著作权保护的客体、著作权的权利范围、著作权的保护期限、著作权的主体、著作权的限制等。除此之外，本章还将结合娱乐产业的具体行业特点讨论如何保护创意、影视标题、故事造型及人物造型等。

关于著作权与版权的关系，中国学术界对此问题的讨论由来已久。很多人认为两者的概念是等同的。也有不少学者持相反意见，认为两者含义不同。后者认为："著作权"一词源自"author's right"，强调的是"作者的权利"，而"版权"一词源于"copyright"，强调的则是作品的经济利益。简单而言，著作权与版权两个概念的差异，主要源于大陆法系和英美法系对作品提供保护的理念不同。[①] 为本书的写作目

---

① 关于著作权与版权的关系，详见李明德、许超著：《著作权法》第二版，法律出版社2009年版，第13—16页。

的，笔者将交替使用两词，此理念与现行的《中华人民共和国著作权法》（中国著作权法）是一致的。①

第一节　著作权的客体

著作权保护的客体是作品。作品是对于思想的表达形式。鉴于相同或不同的思想可以通过不同的形式加以表达，如文字、绘画、音乐、数字等形式，著作权的保护客体也多种多样，包括文字作品（小说、散文、诗歌）、音乐作品、美术作品、影视作品、舞蹈作品、建筑作品、计算机软件等。②

一、作品的要求

按照中国著作权法的规定，受著作权保护的作品必须具有独创性及可复制性。③ 其中，“独创性”（originality）有两重含义。第一，作品是由作者独立创作，而非抄袭他人作品所得。第二，作品要满足一定的创造性。

就第一点“作者独立创作”而言，判断的标准并不是作品的新颖性，而是该作品是否为作者独立创作所得。换而言之，即使两部作品出现相似或相同的情形，只要创作在后的作者并无抄袭在先作者作品

① 2010 年《中华人民共和国著作权法》第 57 条规定“本法所称的著作权即版权”。鉴于中国著作权法现正经历第三次修改（《中华人民共和国著作权法》先后于 2001 年、2010 年经过两次修改），本文中所引用的《中华人民共和国著作权法》及《中华人民共和国著作权法实施条例》皆为现行法律及条例，即 2010 年《中华人民共和国著作权法》及 2002 年《中华人民共和国著作权法实施条例》，除特别说明的情形之外。

② 《中华人民共和国著作权法》第 3 条。

③ 《中华人民共和国著作权法实施条例》第 2 条。

的行为，那么创作在后的作品也应视为作者的独立创作成果，享受著作权的保护。就这个问题，美国第二巡回区上诉法院的法官汉德(Learned Hand)在 1936 年审理“绍顿诉米高电影公司”(*Sheldon v. Metro-Goldwyn Pictures Corp.*)一案时，对此做过十分精辟的评价：“作品必须不是借来的，因为抄袭者在这个范围内不是‘作者’。但如果奇迹般的，一个从来不知济慈关于希腊之瓮颂歌的人重新创作了这部作品，那么他就是作者；如果他因此而获得了版权，其他人就不得再复制那首诗作，尽管他们可以复制济慈的诗作”。① 美国最高法院在审判“费斯特电话簿”(*Feist Publications, Inc. v. Rural Telephone Service* Co.)一案中也有相同的评价，“独创性并不意味着新颖性。一部作品即使与另一部作品十分相似，只要该相似性是偶然的，不是抄袭的结果，就是独创的。举例而言，两位诗人若互不相识，却创作出同样的诗作，两部作品都不是新颖的，但都是独创的，因此都可以获得版权的保护”。②

关于独创性的第二个含义，是指作品需要满足一定程度的创造性。至于多高的创造性才算满足“一定程度”则是一个仁者见仁、智者见智的相对主观的判断。中国的部分学者认为中国著作权法对于作品创造性的要求高于某些国家的著作权法(如英国)。我们在之后的几个段落会具体谈到这个问题。③

---

① *Sheldon v. Metro-Goldwyn Pictures Corp.*, 81 F. 2d 49, 28 USPQ 330(2nd Cir. 1936)。此案最终上诉到美国最高法院。美国最高法院维持了第二巡回区上诉法院对此案的裁定。其中，汉德法官例子中所谈到的“济慈(Keats)”乃十九世纪初英国著名诗人。而汉德法官之所以说“其他人不可以复制那首诗，但可以复制济慈的诗作”是因为济慈的诗已经超过版权的保护期限，进入了公众领域，故任何人都可以复制使用济慈的诗作。本书之后的章节会具体谈到著作权的保护期限及公众领域的概念。

② *Feist Publications, Inc. v. Rural Telephone Service* Co., 499 U.S. 340(1991).

③ Michael Bastian, “Protection of ‘Noncreative’ Database: Harmonization of United States, Foreign and International Law,” 22 B. C. Int'l & Comp. L. Rev. 425, 433(1999).

根据美国1976年《版权法》(The *Copyright Act* of 1976)的规定，受著作权保护的作品必须具有独创性(originality)及固定性(fixation)。[①] 其中，对于"独创性"双重含义的理解与中国大同小异，在此不再赘述。唯一有所争议的是中美两国著作权法对于"创造性"程度的要求是否存在不同。1951年美国联邦第二巡回区上诉法院在审理"阿尔弗雷德贝尔公司诉卡塔达艺术公司"(*Alfred Bell & Co. v. Catalda Fine Arts, Inc.*)一案中，对于作品"创造性"的要求为"应不仅仅是一点"。[②] 美国最高法院1991年在审理"费斯特出版公司诉乡村电信服务公司"(*Feist Publications, Inc. v. Rural Telephone Service Co.*)一案中作出进一步解释，作品需要具有"最低程度的创造性"。[③] 目前，这一解释被普遍认为是美国对于作品创造性的新标准。

世界上不同国家对于作品创造性的要求也都有所不同。一般认为，英国著作权法对于作品独创性的要求最低，只要作品是作者"独立创作而非抄袭"即可视为满足独创性条件。[④] 而美国、意大利、法国等国家除了需要满足"作者独立创作"的条件之外，还要求作品具有一定的"创造性"，这点与中国著作权法相似。学界普遍都同意德国著作权法对于作品独创性的要求最高，其著作权法要求作品必须具有一定的"品质性及美观性"。中国对于作品创作性的要求并无统一标准，通过

---

① 17 U.S.C. §102.

② *Alfred Bell & Co. v. Catalda Fine Arts, Inc.*, 191 F.2d 99(2d Cir. 1951). 其法院判决原文为，"the 'author' contributed something more than a 'merely trivial variation, something recognizable' his own".

③ *Feist Publications, Inc. v. Rural Telephone Service Co.*, 499 U.S. 340(1991). 其判决书英文原文为"... and that it possesses at least some minimal degree of creativity..." 同上，第345—46页。

④ Michael Bastian, "Protection of 'Noncreative' Database: Harmonization of United States, Foreign and International Law," 22 B.C. Int'l & Comp. L. Rev. 425, 433(1999).

阅读大量的案例，笔者注意到中国的法官对于作品创造性的要求并没有一定的硬性规定，通常是根据主观意见对作品是否满足创造性作出判断。① 由此，笔者认为中美两国著作权法对于作品的创造性要求是近似的，即比英国版权法对作品创造性的要求（毫无要求）高，比德国著作权法对作品创造性的要求（品质性及美观性）低。

中美两国著作权法在著作权客体的保护上最大的不同在于对作品“固定性”要求的不同。美国版权法要求受著作权保护的作品必须被“固定在一定的物质媒介上”。而中国著作权法并无上述要求，只要题述作品可以某种形式复制即属于受保护的作品。因此，在美国，未被固定在一定介质上的作品，如即兴的演讲、授课、表演均属于不受著作权法保护的作品。而在中国，因著作权法对作品无“固定性”的要求，口述作品（包括即兴的演说、授课、法庭辩论等）也属于明文规定受保护的作品。②

由于美国版权法不保护“未被固定在一定介质”上的作品，曾经一度，现场演唱会、音乐会及其他未被同时录制或转播的现场表演，均不受美国版权法的保护。这点引起了美国音乐家及表演艺术家的强烈不满。随着美国娱乐产业对于美国国会的成功游说，国会最终于1994年修改了其法律，通过了“保护现场表演”的法案。③ 但需注意的是，该法案只保护现场演出（如演唱会、音乐会、表演），并不包括其他非表演类的口述作品（如即兴演讲、授课或法庭辩论等）。

---

① 雅马哈株式会社与得理电子（深圳）有限公司著作权侵权纠纷案，(2007)二中民初字第5号；北京百度网讯科技有限公司与北京珠穆朗玛网络技术有限公司著作权纠纷案(2005)一中民初字第5456号；广州贝维雅生物科技有限公司与广州采丽源生物科技有限公司著作权纠纷案，(2006)穗中法民三终字第7号。

② 《中华人民共和国著作权法实施条例》第4条。

③ 17 U.S.C. § 1101(civil prohibition) and 18 U.S.C. § 2319A(criminal sanction), also known as“anti-bootleg statute.”

二、思想与表达

关于思想与表达的关系，著作权法有两个基本的原则。第一，著作权法只保护思想的表达方式，而不保护思想本身。这被称为“思想与表达的两分法”（the idea/expression dichotomy）。第二，当某种思想只有一种或者几种有限的表达方式，使得思想与表达变得紧密不可区分时，著作权法既不保护思想，也不保护表达。这被称为“思想与表达的合并理论”（the merger doctrine）。

关于“思想与表达两分法”的理论可以下述例子具体说明。譬如，某位作家打算写一部关于“一男一女相恋但最终由于家庭阻力不得不自杀殉情”的故事。这个故事的素材就是一个“思想”，然而对这一思想的表达却有千百种形式，如采用小说、诗歌、散文等各种文学体裁加以体现。我们熟悉的莎士比亚的名著《罗密欧与朱丽叶》、中国古典文学《梁山伯与祝英台》都是在围绕这个主题讲故事。假如今天有位网络作家打算以同样的题材进行创作，那么，这部作品可能又会以穿越小说、古代题材或现代题材等各种样貌呈现在我们面前。由此可见，思想本身是不受著作权法保护的，正如任何人都可以写一个关于“一男一女相恋但最终由于家庭阻力不得不自杀殉情”的故事。但当思想变成了表达——即以具体的文字（如小说、诗歌、散文）、音乐、绘画等形式展现的时候，这种具体的表达方式就成为著作权法保护的客体，即作品。而这部作品就应受到著作权的保护。

对此，北京高级人民法院在审理“庄羽与郭敬明、春风文艺出版社等侵犯著作权纠纷案”①中有极为精辟的见解。法院在判断分析被告

---

① 庄羽与郭敬明、春风文艺出版社等侵犯著作权纠纷案，（2005）高民终字第539号。

郭敬明的小说《梦里花落知多少》是否侵犯了原告庄羽在先发表的小说《圈里圈外》的著作权时，认为“文学创作是一种独立的智力创造过程，更离不开作者独特的生命体验。因此，即使以同一时代为背景，甚至以相同的题材、时间为创作对象，尽管两部作品中也可能出现个别情节和一些语句上的巧合，不同的作者创作的作品也不可能雷同”。北京高院在比较了被告和原告的作品之后，认为两作品中的相似情节和语句数量“已经远远超出了可以用‘巧合’来解释的程度”，故认定被告侵权成立。①

至于“思想与表达合并理论”也可以用个简单的例子加以解释。比如“今天下雪了”这个句子，首先，我们可以很容易地判断出，该句属于文字类的表达，而非音乐或美术类别的表达形式。但这个句子能否作为文字作品而受到著作权的保护呢？具体分析，假设这句话是作者独立创作而非抄袭他人所得，则其满足作品“独创性”的第一层要求。至于第二层“创造性”部分，则未必过关。但凡有一定中文基础的读者大概都不难判断出，这句话太过简单，不具备作品应满足的“最低创造性标准”。此时，若以“思想与表达合并理论”来分析这句话也会得出同样的结论。因为要表达“下雪”这个思想只有十分有限的表达方式，故要区分思想与表达就变得十分困难。此时，这句话本身（既包括思想又包括表达方式）就不受著作权法保护。同样的分析也适用于电影、电视、小说及诸多作品的标题。一般认为，影视作品及小说作品的标题是不受著作权保护的，偶有例外。在后面的章节，我们会具体讲到影视公司在实践中如何保护其影视作品的标题不受抄袭。

① 庄羽与郭敬明、春风文艺出版社等侵犯著作权纠纷案，(2005)高民终字第539号。北京高院最终判定维持北京一中院判决书，判定被告侵权成立。

著作权法保护表达而不保护思想的理论虽然乍听之下十分简单易懂，但在实际案例中，如何区分思想与表达却并不是一件容易的事。美国的法院在判断如何分离“思想”与“表达”方面多年来也未形成统一的理论。

1931年美国第二巡回区上诉法院汉德法官(Judge Learned Hand)在“尼克斯诉环球电影公司”(*Nichols v. Universal Pictures Corp.*)案中提出了“摘要层次法”(abstraction test)，试图区分思想与表达。① 本案中的原告作品为一部舞台剧，被告作品为一部电影。两部作品都是以犹太家庭和爱尔兰天主教家庭之间的故事为背景的喜剧作品。两部作品都出现了相似的情节或桥段：两个家庭之间父亲们互相敌视，子女之间秘密相恋。子女为追求爱情而被迫选择隐婚生子，最终两个家庭互相接受彼此，并重归于好。

汉德法官在分析被告作品是否侵犯了原告作品的复制权时，提出首先要摘选出两部作品的“思想”——即不受著作权保护的部分，再将剩下的受著作权保护的部分“表达”进行近似性比较，以判断是否构成侵权。在运用了“摘要层次法”后，汉德法官认为在分离了不受著作权保护的思想之后，两作品剩余的部分并不构成近似，故认定被告作品不侵权。

虽然汉德法官提出了“摘要层次法”的重要理论，但在如何具体“分离”作品中不受保护的思想与受保护的表达的做法上，美国各巡回法院却并未达成共识。例如，在“斯坦波格诉哥伦比亚电影公司”(*Steinberg v. Columbia Pictures Industries, Inc.*)一案中，在判断原

---

① *Nichols v. Universal Pictures Corp.*, 45 F. 2d 119(2d. Cir. 1930), cert. denied, 282 U. S. 902(1931).

告画家发表在《纽约客杂志》(*The New Yorker*)的卡通素描作品与被告电影公司的电影宣传画是否构成近似时,①美国纽约南区法院选择以"普通正常人的标准"(average lay observer standard)进行近似性的侵权分析。法院认为,由于两幅作品都是以纽约曼哈顿赫德逊河为背景,故两作品之间必然存在某些相似之处,如纽约曼哈顿岛的建筑群、行人街道、灯塔等。但如何表达上述要素,却存在不同的表现方式。法院认为,在判断两作品是否近似时,应使用"普通正常人的标准"来进行判断。依照此标准,被告电影宣传画的笔触与原告卡通素描的笔触构成了相当的近似程度,故判定被告侵权成立。

然而在"斯德马卡夫电视公司诉麦当劳"(*Sid & Marty Krofft Television Productions, Inc. v. McDonald's Corp.*)一案中,②美国第九巡回区上诉法院在分离思想与表达时,却适用了不同的标准。本案中,原告是一部儿童电视剧的制片者,其电视剧描述了一个发生在"欢乐园"的故事,剧中人物穿着特制的服饰和道具。被告麦当劳公司制作了一部广告宣传片,讲述了一个发生在"麦当劳乐园"的故事,故事的人物形象与原告电视剧的人物形象、化妆道具都十分相似。原告随之提起版权侵权之诉。法院在判定如何分离思想与表达及采用何种近似分析法时认为:在比较两作品"思想"的近似性时,应采用"外部分析法"(extrinsic test)——即采用专家证言的方式进行比较分析;而在比较两作品中"表达方式"是否构成近似时,应采用"内部分析法"(intrinsic test)——即采用"正常普通人的标准"进行判断分析。法官随

---

① *Steinberg v. Columbia Pictures Industries, Inc.*, 663 F. Supp. 706 (S. D. N. Y 1987).

② *Sid & Marty Krofft Television Productions, Inc.* v. *McDonald's Corp.*, 562 F. 2d 1157(9th Cir. 1977).

后指出:在此案中,应使用“内部分析法”,即只考虑普通正常人的标准进行比较分析,故判定被告的广告宣传片与原告的电视剧构成近似,被告侵权成立。

由此可见,如何具体区分不受保护的思想(如作品的主题、素材、情节等)与受保护的表达方式,并无十分清楚的分界线,需要由法院在具体的侵权诉讼中加以界定。

三、作品的种类

本书所关注的与影视娱乐产业最为相关的作品包括:文字作品、视听作品、音乐作品等。接下来将就这几类作品进行具体介绍。

(一)文字作品

文字作品指小说、诗词、散文、论文等以文字形式表现的作品。[①] 传统的文字作品主要记录在纸张上。随着现代技术的发展,文字作品还可以体现在唱片、胶片、磁带、光盘、计算机内容及各种电子阅读器上。因此,作者在许可及出售自己的文字作品时,应明确其作品发表、出版的媒体范围——仅限纸质媒体或电子媒体,抑或两者皆包括。

(二)音乐作品

按照2013年《中华人民共和国著作权法》(第三次修订草案送审稿)(“2013年著作权法修改草案送审稿”)中对于“音乐作品”的定义,“音乐作品,是指歌曲、乐曲等能够演唱或者演奏的带词或者不带词的作品”。[②] 带词的音乐作品与文字作品之间有一定的交叉,因为歌词也

---

① 《中华人民共和国著作权法实施条例》第四条第一款。

② 见2013年1月《中华人民共和国著作权法》(第三次修订草案送审稿)第5条第三款。

属于文字作品。但一般认为，若音乐作品带词，则连词带曲都视为音乐作品，而非文字作品。①

音乐作品涉及娱乐产业的范围很广，它不仅是音乐产业的核心，也是电影产业、广播电视行业、数字媒体行业、游戏软件等不可缺少的一部分。几乎所有的文化娱乐产业都需要跟音乐作品打交道。从事音乐行业的相关方包括：作曲者、作词者、表演者（歌手）、录音制作者、广播电台、电视台等。而音乐作品涉及的权属范围则包括著作权及相关权（邻接权）。因本书只侧重于影视行业，故谈及的音乐作品也只限于上述行业中对于音乐作品的运用。

（三）视听作品

根据2013年著作权法修改草案送审稿中对于“视听作品”的定义，“视听作品，是指由一系列有伴音或者无伴音的连续画面组成，并且能够借助技术设备被感知的作品，包括电影、电视剧以及类似制作电影的方法创作的作品”。② 由此可见，娱乐产业中涉及的电影作品、电视作品及音乐电视作品（MTV）等都属于视听作品。

需要注意的是：一部视听作品中可能包含已存在的可单独使用的其他作品。譬如，一部根据小说改编的电影，其已有的作品包括原作小说。若电影中的插曲、结尾曲采用了已有的音乐作品，那么该音乐作品也属于已有作品。这时，视听作品的制片者在使用这些已有作品（原作小说及音乐）时，需获得已有作品著作权人的许可，并支付报酬。

---

① 李明德、许超著：《著作权法》第二版，法律出版社2009年版，第34页。

② 见2013年1月《中华人民共和国著作权法》（第三次修订草案送审稿）第5条第十二款。值得注意的是，新稿中对于“视听作品”的定义与2002年《中国著作权法实施条例》第4条第十一款关于“电影作品和以类似摄制电影的方法创作的作品”略有不同。应该说，2013年著作权法修改草案送审稿中的定义更加符合新技术的发展规律及国际趋势。

而已有作品的著作权人也可继续单独行使其作品的著作权，但不得妨碍视听作品的正常使用，且不得违反与视听作品权利人签订的合约。

第二节 著作权的权利内容

在英美法系国家，版权主要是一种经济权利。在大陆法系国家，著作权被认为是基于作品的创作而产生的权利，因此既包括作者的精神权利，又包括经济权利。中国著作权法属于大陆法系的著作权法体系，故著作权范畴由作者的精神权利和经济权利构成。

一、人身权（精神权利）

人身权（又称精神权利“moral rights”），是指作者就作品中所体现的人格或精神所享有的权利。受到康德（Kant）及黑格尔（Hegel）哲学思想的影响，大陆法系的著作权法普遍认为，作品是作者的人格或精神状态的延伸，体现了作者的思想、情感、记忆等精神状态。因此，作者对于作品中所体现的人格和精神享有绝对的权利。①

① “According to Kant, an author's words are a continuing expression of his inner self. Therefore, an author's right in his work is a fundamental personal right”. *See* Immanuel Kant, *The Philosophy of Law*, 64(W. Hastie trans. 1887)(1797). “In contrast with Kant, Hegel regarded intellectual works as external things, rather than as extensions of personality, although Hegel also viewed mental ability as an inalienable part of the self”. *See* G. HEGEL, *Philosophy of Right*, Chs. 43, 68(T. Knox Trans. 1952)(1821). “The differences between Kant and Hegel's thinking in terms of personality theory can be found in the ‘monist’ and ‘dualist’ approaches adopted by the German and French copyright systems. For a discussion of the monist and dualist approaches in Germany and France,” see Neil Netanel, *Copyright Alienability Restrictions and the Enhancement of Author Autonomy: A Normative Evaluation*, 24 RUTGERS L. J. 347, 378—82(1993). 关于康德与黑格尔的哲学思想对于大陆法系中著作权法人身权的影响，可参阅宋海燕著：《中国著作权法视听作品的改革》，“Reform Chillywood”，2014。

至于作者的人身权是否可以转让或放弃，各国著作权法的规定各不相同。例如，法国著作权法对于人身权的保护最为严格，规定作者的人身权是永久性的，不可转让，也不可放弃[①]；中国著作权法规定人身权不可转让，但并未提及是否可以放弃[②]；美国版权法中并无关于作者人身权的明文规定，只在1991年颁布的《视觉艺术家权利法案》(The *Visual Artists Rights Act* of 1990)中承认和保护视觉艺术家的人身权，并规定视觉艺术家的人身权不可转让，但可以书面形式放弃。[③]

需要指出的是，美国的《视觉艺术家权利法案》与大陆著作权法系所保护的人身权并不完全相同，其保护范围十分有限。首先，就受保护的作品而言，美国《视觉艺术家权利法案》只保护五种作品，即图片、绘画、印刷画、雕塑及为展览目的拍摄的照片等；第二，上述作品必须是限量版（少于两百张），且有作者的亲笔签名。[④] 换而言之，只有上述作品的作者方可作为权利人，依据该法案提起侵权诉讼。第三，该法案赋予的人身权包括三项：署名权、保护作品完整权、保护作品不受破坏权。其中第三项权利仅适用于争议作品已"获得相当认可度"的情形。[⑤]

下面就公认的最主要的三项人身权——作者的发表权、署名权和保护作品完整权做一简单介绍。[⑥]

(一)发表权(The Right to Divulge)

根据中国著作权法第10条第1款，发表权指"决定作品是否公之于众"的权利。具体而言，作者有权决定其作品是否发表、何时发表、

① 法国《知识产权法典》第121条之1。

② 《中华人民共和国著作权法》第25条。

③ 17 U.S.C. §411,412(1988 & Supp. Ⅲ 1991).

④ 17 U.S.C. §101(Supp. Ⅲ 1991).

⑤ 17 U.S.C. §106A(Supp. Ⅲ 1991)

⑥ 见《伯尔尼公约》第6bis条。

何处发表以及以何种形式发表。在作者的生存期间，他人无权代替作者作出与发表有关的决定。[①]

同时，需要注意的是，发表与出版是不同的两个概念。出版(publish)是指将作品制作成一定数量的复制品，提供给社会公众的过程。出版既涉及了经济权利的复制权(制作复制品)，又涉及了发行权(提供给社会公众)。而发表的范围却不只限于出版，还包括表演(如朗诵)、展览、广播，甚至在网上张贴的形式。因此其英文表述也有所不同，发表权译为"the right to divulge"或"the right to disclose"，出版则译为"publish"。

(二)署名权(The Right to Claim Authorship)[②]

署名权，是指作者享有在自己所创作的作品上署名、标明自己的身份的权利。具体而言，作者有权在自己的作品上署名(如真实姓名、笔名或假名)；有权防止他人在自己创作的作品上署名；同时，若他人擅自修改自己的作品以致破坏了作品的完整性时，作者也可以拒绝署名。

(三)保护作品完整权(The Right to the Work's Integrity)

保护作品完整权，是指作者有授权他人修改其作品，或者禁止他人歪曲、篡改其作品的权利。

由侵犯作品完整性而引发的版权案例很多。比如，在1976年美国第二巡回区上诉法院审理的"吉利姆诉美国广播公司"(*Gilliam v. American Broadcasting Companies, Inc.*)一案中，原告为英国某作家团队，因被告美国广播公司(ABC)在播放其撰写的电视节目时擅自删减其作品长度一事，向法院提起侵权之诉，并获得胜诉。[③] 本案中，原

① 见《中华人民共和国著作权法实施条例》第17条，规定作者生前未发表的作品，若作者无明确表示不发表，作者死亡后可由继承人或受遗赠人行使发表权。

② "署名权"亦可译为"The right of attribution"(美国)或"the right of paternity"(德国)。

③ *Gilliam v. American Broadcasting Companies, Inc.*, 538 F. 2d 1(2d Cir. 1976).

告的作家团队应邀为英国广播公司(BBC)撰写某喜剧电视剧的剧本。根据原告作家与BBC之间签订的合约,剧本的著作权归原告作家所有;BBC若要进行剧本的重大修改,必须与作家进行事先沟通,并获得其同意方可进行。同时,原告作家授权BBC将该剧本及由剧本制作的电视节目在全球范围内进行再许可。电视节目在英国播放后,被告美国广播公司随之与BBC签订了再许可合同,获得了该电视节目的部分剧集在北美地区的播放权。但被告在播放时,认为该电视剧过长,故在未通知原告作家的情形下,擅自删节了电视节目的长度,将原本为90分钟的两部剧集删减了24分钟。原告据此提起侵权之诉。

美国第二巡回区上诉法院在审理此案时,认为被告美国广播公司在未通知原告、未得到其同意的情形下,擅自删除原告作品长度的行为违反了与BBC公司签订的再许可协议,同时也侵犯了兰汉姆商标法案(The Lanham Act)及反不正当竞争法的相关条例,故判定被告侵权成立。

实践中,保护作品完整权并不意味着制片或编辑完全没有修改作品的权利。它所禁止的只是可能导致作者声誉或利益受到伤害的"对作品的歪曲或篡改"。但何种程度的修改可能构成"篡改或歪曲"却并不容易界定。因此,娱乐产业的通行做法是,制片商在聘请作家为其撰写剧本或购买已有的剧本时,一般会要求作者签署一份"弃权书"(release form),同意放弃人身权的部分权利,如保护作品完整权等,以减少日后诉讼的几率。①

二、财产权(经济权利)

关于经济权利的具体内容,各国著作权法的规定并不一致。中国

① 作家"放弃书"的合同样本可参见附录。

著作权法第 10 条规定了十二种经济权利，即复制权、发行权、出租权、展览权、表演权、放映权、广播权、信息网络传播权、摄制权、改编权、翻译权、汇编权等。① 美国版权法第 106 条规定了五种经济权利，即复制权、演绎权、发行权、公开表演权和公开展览权。② 法国著作权法只规定了两种权利，即复制权和表演权。③ 虽然各国所规定的项目有所不同，但其内容实质都大同小异。比如，法国的著作权法虽然只规定了两项经济权利，但其权利内容实际涵盖了美国版权法中的五项内容和中国著作法中的十二项内容。

一般而言，著作权中的经济权利可分为以下几大类：复制权、演绎权、表演传播权、信息网络传播权。下面就以上几种权利在娱乐产业中的具体应用详加解释。

(一)复制权(The Reproduction Right)

复制权是指作者所享有的许可或者禁止他人复制自己作品的权利。复制权是著作权中一项最基本的权利，既包括传统的印刷复制，也包括现代技术所产生的在光盘、磁带、内存上的复制。同时，复制不仅仅意味着平面到平面的复制，也包括平面到立体的复制(如根据设计图纸建造建筑物)，立体到平面的复制，以及立体到立体的复制。

1. 从平面到平面的复制

平面到平面的复制，是最常见的复制形式，指"以印刷、复制、拓印、录音、录像、翻录、翻拍等方式将作品制作一份或者多份"。

2. 从平面到立体、立体到平面、立体到立体的复制

从平面到立体、立体到平面及立体到立体的复制，主要涉及美术

---

① 《中华人民共和国著作权法》第 10 条第五项到第十二项。

② 美国《版权法》第 106 条。

③ 法国《知识产权法典》第 122 条之 1。

作品及建筑作品，即根据平面的建筑设计图纸建造出一栋立体的建筑物，或根据一座立体的建筑作品反向工程设计出一套平面的建筑设计图，或根据一座立体的建筑作品创作出其他立体的、三维的艺术品。

2011 年北京一中院审理的“国家体育场诉熊猫烟花著作权侵权”案就是一件涉及建筑作品从立体到立体的复制的版权侵权案件。① 本案中的原告——国家体育场公司是北京 2008 年奥运会主会场国家体育场（又称鸟巢）的所有人。根据中国著作权法的规定，国家体育场（鸟巢）属于受著作权法保护的建筑作品，而国家体育场公司则是该建筑作品的著作权人。被告熊猫烟花公司生产的烟花产品与鸟巢的建筑物十分相似，原告因此提起侵权之诉。

法院在判断被告的烟花产品是否构成侵权时指出：被告生产的烟花产品的外形“呈椭圆形，中部镂空，且在整体造型、长宽比例、钢架结构、色调线条搭配等方面采用了与国家体育场外观相同或者近似的设计，较为全面地体现出国家体育场建筑作品所采用的钢桁架交织围绕碗状结构的独创性特征，构成了对国家体育场建筑作品的高度模仿，是对国家体育场建筑作品独创性智力成果的再现，与国家体育场构成实质性相似”，从而判定被告熊猫烟花公司对“盛放鸟巢”烟花产品的制造和销售，侵犯了国家体育场公司对其鸟巢建筑作品所享有的复制权和发行权。②

从平面到立体、立体到平面的复制是否构成著作法意义上的复制，从一开始并无定论。美国直到 1990 年加入《保护文学和艺术作品

---

① 国家体育场诉熊猫烟花集团、浏阳熊猫烟花、北京熊猫烟花侵犯著作权纠纷案，(2009)一中民初字第 4476 号。

② 同上。

伯尔尼公约》(《伯尔尼公约》)时，才修改其著作权法，将“建筑作品”的范畴从“建筑图纸”扩大到“建筑图纸、建筑模型及建筑物”，从而实现了建筑作品从平面到立体、立体到平面的复制的保护。[①]

中国现行著作权法在定义“建筑作品”时，依然将“建筑图纸、建筑模型”与“建筑物”分别归类。其中，建筑图纸及模型属于中国著作权法第 3 条第七项的“图形作品和模型作品”，而立体的建筑物又分属于第 3 条第四项的“美术、建筑作品”。如此归类并不利于对建筑作品进行全面的保护。所幸，在目前进行的中国著作权法第三次修改草案中，建筑作品获得了重新定义，包括“建筑平面图、设计图、草图、模型和建筑物”，从而实现了对建筑物的综合保护。[②]

(二)演绎权(The Right to Prepare Derivative Work)

演绎权是指作者许可他人在自己作品的基础上创作作品的权利。若他人未获得原作作者的许可，擅自改变、翻译原作作品，就会侵犯原作作者的演绎权。在中国著作权法规定的各项经济权利中，翻译权、改编权、摄制权和汇编权都可以归属于演绎权的范围。[③]

演绎作品(derivative work)，又称“派生作品”或“衍生作品”。根据创作需要，一部作品可以有多种形式的演绎作品。例如，中译本《哈利波特》即是原作英文版 *Harry Potter* 的演绎作品。又如，根据《哈利波特》小说拍摄成的电影、舞台剧、电子游戏等，同样属于原作的演绎作品。

---

① 见美国《建筑作品著作权保护法案》(*Architectural Works Copyright Protection Act*,“AWCPA”)。该法案在 1990 年于美国国会通过。另见美国《版权法》第 120 条(a)中对于建筑作品保护的规定。

② 2013 年 1 月《中华人民共和国著作权法》(第三次修订草案送审稿)，第 5 条第十项。

③ 见《中华人民共和国著作权法》第 10 条第十三项到第十六项。值得一提的是，在 2013 年著作权法修改草案送审稿中，将“计算机程序的增补、删节、改变指令、语句顺序”也归为改编权的一种。见 2013 年著作权法修改草案送审稿第 13 条第八项。

演绎作品中往往既包括原有作品的基本表述，又添加了演绎者的新创作成果。演绎者在从事演绎活动时，要获得原作作者的同意。也就是说，译者需要取得《哈利波特》小说作者罗琳女士(J. K. Rowling)的同意才可翻译她的作品，而华纳兄弟电影公司也要获得罗琳女士的同意才可根据原著拍摄电影。

由此可见，演绎作品中存在两项著作权，其一是原作的著作权(如罗琳女士对其小说的原著享有著作权)，另一项是演绎者由于其演绎创作活动而产生的著作权，如译者对于其中文翻译作品享有著作权，而华纳兄弟对于电影《哈利波特》也享有著作权。因此，当使用演绎作品时，不仅要获得演绎者的许可，还要获得原有作品权利人的许可。鉴于娱乐产业中大部分的作品都涉及演绎作品，正确理解演绎作品的概念和权利范畴是十分重要的。

(三)传播权(表演权)

1. 传播权概述

广义的传播权，是指著作权人有权将作品公开传播给社会公众的权利。若他人未经著作权人的许可，将享有著作权保护的作品擅自向公众传播，就会侵犯著作权人的传播权。

要正确理解"传播权"，首先要理解两个概念，即何谓"传播"，又何谓"公众、公开"。

2. 传播权的范畴

就"传播权"的概念而言，各国著作权法分别使用了不同的词语来表达相同的概念。譬如，现行中国著作权法中并没有直接使用"传播权"的定义，而是通过分别定义"展览权、表演权、放映权、广播权、信息网络传播权"来解释传播权的范围。[①] 而德国著作权法中则直接使用

① 《中华人民共和国著作权法》第10条第八项，第九项，第十项，第十一项及第十二项。

了“传播权”的概念，包括朗诵权、表演权、演出权、广播权和有线广播权、以音像制片的方式传播作品的权利、广播和有限广播的传播权以及展览权等。[①] 此外，很多国家和学者选择以“表演权”来表达“传播权”的概念。譬如，法国著作权法只规定了两项权利，即复制权和表演权。这里的表演权就是我们所谈到的“向公众传播作品的权利”。[②] 又如，美国版权法第 106 条规定中也采用了“表演权”来表达“向公众传播作品的权利”。[③]

关于“表演”，应当是既包括“舞台表演”(live performance)，如朗诵、演奏、唱歌和舞蹈等，又包括“机械表演”(mechanical performance)，如使用各种设备和技术，传播或播送已录制好的节目，如电影电视作品等。《伯尔尼公约》第 11 条规定：戏剧作品、音乐戏剧作品和音乐作品的作者所享有的表演权包括两项内容：第一是授权公开表演和演奏其作品的“舞台表演权”；第二是授权用各种手段公开播送其作品的表演和演奏的“机械表演权”。[④] 事实上，中国现行著作权法第 10 条中规定的“放映权”、“广播权”和“信息网络传播权”都属于机械表演权的范围。迄今为止，世界上大多数的国家的著作权法中都是既规定了舞台表演权，又规定了机械表演权。

3. 何谓“公开”

至于第二个概念“公开”，目前法律界对于应如何正确理解“向公众传播”的概念有着很大的争论。按照著作权法中对于“传播权”的规定，只有他人在“公开表演或传播”作品时，才需要获得原作品作者的

---

① 李明德、许超著：《著作权法》第二版，法律出版社 2009 年版。

② 见法国《知识产权法典》第 122 条之 2。

③ 见美国《版权法》第 106 条。

④ 见《伯尔尼公约》第 11 条。

授权。若他人只是在小范围内(如家里、朋友或同事的圈子里)朗诵某部作品,或通过音响设备播放某首歌曲,或打开电视播放某部电影,这些行为都是合法的,不属于侵犯作者"公开传播权"的行为。

法国著作权法规定,作者不得禁止"仅在家庭范围内进行的私人和免费的表演"。换而言之,只要表演属于"家庭范围内"或者是"免费的",则都是法律所允许的;但若超出这个范围,则属于"公开表演"的范畴,应受到著作权法的管辖。①

美国版权法第 101 条规定了两种属于"公开表演"的情形。第一种情形是"在任何向公众开放的地点,或者在多于一般家庭成员或社交朋友圈的相当数量人群聚集的地点,表演或展览该作品"。第二种情形是指"以任何设施或技术手段,将作品的表演或展览传输给向公众开放的地点或公众,无论能够接受表演或展览的公众是在同一地点或是不同地点,是在同一时间或不同时间接受到该作品"。

就第一种情形而言,在判断表演"是否公开"时,要分析两个要素:第一,该表演是"在何处播放";第二,该表演是"向谁播放"。就"在何处播放"而言,美国案例法一般将播放地点分为几类:纯私人处所(家庭)、半公开处所(如俱乐部、学校课堂等)、完全公开处所(如机场、商场等)。只有在"纯私人处所"的播放属于"非公开播放"。其他的处所都要根据具体情况具体分析,有可能被归类为"公开播放"。而关于"向谁播放"的问题,根据美国众议院在制定 1976 年美国版权法的讨论会议纪要及随后的案例中总结出的观点:要考虑收看观众的数量和这些观众彼此之间的关系。若播放只限于"少数的家庭成员、朋友圈子、同事或熟识的人",则该播放不属于"向公众"的播放。若播放的

---

① 法国《知识产权法典》第 122 条之 5。

地方虽然是私人处所,但是面向公众开放的,则属于"向公众"进行的播放。

1984 年美国第三巡回区上诉法院审理的"哥伦比亚电影公司诉里德案"(*Columbia Pictures Indus. v. Redd Horne, Inc.*)对上述条例做出了十分清楚的诠释。[①] 本案中,被告马克斯经营了两家销售、租赁录像带的商铺。被告在商铺内除了提供录像带的销售出租服务之外,还在店里装修了几十间"小暗室"。每个小暗室皆可以容纳四到六人观看租赁的录像带。顾客在店里选中想租赁的录像带之后,可以选择带回家观看,或者在店里的小暗室里观看。后者需交付额外的观看费。原告哥伦比亚电影公司作为录像作品的著作权人,随之提起了被告侵犯其作品"公开播放权"的诉讼。

法官在判断"被告在店里小暗室的播放"是否属于"向公众播放"的行为时认为:虽然被告马克斯播放录像带的地点是在私人场所——其商铺里,但是其面对的群众却是"所有公众——任何愿意付费使用其设备服务的公众"。就这点而言,"马克斯播放录像带的行为与普通电影院的播放行为没有本质的不同"——即普通观众付费之后就可入内观看。因此,法院认定马克斯在店里小暗室的播放属于"向公众播放"的行为,侵犯了原告享有的向公众传播作品的权利。

美国版权法第 101 条规定的属于"向公众播放"的第二种情形是指"以任何设施或技术手段,将作品的表演或展览传输给向公众开放的地点或公众,无论能够接受表演或展览的公众是在同一地点或是不同地点,是在同一时间或不同时间接受到该作品"。这个条款又被称为"传输条款"(Transmit Clause),它所指的对象主要是负责传输节目

---

① *Columbia Pictures Indus. v. Redd Horne, Inc.* 749 F. 2d 154 (3d Cir. 1984).

的广播电台、电视台、有线电视台、卫星电视等中间传播机构。

2014 年 6 月，美国最高法院在审理“福克斯广播公司等诉阿里奥公司”(*WNET* v. *Aereo*, *Inc.*)一案时，认为被告未经授权以网络形式转播原告电视节目信号的行为侵犯了原告享有的“公开传播权”，由此驳回了美国第二巡回上诉法院的裁定。[①] 本案中，原告为包括多家广播公司在内的著作权所有人，被告为一网络技术公司。被告通过安装若干迷你小天线的方法，从空中截取原告播出的电视节目的发射信号，再将该信号通过其技术平台转播给其用户群。原告认为被告的行为侵犯了其作品的“公众播放权”。[②] 被告辩称：在收到其用户群发出的“收看”或“录制”的要求后，被告通过其技术平台，会给每个用户分配一个独特的天线接收装置(antenna)，并根据用户的要求制作一份独特的只有该用户自己能收到的节目副本。因此，被告认为其每次转播的电视节目信号都是独一无二的副本，而每个用户收到的也都是独一无二的信号副本，因此这种转播不是“向公众”的转播，而是一对一的、向“固定群体”——订阅其服务的用户个体的播放，并不构成对原告“公众传播权”的侵权。美国第二巡回区上诉法院在审理此案时，支持了被告的答辩理由，驳回了原告要求禁令的诉求。

此案判决一出，业界哗然。原告随后向美国最高法院提起上诉。与此同时，不少网络技术公司发现了类似的商机，在美国其他地区以类似的技术展开了类似的服务。原告也同时在美国其他地区(如加州、华盛顿特区、波士顿等地区)就类似的行为提起了侵权之诉。随后，美国加州的地区法院、华盛顿特区的地区法院及波士顿的地区法

---

① *WNET v. Aereo*, *Inc.*, 712 F. 3d 676(2nd Cir. July 16, 2013).

② 原告同时认为被告也侵犯了其复制权。

院对其受理的案件均已作出了判决，但其判决内容各不相同。[①] 其中，美国加州的地区法院与华盛顿特区的法院作出了支持原告诉求的决定，而波士顿地区法院则做出了与第二巡回区法院相同的决定，驳回了原告的诉求。由于各州之间出现的不同裁定，2014 年初，美国最高法院决定受理此案，以统一各法院之间对于“传输条款”的不同理解。2014 年 6 月，美国最高法院的裁定再次重申了 1976 年美国版权法的立法意图，并认定被告的行为侵犯了原告广播公司的“公开表演权”。

（四）信息网络传播权

1. 信息网络传播权概述

信息网络传播权，是指作者所享有的、以有线或者无线方式向公众提供作品、使公众可以在其个人选定的时间和地点获得作品的权利。信息网络传播权是互联网技术的产物。一部作品在网络上传播的过程中，会涉及多项著作权权利。比如，作品首先需要被数字化，而这种数字化的过程实际上是作品被永久或暂时复制的过程，因此涉及作者的复制权。同时，数字化后的作品在网上传输，这又涉及刚才讨论过的“向公众传播权”。

网络服务提供商（ISP）[②]在提供网页浏览、转发处理信息、新闻组、电子邮件、在线聊天室及帮助用户链接到相应网址等多项服务的过程中，十分容易遭遇著作权权利人为了维护权利而提起的基于直接侵权责任（direct liability）和间接侵权（indirect liability）责任的版权侵

---

① 美国加州地区法院 *Fox Television v. Aereokiller* 的案件号 CV—12—6921，美国华盛顿特区的判决见 *Fox Television Stations v. FilmonX*.

② 网络服务提供商的一般定义为：“在线服务或网络接入提供商，或在线服务或网络接入设备的运营商”，以及一个“在由用户指定的网络两点或者数点之间，对于用户选择的材料，不修改其传输或收到的材料内容，而提供传输、路由或提供数字在线通信接入服务的单位。”参见 17 U.S.C. §512(k)(1)。

权诉讼。[①] 因此,如何认定网络服务提供商(ISP)的法律责任已经成为网络法律及政策方面最为复杂且争论最多的焦点问题之一。

在网络服务提供商直接侵犯权利人著作权的情况下,比如其作为网络内容提供商(ICP),而非仅作为“纯粹通道”(mere conduit)提供服务时,权利人可对该网络服务提供商/网络内容提供者提起直接侵权诉讼。然而更多情况下,网络服务提供商只是作为一种网络服务的提供者,并不涉及直接侵权,故权利人通常基于网路终端用户的直接侵权行为而追究网络服务提供商的间接侵权责任。鉴于网络传输的信息量巨大,期待网络服务提供商充当“互联网警察”的角色以肩负知识产权保护的责任并不现实。因此,很多国家就网络服务提供商的侵权责任专门制定了法律,希望能在保护权利人利益与限制网络服务提供商的侵权责任之间达成一种平衡。

2. 美国《千禧年数字版权法》(*Digital Millennium Copyright Act*)

美国是最早就网络服务提供商可能存在的侵权责任进行法律规范的国家之一。早在 1998 年,美国国会就通过了《千禧年数字版权法》(DMCA)。[②]《在线版权侵权责任限制法案》(OCILLA)是一项美国联邦法律,其为包括网络服务提供商和其他网络中介商在内的在线服务提供商提供了有条件的“避风港”,使其在一定条件下免于为他人的侵权行为承担法律责任。该法案经通过成为 1998 年《千禧年数字版权法》的组成部分,被称为“避风港”条款或“《千禧年数字版权法》第 512 条款”。

---

① 参见 Melville B. Nimmer & David Nimmer, *Nimmer on Copyright*, Section 12B. 01 (A,2002),其中论述了很难认定究竟哪一方应当为网络版权侵权承担法律责任:发布者,获取该内容的用户或者是使这种获取成为可能的网络服务提供商。

② 1998 年美国《千禧年数字版权法》(DMCA)是为实施世界知识产权组织 1996 年两则条约而出台的美国版权法案。

根据《千禧年数字版权法》第512条的规定，网络服务提供商在满足一定条件下，可免于为其提供信息传输、系统缓存、主机服务，或链接服务产生的侵权责任承担赔偿责任。网络服务提供商如果想援引"避风港"条款，必须满足两项前提性条件。首先，该网络服务提供商"已经采取并合理实施了"针对"反复侵权用户"(repeated infringers)停止服务的政策；第二，网络服务提供商必须采用且未干涉"标准的技术性措施"。

接下来的段落将简单介绍近几年来美国在审理著作权网络侵权方面的典型案例。

(1)Napster案(2001年)①

2001年美国第九巡回区上诉法院审理的"A&M唱片公司诉纳普斯特"案(*A&M Records v. Napster*)是继美国通过《千禧年数字版权法》后就网络服务提供商的侵权责任问题进行审判的最经典的版权案例之一。在本案中，原告为代表美国五大唱片公司的美国唱片业协会，被告纳普斯特为网路技术公司，通过"点对点"(P2P)的文件分享程序向其用户提供原告音乐文件的传输服务。原告唱片公司根据间接侵权责任理论向法院提起诉讼，要求法院颁发诉前禁令。

在判断被告的行为是否构成间接侵权时，美国第九巡回区上诉法院维持了下级法院的判决，认定被告实际知晓其终端用户的侵权行为，并对侵权行为提供了实质性帮助，故可能负有帮助侵权责任。同时，法院认定被告具有控制侵权行为的能力，并从终端用户的侵权行为中直接获得了经济利益，故可能负有替代侵权责任。法院同时驳回了

① *A&M Records v. Napster*，239 F. 3d 1004(9th Cir. 2001)。本案裁定的中文翻译参见宋海燕：《中国版权新问题——网络侵权责任、Google图书馆案、比赛转播权》，商务印书馆2011年，第246—269页。

被告合理使用等其他抗辩理由，最终维持下级法院签发的诉前禁令。[①]

(2)Grokster 案[②]

2005 年美国最高法院审理的“米高梅制片公司诉葛罗克斯特案”(*MGM v. Grokster*)是迄今为止美国最高法院审理过的最重要的网络版权侵权案之一。在该案中，美国最高法院提出了一种源自专利法的“引诱侵权责任”(inducement liability)理论。该理论在之后的网络侵权案例审理中得到了广泛的运用。本案中，原告为各大电影、唱片等娱乐公司，被告为提供 P2P 的软件开发商。用户可通过下载被告提供的 P2P 应用软件搜索、下载并存储受版权保护的文件(如音乐文档、电影等)。原告基于被告间接侵权的理论(帮助侵权及替代侵权理论)，向法院提起诉讼。

美国最高法院在审理此案时，提出一个新的“引诱侵权”的理论，并将之定义为：“发布某种工具的人若有意强调该工具的版权侵权用途，并有明确鼓励他人侵权的意思表示或采取了其他的实际步骤鼓励他人侵权，则应对第三人的侵权行为承担法律责任”。[③] 根据美国最高法院的解释，引诱侵权责任理论需要满足“被告确定的侵权意图”及“积极的引诱行为”两大要素。该案中，法院指出：被告基于引诱目的，采取了一系列的积极引诱行为，包括：被告为吸引用户使用 Grokster 服务器而推出的广告、被告教导用户如何使用该软件从事侵权行为的

---

① 关于“帮助侵权责任”与“替代侵权责任”的区别，可参考宋海燕：《中国版权新问题——网络侵权责任、Google 图书馆案、比赛转播权》，商务印书馆 2011 年。

② *MGM v. Grokster*，125 S. Ct. 2764(2005)。本案裁定的中文翻译参见宋海燕：《中国版权新问题——网络侵权责任、Google 图书馆案、比赛转播权》，商务印书馆 2011 年，第 208—225 页。

③ 参见宋海燕：《中国版权新问题——网络侵权责任、Google 图书馆案、比赛转播权》，商务印书馆 2011 年，第 19 页。

文章及新闻邮件、被告为客户下载侵权文件时提供的客服支持等。对于被告"确定侵权意图"的认定，法院认为：有足够的证据表明被告存在侵权的"确定意图"，如被告公司的内部交流、广告用语、为吸引Napster前用户的各种努力、被告未实施过滤或其他技术以屏蔽侵权内容的事实等。由此，美国最高院判定被告间接侵权成立。

3. 中国对于信息网络传播权的相关规定

在中国，网络服务提供商为其终端用户的直接侵权行为承担间接侵权责任的法律基础，源于中国的《民法通则》①及2010年生效的《中华人民共和国侵权责任法》②中对于"共同侵权责任"的规定。同时，中国现行著作权法及2006年制定的《信息网络传播权保护条例》也为网络环境下著作权的保护提供了立法依据。③《信息网络传播权保护条例》主要参考了美国《千禧年数字版权法》中的相关原则，特别是"避风港"条款。鉴于各地法院审理网络侵权案例的数量攀升，最高人民法院于2012年底特别颁布了《关于审理侵害信息网络传播权民事纠纷案件适用法律若干问题的规定》的司法解释，为如何审理网络服务提供商的侵权责任及如何理解《信息网络传播权保护条例》提供了具体的指导意见。④

简单而言，中国在认定被告网站的"共同侵权责任"方面，并未如美国般细分为具体的"帮助侵权责任"、"替代侵权责任"及"引诱侵权

① 参见《中华人民共和国民法通则》(1987年民法)第130条关于"共同侵权责任"的定义。

② 见《中华人民共和国侵权责任法》第9条和第36条。《中华人民共和国侵权责任法》于2008年11月26日通过，2010年7月1日起生效。

③ 参见《中华人民共和国著作权法》第10条、第37条、第41条、第47条。

④ 最高法院《关于审理侵害信息网络传播权民事纠纷案件适用法律若干问题的规定》，于2013年1月1日起开始实施。

责任”,而是综合考虑各方面因素——如网络服务提供商是否知晓侵权行为,是否具备主观的侵权意图,是否具有控制侵权行为的权利和能力,是否从侵权行为中直接获得经济利益,以及是否对侵权行为提供了实质性帮助等因素——从而作出网络服务提供商是否侵权的结论。①

三、邻接权(Related Rights)

邻接权,亦称“相关权”,是指作品的传播者及表演者在传播作品的过程中因付出的智力贡献应享有的权利。作品的邻接权人一般包括:出版者、表演者、录音制作者及广播组织,下简称为“传播者”。②

作品的传播者在传播作品时付出的智力贡献,有别于作者通过智力创作而创作的智力成果。后者创作的是受著作权保护的“作品”,享有的是“著作权”(包括人身权和经济权);而前者创作的不是作品,而是将产品呈现给社会大众的一种形式,如广播信号、表演活动及录音制品等,因此享有的是“邻接权”。

在理解作者(著作权)、传播者(邻接权)与被传播者(如读者、观众和听众)三者之间的关系时,可将传播者理解为“中间人”的角色。即传播者在传播任何作品之前,必须获得作者的许可。在获得作者的许可后,传播者通过创造性的劳动(如出版、表演、广播等方式)将作品传播给了广大群众,使读者、听众和观众能够欣赏到作者创造出的作品。而传播者由于在传播过程中付出了创造性劳动,因此也应获得邻接权

---

① 关于中国与美国在互联网侵权责任的具体分析讨论,可参考宋海燕:《中国版权新问题:网络侵权责任、Google 馆案、比赛转播权》,商务印书馆 2011 年,第 1—52 页。

② 《中华人民共和国著作权法》第四章。在 2013 年著作权法修改草案送审稿中,“录音录像制作者”改成了“录音制作者”,故本文中也只谈“录音制作者”的权利。

的保护。这时，任何第三方若要使用传播者的劳动成果（如录音制品、广播电视节目）时，必须获得双重许可。第一，需要获得原作者的许可，第二，还要获得传播者的许可。

值得一提的是，世界各国对于邻接权的规定并不相同。譬如，美国并没有关于邻接权的单独法律规定，而是在版权法第 106 条中列举了作品传播者所享有的相应权利。现行中国著作权法第四章就邻接权做了专门的法律规定。下面就几种最主要的邻接权做一简单介绍。

（一）出版者权

出版者，是指出版图书、期刊、杂志的出版社或杂志社。出版者对其出版的图书及期刊的版式设计（包括封面装帧设计）享有专有权利，任何人未经出版者同意，不得擅自使用出版社的版式设计。①

版式设计，是指印刷品的版面格式的设计，包括对版心、排式、用字、行距、标题、引文、标点等版面因素、封面因素的安排。按照 2013 年著作权法修改草案送审稿，出版者对于其版式设计享有专有权的保护，保护期为十年。②

（二）表演者权

表演者，是指表演文学艺术作品的自然人，包括演员、歌手、演奏者、舞蹈者等。

表演者权保护的客体是表演者每一次的表演活动，即表演者通过自己对作品的理解和诠释，以肢体语言、声音、表情，或一定的工具（如乐器、道具等）等方式对作品内容的表达。

表演者权，有别于表演权。“表演权”是我们之前谈过的作者就其

---

① 见《中华人民共和国著作权法》第 35 条。《中华人民共和国著作权法》（第三次修订草案送审稿）第 6 条。

② 同上。

作品所享有的权利，即作者有许可或禁止他人表演自己作品的权利。而“表演者权”是表演者有许可或禁止他人利用自己表演活动的权利。其中的“利用”包括对表演活动的录音、录像、现场直播或通过网络公开传送等行为。

表演者权由表演者的人身权和经济权构成。其中，表演者的“人身权”主要包括：表演者有表明表演者身份的权利（相当于之前谈到的作者的“署名权”），有反对任何人对其表演进行有损其声誉的歪曲、篡改或修改的权利（类似于作者的“保护作品完整权”）。而表演者的经济权主要包括三项权利：许可他人广播或向公众传播其表演的权利；许可他人录制其未被录制过的表演的权利；许可他人复制录有其表演活动的录音制品的权利。[①]

2012 年 6 月 24 日，“关于保护视听表演的外交会议”在北京召开。两天后，包括中国、美国、法国在内的 48 个国家签署了《世界知识产权组织保护视听表演北京条约》（《北京条约》）。[②]《北京条约》旨在为表演者对其现场表演、以视听录制品录制之表演所享有的精神权利和经济权利提供保护，使表演者有可能参与录有其表演的视听产品的收益分配。由于各国代表团在视听表演专有权如何转让的问题上存在分歧，该条约的谈判历时十二年之久，直到 2012 年才最终通过。

《北京条约》第 12 条第 1 款规定了表演者与制片者之间的权利转

---

① 《罗马公约》及世界贸易组织《与贸易有关的知识产权协议》。

② 签署国包括：布基纳法索、布隆迪、喀麦隆、中非共和国、乍得、智利、中国、哥伦比亚、刚果、哥斯达黎加、科特迪瓦、塞浦路斯、朝鲜民主主义人民共和国、丹麦、吉布提、法国、加纳、格林纳达、几内亚、海地、匈牙利、意大利、牙买加、约旦、肯尼亚、马达加斯加、马里、毛里塔尼亚、毛里求斯、墨西哥、蒙古、摩洛哥、纳米比亚、尼加拉瓜、秘鲁、摩尔多瓦共和国、圣多美和普林西比、塞内加尔、塞舌尔、塞拉利昂、西班牙、苏丹、瑞士、阿拉伯叙利亚共和国、多哥、突尼斯、美利坚合众国、赞比亚。

让关系，并向缔约国建议了三种国内立法模式：(1)权利归视听录制品的制作者所有；(2)权利由视听录制品的制作者行使；(3)权利转让给视听录制品的制作者——但表演者与视听录制品制作者另有约定者不在此限。[①]《北京条约》第 12 条的规定对于 2013 年著作权法修改草案送审稿中关于“视听作品”的规定具有实质性影响，为中国的著作权立法提供了有益的借鉴。

(三)录音制作者权[②]

录音制作者，是指制作录音制品的人。它既可以是自然人，也可以是法人组织。

录音制品，是指任何记录表演的声音和其他声音的录制品。[③] 其中，“表演的声音”自然是指录制者对于表演活动的记录，如录制演唱会的数字光盘(“CD”)等；而“其他声音”则包括了除表演之外而存在于自然界及人类社会的声音，如鸟鸣声、溪水声、风雨声以及都市的嘈杂声等。

应该注意到，一部录音制品可能包括多项权利。譬如一张由香港环球唱片公司制作发行的“谭咏麟十周年纪念音乐会”的 CD 中，首先包括了被演唱的作品(作词者、作曲者创作的歌曲)，又包括了谭咏麟的演唱(表演者)，及环球唱片公司(录音制作者)的录制行为。在这个例子中，由于谭咏麟在演唱会上演唱了他人创作的歌曲，演唱会的组

---

① 《北京条约》第 12 条(1)。

② 在 2013 年著作权法修改草案送审稿中，“录音录像制作者”改成了“录音制作者”，不再区分“录像制品”与“电影或录像作品”。见《中华人民共和国著作权法》(第三次修订草案送审稿)，第三章第三节。故本文中也只谈“录音制作者”的权利。关于“录像制品”与“电影作品或录像作品”的区别，可参考宋海燕著：《中国版权新问题：网络侵权责任、Google 馆案、比赛转播权》，商务印书馆 2011 年。

③ 《中华人民共和国著作权法实施条例》第 5 条。

织者必须首先取得歌曲创作人的许可，方可演唱表演，这就是著作权中作者享有的表演权。而环球唱片要录制谭咏麟的演唱会，则必须先获得歌曲创作人（作者）的许可，再获得谭咏麟（表演者）的许可，方可进行录制。最后，若有不法商贩私自拷贝销售环球唱片公司所录制的CD，就侵犯了歌曲作者的著作权、谭咏麟的表演者权和环球唱片所享有的“录音制品权”。同样，若某家公司希望复制发行这张演唱会的CD，则需向各方取得许可，并缴纳版权许可费，方可进行使用，否则就会侵犯到作曲家享有的著作权、谭咏麟的表演者权及环球唱片的录音制品权。

另一方面，若某KTV或大型商场希望播放这张演唱会的CD，则需向作品的著作权人取得许可，并支付报酬；而无需取得表演者和录音制品制作者的许可，也无需向他们支付报酬。取得许可和支付报酬，通常都是通过著作权集体管理组织与KTV等用户的行业组织签订的框架协议或者一揽子协议实施的。关于著作权集体管理组织的情况，各国做法并不一致。由于这个题目不是本书的论述重点，故在此恕不展开介绍。①

（四）广播组织权

广播组织，是指播放载有声音或者图像信号的广播电台、电视台等组织。这里的电视台同样包括有线电视、卫星电视等电视组织。

广播组织权的保护客体是广播信号。

广播组织所享有的权利包括：许可或禁止他人以无线或者有线方式转播其广播电视节目；许可或禁止他人录制其广播电视节目；以及许可或禁止他人复制其广播电视节目的录制品的权利。②

① 可参阅李明德、许超著：《著作权法》第二版，法律出版社2009年版。

② 《中华人民共和国著作权法》第44条。

广播组织一般播放的节目主要是两大类：文学艺术作品（如小说连播、相声等）及录音录像制品。

广播组织应如何获得许可？

假如广播组织播放的是一部小说作品，若该小说仍未发表，则广播组织需要获得著作权人的许可，并支付报酬，方可播放；但若该小说已经发表，则广播组织无需再获得著作权人的许可，只需支付报酬即可。后者称为“法定许可”。关于“法定许可”的规定，我们将在后面“著作权的限制”一节中详细讲述。

另一种情形是广播组织播放的是音像制品或者电影作品。依然拿刚才谈到的香港环球唱片公司制作发行的“谭咏麟十周年纪念音乐会”的 DVD 为例。若湖南卫视希望播放这张演唱会的 DVD，不需要获得表演者（谭咏麟）的授权，但是必须经过 DVD 音像制品制作者，即香港环球唱片公司的许可；如果该音乐会被视作电影作品，则须经过电影制片人，同样是香港环球唱片公司的许可。

四、从娱乐产业的角度看著作权的分类

以上（一）到（三）部分介绍了著作权的权利范畴——即人身权、经济权及邻接权。这主要是从著作权法的角度讲述著作权的权利范围。在娱乐产业里，你会发现在具体的商业谈判、合同起草及相关项目中，从业者谈论的是完全不同的著作权权利分类法。下面就从娱乐产业的角度，向大家介绍圈内人所理解的著作权的分类。

首先要了解，在美国版权法中，版权被视为“可分割的权利”（separated rights）。这点是理解美国娱乐产业所有权利分配的基础。举例而言，一部文字作品（如小说或剧本）的权利可具体分割为：出版权、舞台表演权、录音广播权、电影权、电视权、电子游戏权、故事形象的衍生

产品(如米老鼠书包)权等。

关于“版权是否可分割”的讨论源自于二十世纪三十年代。当时美国1976年版权法尚未形成,法律界及娱乐产业对于版权是否为可分割的权利仍有争议。① 当时的很多作家都反对将作品的版权全部转让给制片公司。其顾虑之一为:若购买了剧本版权的制片公司最终决定不将剧本投入制作,那么已经转让了版权的作家将无计可施,也无法向其他制片公司兜售其剧本。于是,作家要求将剧本“租赁、许可”给电影制片公司,而非“转让”剧本的版权。这一提议立刻遭到制片公司的反对。制片公司担心若版权为不可分割的权利,那么仅拥有剧本的“租赁与许可权”不足以使其完全控制剧本版权的所有权,并有可能引发日后关于电影作品的权属争议。

事情的最终解决得益于1951年美国作家协会与美国制片公司联盟所签署的《最低基础基本协议》(Minimum Basic Agreement,MBA),简称《基本协议》。《基本协议》明确规定:版权属于可分割的权利。《基本协议》同时允许作家将其剧本所享有的版权具体分类为“出版权、舞台剧权、录音广播权、电影权、电视权”等。② 至今,美国版权法中关于版权为可分割权利的提法并无更多变化。

在上世纪初,可分割权利的版权尚无过多的经济意义。毕竟,彼时对于剧本及剧本中人物形象的再利用十分有限,而传播模式也仅限

---

① 美国1976年版权法已明确规定版权是可分割的权利。关于对“版权为可分割权利的”历史回顾,可参考 Grace Reiner,“Separation of Rights for Screen and Television Writers”,*Los Angeles Lawyer* 28,April 2001。同时参考《尼默论版权》(Melville Nimmer & David Nimmer,*Nimmer on Copyright*)。

② 详见美国《最低基础基本协议》第16条(2008年版)。值得一提的是:参与二十世纪五十年代这场“版权是否为可分割权利”的争论的专家之一为 Melville Nimmer 先生,他当时受聘于美国作家协会,后来成为美国版权法最权威的学术人物之一,代表作为:《尼默论版权》(*Nimmer on Copyright*)。

于电视与电影的传播平台。然而今日，随着影视界商业模式的变化，越来越多的好莱坞制片商热衷于大片的“续集”(sequel)或“前传”(prelude)的制作，[①]甚至于老片的重拍(remake)，从而增加了对原作品中人物角色的再次利用。同时，制片商在其影片获得成功后，往往即刻在市场上推出与影片角色相关的商品(character merchandise)，期望观众出于对影片角色的热爱继而购买其相关产品，从而再次获利。[②] 同时，随着新技术的发展，影视作品的传播模式也远远不再限于舞台、电视、收音机等传统媒体，已扩展到包括有线电视、网络在内的新媒体。于是，可分割的版权概念已成为保证美国作家基于其作品的再次使用而持续获得报酬的最重要法律基础之一。

如今，剧本版权包括：剧本的出版权、舞台剧权、电影权、电视权、主题乐园等多项权利。根据不同的合同约定，剧本作者可授权他人将剧本出版为书籍、拍摄成电影或电视剧、制作成舞台剧、或将故事角色应用到主题乐园中。若剧本的素材及角色在影片完成后，又被用于影片前传或续集的制作，那么作者还可享有前传及续集中再次使用相关剧本人物的额外酬劳。[③] 同时，为充分保证剧本作者的权益，《基本协议》还规定：若电影制片公司在购得剧本的若干年内(通常为五年)未

---

① 电影《星球大战》、《蝙蝠侠》、《蜘蛛侠》、《钢铁侠》等，皆为制片公司侧重于拍摄前传与续集的最佳诠释。

② 利用影片角色(story character)开发相关产品(merchandise)，并通过特许经营(franchise)的方式盈利，其最成功者莫过于迪斯尼及其旗下的皮克斯动画室(Pixar)了。迪斯尼的营业收入不仅来自于影片的票房收入，很大一部分还来自于根据米老鼠、唐老鸭等卡通人物制成的各种许可衍生产品，如标有米老鼠、唐老鸭图案或文字的衣服、鞋子、玩具、文具产品等。

③ 制片公司在制作电影的前传或续集时，需支付剧本原作者的额外酬劳通常为作者首次报酬的25%。值得注意的是，剧本原作者对于续集或前传并不享有版权，而只是分享前传或续集的部分获利。

能将剧本拍摄成影片，作者有权将未使用的剧本以制片公司付出的购买原价购回。[①] 当然，此条款的使用也带有一定限制：譬如(1)适用于本条款的剧本必须是原创剧本，其创作未参考或未基于任何已存在的文学创作材料；(2)该剧本未以任何媒体形式使用过等。[②]

第三节 著作权的所有人

根据目前的国际公约和大多数国家对于著作权产生及权属的相关规定，著作权被视为基于作品的创作而自动产生，不需要进行申请注册。就著作权的权属而言，著作权一般属于创作作品的作者所有，即作者同时为著作权所有人。但是，在很多特殊情况下，作者未必是作品的著作权所有人，尤其在娱乐产业更为如此。下面就著作权归属的一般情形及特殊情形做一简单介绍。

一、著作权归属的一般原则

著作权归属的一般原则为：作品的著作权属于作者。[③] 作者可以是自然人，也可以是法人组织。一般而言，在作品上署名的人或组织可推定为作品的作者，除非有相反证据推翻上述推定。[④]

二、演绎作品的著作权归属

前面已经简单介绍过了演绎权及演绎作品。简单而言，演绎作品(衍生作品)属于在他人在先作品的基础上，通过重新创作的演绎行为

---

① 详见美国2008年《最低基础基本协议》第16条第8款。

② 同上。

③ 《中华人民共和国著作权法》第11条第1款。

④ 《中华人民共和国著作权法》第11条第4款。

（如改编、翻译、注释、拍摄）而形成的新作品。这里所指的“他人在先作品”可以是依然享有著作权保护的作品，也可以是已经进入公有领域的作品。演绎作品的作者属于演绎者。

一般而言，一部演绎作品至少具有两项著作权：一项是原作者对于原有作品所享有的著作权，另一项是演绎作者通过其再创作、对新作品享有的著作权。演绎作者在原作品的基础上进行重新创作时，需要获得原作者的许可（演绎权）。但若原作品已经超出保护期（如莎士比亚的作品）并进入公有领域，则无需获得上述许可。关于作品保护期的问题，我们会随后谈到。

三、合作作品的著作权归属

中国著作权法规定，合作作品是指“两人以上合作创作的作品”。[①] 美国版权法规定，合作作品是指“由两个或两个以上的作者创作的作品。其创作目的是将其各自的创作成果合为一个整体，成为不可分割或相互依存的部分”。[②]

由此可见，一部作品要成为“合作作品”需要满足几个要素。其一，需要有两个或两个以上的作者；其二，合作作者之间要有合作创作的“合意”；其三，合作作者之间要有“共同创作”的事实行为。

《我的前半生》一书引起的纠纷就是一个关于如何认定“合作作品”的著作权纠纷案。[③] 该案从起诉到终审判决，历时近十年。其分别经过北京中院、北京高院及最高人民法院三级法院的审判，并得到最

① 《中华人民共和国著作权法》第13条。

② 美国版权法第101条。

③ 《我的前半生》著作权纠纷案，一审案号：北京中级人民法院（1989）中民字第1092号；二审案号：北京高级人民法院（1995）高知中字第18号；请示案号：最高人民法院（88）民他字第2号。

高法院两届首席大法官的关注，可以说是我国在知识产权保护初期发生较早、历时最长、影响最大的著作权纠纷案。通过对该案的审判，确定了我国知识产权审判的几条司法原则：第一，对于知识产权的侵权案件，司法审判机关为最终审判机关。当事人对行政机关做出的处理意见不服的，可以向司法机关起诉。第二，对于合作作品的认定，需要看作者之间是否存在共同创作的"合意"及共同创作的"事实"。第三，最高法院随后制定的司法解释对于传记类作品的著作权归属做了一定的规定。①

本案中，原告为末代皇帝爱新觉罗·溥仪的遗孀李淑贤，被告为李文达。溥仪在东北抚顺战犯管理所服刑时，由其口述，其弟溥杰执笔，写过一份题为《我的前半生》的自传体材料（又称"灰皮书"）。当时的有关部门领导审阅后，建议出版社帮助溥仪进行修改，并正式出版该材料。被告李文达被指定完成这一任务。在之后的两年时间里，溥仪和李文达进行了大量的磋商和讨论，主要由李文达执笔，由溥仪口述、提供材料以及对写成的稿件提供审阅修改意见。1962 年 3 月，修改的第二稿终于完成。同年 6 月，《我的前半生》书籍三卷本正式出版。1964 年 3 月，当事人发生著作权争议的《我的前半生》终稿也正式出版。该书以爱新觉罗·溥仪署名。稿酬共计 11，700 余元人民币，由溥仪和李文达平分。

1965 年，外文出版社将《我的前半生》译成英文出版，英文版书名为《从皇帝到公民》(*From Emperor to Citizen*: *The Autobiography of Aisin-Gioro Pu Yi*)。1984 年，意大利及香港公司拟根据书籍《我的前半生》改编拍摄成电影，由此引发了《我的前半生》书籍作者权属的争议。

---

① 《最高人民法院关于审理著作权民事纠纷案件适用法律若干问题的解释》(2002年)第 14 条。

原告李淑贤认为:溥仪是该书的唯一作者。李文达只是接受领导指派的任务,帮助溥仪完成了该自传的撰写工作。书中写的是溥仪的个人经历,属于自传体文学。溥仪从来没有过与李文达共同创作该书的合意。同时,本书的出版只有溥仪一人的署名。因此,溥仪为该书的唯一作者。

被告李文达则认为:李文达与溥仪应该是该书的共同作者。被告指出,被告花了两年的时间整理、撰写此书,付出了大量的创作性劳动,而最后的文稿与溥仪刚开始撰写的文稿"灰皮书"已经十分不同。该书应该属于创作文学,而不是自传文学。同时,在稿酬方面,被告与溥仪获得了相同的稿酬。因此,被告认为其应该同溥仪属于该书的共同作者。

在北京中院、北京高院及最高人民法院经过近十年的多次开会、讨论、调研后,最高人民法院终于 1996 年作出终审判决。判决认为:《我的前半生》一书从修改到出版的整个过程都是在有关部门的组织下进行的,李文达是由组织指派、帮助溥仪修改出书的。故李文达与溥仪之间不存在共同创作的合意。另,《我的前半生》一书既是溥仪署名,又是溥仪以第一人称叙述亲身经历的自传体文学作品,反映了溥仪的思想过程,体现了溥仪的个人意志,其书的舆论评价和社会责任也由其个人承担。因此,法院认定溥仪是该书的唯一作者和著作权人。

在随后 2002 年最高法院制定的司法解释中,最高院对于传记文学作品的著作权归属做了较为详细的规定。①《最高人民法院关于审理著作权民事纠纷案件适用法律若干问题的解释》(2002 年)第 14 条规定:"若传记文学由当事人基于自己的生平口述形成,由当事人署名,且又无书面约定与他人合作创作共享著作权的,不论参与创作的

① 《最高人民法院关于审理著作权民事纠纷案件适用法律若干问题的解释》(2002 年)第 14 条。

人做了多少工作，均应认定署名者——即自传的当事人为著作权人。参加写作的人员有权要求获得经济报酬”。①

中美两国著作权法在判断合作作品时考虑的要素基本是一样的，但在如何处理合作作品所有人的相关权益上却是不同的。根据中国著作权法，合作作品包括两种：一是可以分割使用的合作作品，一是不可分割使用的合作作品。前者如歌曲和歌词，分割开就是单独的词和曲子，合并在一起就成为一首完整的歌曲。而在美国，合作作品必须是“不可分割的”。因此，两国在对待合作作品方面也有所不同。

中国著作权法规定，“若合作作品可以分割使用的，作者可就各自创作的部分单独享有和行使著作权，但在行使著作权时不得侵犯合作作品整体的著作权。若合作作品是不可分割使用的，其著作权就由各合作方共同享有，通过协商一致行使；不能协商一致，又无正当理由的，任何一方不得阻止他方行使转让以外的其他权利，但是所得收益应当在各方之间合理分配”。②

由于美国版权法不承认“可分割使用”的合作作品，因此其版权法只针对“不可分割的合作作品”做出了规定。根据美国版权法的规定，合作作品的所有权人在行使除转让以外的行为时，可以不经其他合作作者的同意，但所得收益需要与其他合作作者共享。

四、电影作品(视听作品)的著作权归属

在著作权法的保护对象中，电影作品属于一种十分特殊的作品。有些人认为电影作品应该属于演绎作品，因为大部分的电影通常都是基于小说或剧本改编而成的，故可视为原小说作品的演绎作品；也有

① 《最高人民法院关于审理著作权民事纠纷案件适用法律若干问题的解释》(2002年)第14条。

② 《中华人民共和国著作权法实施条例》第9条。

人认为电影作品应属于合作作品，毕竟一部电影里包涵了众多创作人员，比如作家、导演、制片、摄影等的创造性劳动。下面就电影作品的定义、作者的范畴以及电影作品的著作权归属等问题加以阐述。

(一)“电影作品”到“视听作品”的演变

电影作品的法律概念首次出现于 1908 年《保护文学和艺术作品伯尔尼公约》的柏林修订大会上。① 当时，对于电影作品的普遍观点是：电影只是一种改编现有作品（如文学作品或艺术作品）的技术产品，因此电影作品被划归“文学作品或艺术作品的改编作品”。这种观点直到 1948 年《伯尔尼公约》的布鲁塞尔修订大会才得以改变。此次大会上，电影作品首次与文字作品、音乐作品、美术作品等平起平坐，在公约的第 2 条被列为单独的作品种类。②

数十年后，《伯尔尼公约》1967 年斯德哥尔摩文本终将电影作品的法律概念及权利明确规定，且延用至今。③ 根据《伯尔尼公约》1967 年斯德哥尔摩文本，电影作品的概念是“电影作品和以类似摄制电影方式表现的作品”（以下简称“电影作品”）。④ 1967 年斯德哥尔摩文本第 14bis 条规定：“在不损害经改编或复制之作品的作者的权利的情况下，电影作品应作为原作受到保护。电影作品的著作权人享有与原作

① 《保护文学和艺术作品伯尔尼公约》是关于著作权保护的国际条约，于 1886 年制定于瑞士伯尔尼。截至 2012 年 3 月 14 日，《伯尔尼公约》的缔约方包括 165 个国家。中国于 1992 年 10 月 15 日加入该公约。

② 《伯尔尼公约》1948 年布鲁塞尔修改本第 14 条：“版权保护作品包括：……电影作品和以类似摄制电影的方法制作的作品”；见 http://www.oup.com/uk/booksites/content/9780198259466/15550020.

③ 《伯尔尼公约》1967 年斯德哥尔摩修改本第 14 条，详见 http://www.oup.com/uk/booksites/content/9780198259466/15550021.

④ 《伯尔尼公约》1967 年斯德哥尔摩修改本，第 2 条“... cinematographic works to which are assimilated works expressed by a process analogous to cinematography。”值得注意的是，1948 年布鲁塞尔修改本中有关电影作品的定义中，“获得（obtained）”一词在此次修改中改为“表现（expressed）”。

作者同等的权利”。① 至于电影作品的著作权归属，1967 年斯德哥尔摩文本并未作任何具体规定（留待各成员国通过国内立法自行决定）。

在如何修改《伯尔尼公约》使之与世界知识产权组织（WIPO）制订的版权领域立法示范条款接轨的讨论中，参会方曾提出过以“视听作品”取代“电影作品”的建议。当时的 WIPO 秘书长起草了一份提议，建议以“视听作品”取代“电影作品”——因为前者的涵盖范围更广泛，既包括电影作品，也包括其他以类似方法制作的作品（无关其制作技术及目的）。② 经过讨论，1989 年通过的《视听作品国际注册条约》中，“视听作品”被正式定义为“由一系列固定相关的画面组成，有伴音或者无伴音，能够被看见或听到（有伴音的情况下）的作品”。③

目前，世界各国在定义“电影作品”及“视听作品”上存在不同的做法。例如，美国选择将视听作品与电影作品分别定义，并规定电影作品属于视听作品的一个分支；德国则将具有独创性的电影作品与缺乏独创性的录像制品（laufbilder 活动图片）相区分，前者受到著作权作者权利的保护，而后者的保护只限于邻接权。中国现行著作权法在处理视听作品与电影作品的做法上与德国相似。但在 2013 年著作权法修改草案送审稿中，中国立法者选择将“电影作品”改称为“视听作品”，同时取消“电影作品”与“录像制品”的区别，因此修改后的草案会与美国的做法更加近似。

---

① 《伯尔尼公约》1967 年斯德哥尔摩修改本，第 2 条“… cinematographic works to which are assimilated works expressed by a process analogous to cinematography”。

② “Committee of Experts on Model Provisions for Legislation in the Field of Copyright,”third Session，July 2—13 1990. 上述文件公开发表于 1990 年。

③ 《视听作品国际注册条约》第二条：“For the purposes of this Treaty，‘audiovisual work’ means any work that consists of a series of fixed related images，with or without accompanying sound，susceptible of being made visible and，where accompanied by sound，susceptible of being made audible.”

（二）电影作品的作者

关于电影作品作者的定义，各国并无统一的做法。譬如，美国版权法对于视听作品的作者并无任何明确的定义。德国著作权法在认定谁是电影作品作者时，采取“个案认定”的方法，即在具体案件中，根据“谁在参与电影作品的制作中付出了创作性劳动”的具体事实来判断谁是电影作品的作者。实践中，德国法院一般认为导演、摄影、编剧属于“在参与电影制作中付出创造性劳动”的人，即电影（视听）作品的作者。中国则采取了“类别认定”方法。根据中国著作权法第15条的规定，电影作品的作者包括“编剧、导演、摄影、作词、作曲等作者”。[①]

（三）电影作品的著作权权属规定

由于世界各国对于电影作品及其作者范畴的不同理解，其电影作品的权属规定也各不相同。一般而言，各国著作权法在处理电影作品的权属规定时，有三种处理做法。第一种，以美国、英国为代表的版权法制度明文规定：电影作品的著作权属于制片者，除非双方当事人明确以书面形式做了相反的规定；[②]第二种为“法定转让制度”，即著作权法承认电影作品的著作权属于作者（如导演等），但按照法律规定，必须转让给制片者；[③]第三种为“推定转让制度”，即著作权法承认电影作品的著作权属于作者，但推定已转让给制片者，除非作者能提出相反证据。[④]

其实，以上三种国内立法制度中，除了个别例外情形，电影作品的

---

① 《中华人民共和国著作权法》第15条。

② 明文规定“著作权属于制片者”的国家包括：美国、英国、澳大利亚、泰国等。现行中国著作权法第15条亦明确规定：“电影作品的著作权由制片者享有”。

③ 选择“法定转让制度”的国家包括：荷兰、冰岛、匈牙利等国。

④ 采取“推定转让制度”的国家包括：法国。

著作权最终都是归“制片者”所有。但由于各国的著作权法体系渊源不同——大陆法系强调作者的精神权，而英美法系更看重经济权利，故三种做法的出发点是不同的。其中，“法定转让”与“推定转让”两者之间的主要区别是：在推定转让的情形下，若电影作品的作者（如导演、制片及剧本作家等）能提供相反的证据，可以推翻作品“已转让给制片者”的假定，从而要求电影作品的著作权。而在法定转让的情形下，电影作品已按照法律规定转让给制片者，因此不存在权属的变数。

我国现行的著作权法采用的是第一种制度，即法律明文规定电影作品的著作权属于制片者。[①] 这种做法有利于减少因电影作品权属不明确而产生的争议，但也存在一些弊端。譬如，代表编剧、导演等创作人员的行业协会就抱怨称，由于中国著作权法明文规定电影作品的著作权属于制片者，编剧与导演等创作人员在与电影公司进行薪资谈判时常常缺乏话语权。因此，他们要求在著作权法修改时，将电影作品的权属规定为作者所有。显然，这个提议遭到了电影制片公司的强烈反对。

就这个问题，笔者曾于 2012 年底专门就英美法系及大陆法系的典型国家（如美国、德国、法国）如何保护电影作品做了较为详尽的比较法研究报告。[②] 报告从“视听作品的定义”、“视听作品的作者范畴”、“视听作品的权属规定”及“视听作品的付酬办法”四个方面，具体分析了美国、德国、法国、中国及国际条约在这四个方面的法律规定与实践，探讨世界各国在保护视听作品方面的做法。研究的结果表明：在

---

① 《中华人民共和国著作权法》第 15 条。

② 该研究报告由许超司长与笔者共同完成，并于 2012 年 12 月提交当时的中国国家版权局参阅（2013 年 3 月，国家版权局与国家广播电影电视总局合并，成立国家新闻出版广电总局）。基于该报告，笔者随后撰写了学术文章“Reform Chillywood”。

"视听作品的定义"方面，各国规定十分近似，基本参照已签订的国际条约中对于"电影作品"及"视听作品"的定义进行解释。就"视听作品的作者范畴"而言，大陆法系和英美法系之间的规定具有较大的不同。由于大陆法的著作权体系十分注重作者的人身权，因此需要确认电影作品作者，从而保护其享有的权利。然而美国版权法体系中，并没有对作者人身权的保护规定。同时，按照美国版权法中对于雇佣作品的定义，从事电影作品创作的个人属于雇佣作品的雇员，因此并不享有电影作品的著作权。而在"视听作品的权属规定"方面，各国的做法却又恰恰是殊途同归，都直接或间接地认定"电影的制片者"为视听作品的著作权人。显然，各国的立法者都意识到：虽然电影作品是诸多人士创作性劳动成果的集体结晶，但若将电影作品的权属归众人所有，将会导致权利转让的成本过高(transactional cost)，不利于电影的融资、拍摄、发行与宣传，影响制片者投资拍摄的积极性，从而最终伤害消费者的利益。①

五、职务作品的著作权归属

职务作品，又称雇佣作品(work made for hire)，是指雇员在雇佣关系下所创作的作品。

雇佣作品与委托作品及法人作品有颇为相似的地方。下面就雇佣作品的权属规定及如何判断雇佣作品作一介绍。

(一)雇佣作品的著作权权属

中国与美国在对待雇佣作品的权属问题上采取了截然不同的做

---

① "Ronald Coase was the first economist to have an in-depth theory about the role of property rights in economic exchange, which won him a Nobel Prize in 1994." *See* Ronald H. Coase, *The Problem of Social Cost*, 3 J. L. & ECON. 1(1960). 参见诺贝尔经济学奖得主罗纳德·科斯所著《社会成本问题》一书中所提出的"交易成本"理论。

法。首先，根据美国版权法第 201 条的规定：一般情况下，雇佣作品的著作权属于“雇主”，除非双方当事人的书面合同有相反的规定。[①] 根据中国著作权法第 16 条规定：一般情况下，雇佣作品的著作权属于“雇员——即作者”，而雇主有权在其业务范围内优先使用。只有在十分特殊的情形下，即作者在创作作品时主要利用了雇主的物质技术条件，而作品的责任也由雇主承担的情形下（如工程设计图、产品设计图、地图和计算机软件），作品的著作权才归“雇主”所有。[②]

中美两国在雇佣作品的权属规定上截然不同的做法恰恰体现了大陆法系与英美法系对待著作权法的不同哲学理念。正如前面所言，大陆法的著作权法体系在很大程度上受到康德及黑格尔哲学思想的影响，认为作者是作品的创造者，应享有至高的权利，包括人身权和经济权。就雇佣作品而言，尽管雇主是主要的投资方，但毕竟作品的真正创作者是雇员，因此雇佣作品的作者应该是亲身创作该作品的雇员，而非雇主。但英美法则更多受到洛克（John Locke）哲学思想的影响，其法学理念更注重经济有效性（economic efficiency）的配置。在他们看来，将雇佣作品的著作权赋予雇主，更有利于对该作品的利用与开发，减少交易成本，增加雇主投资研发的积极性，并减少由权属不清而可能引起的争议。[③]

对于中美两国在雇佣作品的权属规定方面的了解是十分重要的。随着娱乐产业不断国际化的趋势，无论是外国的电影公司走进来，或是中国的电影公司走出去，都不免碰到雇佣外国员工（如编剧、导演、

---

① 美国版权法第 201 条。

② 《中华人民共和国著作权法》第 16 条。

③ *See* Robert P. Merges, *The Law and Economics of Employee Inventions*, 13 HARV. J. L. & TECH. 1, 12(1999).

演员）的情形。这时就需要了解其所在地国家的著作权法对于雇佣作品的权属规定，而不能只凭着以往在本国的经验想当然地去套用。在实践中，大多涉及跨国合拍的电影作品或娱乐产业的合作项目，皆会在双方的合同中清楚列明著作权作品的归属，以避免因各国法律不同而可能引起的权属争议。

（二）如何判断"雇佣作品"

判断雇佣作品，主要有两个标准。第一，要看作品的创作者与某法人组织之间是否存在劳动雇佣关系。可证明雇佣关系的证据包括：两者之间是否签署了雇佣合同（劳动合同），作者是否定期向雇主领取工资，雇主是否为作者购买了保险、养老退休等福利项目，雇主是否对作者及作品的创作过程具有一定的控制权（如作品所反映的主题、作者在何处完成作品、作者为完成作品是否使用了雇主提供的资金和工具）等。第二，要看作品的创造是否在雇佣关系期间、是否源于雇佣关系的需要，或为履行单位的工作任务而完成。假如作者与雇主之间存在着雇佣关系，但创作的作品与其工作职务却并不相关，那么该作品也不应纳入雇佣作品的范畴。譬如，著有《明朝那些事儿》的作者当前明月的正职是某海关公务员，但其创作的历史小说与其职务范畴并无任何关系，因此作者所任职的海关也不能因其雇佣关系而宣称对其作品享有任何权利。

在1989年"创造非暴力社团诉雷德"（*Community for Creative Non-Violence v. Reid*）一案中，美国最高法院对于如何判断"雇佣作品"提出了一系列的参考标准。① 本案中，原告社团与被告雕塑家定下了一个口头协议。按照协议，被告同意为原告拟于圣诞节举办的筹款

① *Community for Creative Non-Violencev. Reid*, 490 U. S. 730(1989).

活动制作一座雕像。原告与被告在电话沟通中均未谈及雕像的著作权权属问题，但两方在雕像制成后又争相以权利人的名义向美国版权局做了著作权登记。

负责此案一审的美国地区法院在审理时，将雕像认定为“雇佣作品”，并认为除非双方有相反的规定，根据美国版权法对于雇佣作品的认定，雕像的著作权应该属于雇主——即原告社团所有。被告不服一审的判决，随之提起上诉。负责二审的巡回区上诉法院在审理时，驳回了一审法院的判决，认为被告雕塑家并不是原告社团的员工，因此被告创作的雕像不属于版权法第 101 条第一段所定义的“在劳动雇佣关系中创作的作品”。同时，上诉法院认为：该雕像也不属于第 101 条第二段所定义的九类“委托作品”之一；且因被告与原告之间并无书面签署的协议，故雕塑不属于雇佣作品，雕像的著作权应归被告雕塑家所有。

美国最高法院在审理此案时，就如何判定“职务作品（雇佣作品）”提出了一系列的分析标准。这些标准对日后美国判例法的发展起到了很大的指导作用。美国最高院指出，在判定创作作品的作者是否为雇主单位的员工或是项目的受托人时，应该考虑以下因素：雇佣方对于作品创作过程的控制权，作品创作所需要的工具和材料，作者工作的地点，作者与雇佣方合作关系的长短，雇佣方是否有权利委派作者其他的工作，作者是否有权利决定每天何时工作及工作时间的长短，雇佣方与作者之间的付款方式，作者是否享受任何保险、养老及其他福利金，作者如何缴税等。

美国最高法院就上述要素依次分析后，发现被告雕塑家与原告签订的合作关系只有几个月；被告是在自己的工作室里完成的该雕塑作品，使用的是自己的工具和材料；被告雕塑家与原告社团的付款方式是按照施工进程分期付款；原告并未为被告购买任何的保险或养老金，也未替被告交税；原告对于被告雕塑家唯一的控制权仅限于对雕塑作品的具体要求，即工期进展、作品材料、作品的表现形式。因此，美国最高法院在综合了上述因素后得出以下结论：被告雕塑家并不是原告社团所雇佣的员工，而是独立的受托人。被告所创作的雕塑作品并不是在职务关系内产生的雇佣作品，而是属于“委托作品”，因此被告雕塑家应对其创作的雕塑作品享有著作权。

六、委托作品的著作权归属

委托作品，是指作者受他人的委托而创作的作品。

正如先前所述，由于大陆法系与英美法系对于著作权保护的理念不同，各国在规定委托作品的权属关系时也不尽相同。譬如，按照美国版权法第 101 条“雇佣作品”第二段的规定，若委托作品属于版权法明文列举的九种作品之一，该委托作品则被视为雇佣作品，其著作权属于“委托人”，除非双方有相反的约定。其中，第 101 条明确列举的九种可被视为雇佣作品的委托作品包括：(1)集合作品的一部分；(2)电影作品和其他视听作品的一部分；(3)翻译作品；(4)补充作品；(5)汇编作品；(6)教学材料；(7)试题；(8)试题的答案；及(9)地图册。同时，为满足这一条的规定，委托人与受托人必须以书面方式明确约定有关作品为雇佣作品，并且双方共同署名，该委托作品方可被视为雇佣作品。

在刚才谈过的美国最高法院 1989 年审理的“创造非暴力社团诉雷德”案中，[①]美国二审法院和美国最高法院在考虑被告雕塑家与原告社团的关系究竟构成委托关系或是雇佣关系时，就依据版权法第 101 条关于“雇佣作品”第二段的规定，以被告雕塑家创作的雕塑作品不属

---

① *Community for Creative Non-Violence v. Reid*, 490 U. S. 730 (1989).

于九种可视为雇佣作品的作品，且原告与被告之间的协议是口头合同为由，认定雕塑作品不满足第101条雇佣作品中第二段的规定，不属于雇佣作品，因此被告享有著作权。

在法国，委托作品与雇佣作品的著作权权属并无不同。换而言之，作者就其所创作的作品所享有的权利不受任何雇佣或劳动合同的影响，委托作品的著作权属于“受托人——作者本人”。

中国著作权法在委托作品的权属关系上采取了不同于美国与法国的做法。根据中国著作权法第17条的规定，委托作品的权属关系由双方合同约定；合同无约定或约定不明的，著作权归“受托人——作者本人”所有。

第四节 著作权的保护期限

著作权的保护期限，包括作者人身权的保护期限及经济权的保护期限。下面将分别论述作者人身权及经济权的保护期限以及各国对此的相关规定。

一、人身权(精神权利)的保护期限

前面已经谈过，作者的人身权主要包括：发表权、署名权及保护作品完整权。在欧洲大陆法系，人身权的保护期限主要分为两种：第一种是“一元论”(如德国)，即作者的人身权与经济权是统一不可分割的，人身权的保护期限与经济权的保护期限相同。第二种为“二元论”(如法国)，即作者的人身权和经济权各自分离，其保护期限也各不相同。

按照德国的“一元论”，作者的人身权与经济权是不可分离的，因此其保护期限也是相同的。德国著作权法规定，作者的人身权和经济

权的保护期限为作者的有生之年及死后 70 年。若作品为合作作品，则人身权的期限为最后一位死亡作者的有生之年及死后 70 年。

按照法国的“二元论”，作者人身权的保护期限没有时间的限制，而经济权却是受时间限制的。作者死后，作者的人身权可由其继承人加以行使。

中国著作权法在人身权的保护期限方面，采取了类似法国“二元论”的做法。根据中国著作权法第 20 条的规定，作者所享有的署名权、修改权和保护作品完整权的保护期限不受时间的限制。而作者的发表权，由于与作者行使的经济权紧密相关，因此其保护期与经济权的保护期相同，皆为作者的有生之年及死后 50 年。

二、经济权的保护期限

世界各国在作者经济权的保护期限方面规定也各自不同。其中依据作品类型的不同，其经济权的保护期限也有所不同。

首先，《伯尔尼公约》第 7 条规定，成员国对一般作品的保护期为作者的有生之年加死后 50 年；对电影作品的保护期限为作品发表后的 50 年或者作品完成后的 50 年；对匿名作品、假名作品的保护期为作品发表后的 50 年；对摄影作品和实用艺术品的保护期为不低于作品完成后的 25 年。上述所说的保护期，皆为作者经济权的保护期。对于作者人身权的保护期，《伯尔尼公约》规定人身权的保护期限应当高于但不得低于经济权的保护期限。

中国著作权法第 21 条规定，若作者属于“自然人”，则作者经济权的保护期限为作者的终生及其死后 50 年。若作品属于合作作品，其经济权的保护期限为最后一位死亡作者的终生及死后 50 年。若作者属于“非自然人——即法人或其他组织”，作者经济权的保护期限为作品首次发表后的 50 年;但作品自创作完成后 50 年内未发表的,著作权法不再保护。

欧盟在 1993 年制定《版权与邻接权保护期指令》时,经过多方讨论,最终决定采纳德国当时对于作者经济权的保护期限的规定,即一般作品的经济权期限为作者的有生之年加死后 70 年。

在美国,继美国国会于 1999 年通过了颇受争议的《版权保护延期法案》(*Copyright Term Extension Act*)后,版权的保护期也由原先规定的"作者的有生之年加死后 50 年",改为"作者的有生之年加死后 70 年";其中若作品为匿名作品、假名作品或雇佣作品,其保护期为作品出版之后的 95 年或作品完成之后的 120 年,二者取其长者。

第五节　著作权的限制

著作权的限制,又称著作权的例外,是指著作权法规定的对于著作权的各种权利(人身权和经济权)的限制和例外情形。著作权限制的规定,是为了平衡作品的创作者和社会公众之间的利益关系。诚如之前所述,作品的作者根据著作权法的规定,依法享有人身权(发表权、署名权及保护作品完整权)和经济权(复制权、演绎权、传播表演权等),但若作者在行使其权利时不受任何限制,难免会影响到公众的利益,妨碍公众对于其作品的正当使用。因此,著作权法既需要保护作品的作者及其权利人的相关利益,同时又需要保证社会公众能够对作品进行正常的使用,从而达到两者之间的平衡。

著作权的限制及例外主要包括合理使用和法定许可两种情形。本节就这两种著作权的限制情形及娱乐产业常遇到的著作权的限制及例外做一说明。

同时，本节还将提到实践中出现的其他几种特殊作品——公有领域作品、孤儿作品及知识共享作品。严格来说，公有领域的作品、孤儿作品及知识共享作品从著作权法对于“限制与例外”的一般理解而言，并不属于著作权的限制与例外情形。但鉴于上述作品产生的本质与著作权设定例外与限制的立法本意相似，即都试图在创作者与社会公众之间达成一个平衡，故将该三类作品在本节内一并介绍。

一、合理使用(Fair Use)

(一)合理使用概述

合理使用，又称“公平交易”(fair dealing)，是指他人依据法律的有关规定使用享有著作权的作品时，不需要获得著作权人的同意，也无需向著作权人支付报酬的著作权限制的一种情形。值得注意的是，合理使用只是被告的一种抗辩形式，因而是一张“盾牌”，而非一把“利剑”。

合理使用最早始于英国法官造法的“合理删节摘录”。早在 1740 年“吉利斯诉维科斯”(*Gyles* v. *Wilcox*)一案中，英国法院就允许作者以外的其他人可以不经作者许可、“删节摘用”使用其作品。[①] 如今，合理使用的条款已广泛出现在《伯尔尼公约》、《罗马公约》、《TRIPS 协议》、《世界知识产权组织版权条约》(WCT)及《世界知识产权组织表演和录音制品条约》(WPPT)等国际条约中，且为世界多国的著作权法所采纳。

纵观世界各国合理使用的立法模式，主要有三种：第一种为“法定要素”模式(如美国)，即通过综合分析使用者的使用是否符合相关的法定要素来判断该使用是否为合理使用。第二种为“明文穷尽”式(如

---

① *Gyles v. Wilcox*, *Barrow and Nutt*. (1740)2 Atk 143.

英国、德国及法国），即法律以穷尽的列举方式表明著作权法所允许的例外和限制的情形。若使用的情形不在法律列出的范围之内，则不属于合理使用。中国著作权法第22条明文列举了十二种属于“合理使用”的情形，这就是第二种模式。第三种为“混合式”，即通过法律明文列举及法定要素的综合方式来判断使用是否属于合理使用。第三种模式综合了第一种及第二种两种模式，故称为“混合式”。目前，2013年著作权法修改草案送审稿中对于合理使用的规定正是采用了第三种模式。① 下面就以上三种模式做一简单介绍。②

1.美国的合理使用模式：法定要素模式

根据美国版权法第107条的规定，合理使用是对于版权人专有权利的一种限制。③ 其法律规定由三部分组成：第一为前言，涉及合理使用的定义，并且为阐释之需要列举了合理使用的几种情形，如“为批评、评论、新闻报道、教学（包括为课堂使用而进行的多份复制）、学习及研究为目的的使用”。第二部分列举了判断合理使用时必须考虑的四大法定要素，即使用的目的和性质、版权作品的性质、使用的数量和质量，以及使用对于市场的影响。第三部分为1992年关于未出版书籍的补充规定。

下面就美国法院在审理合理使用案例时必须考虑的四大法定因素介绍如下。

（1）使用的目的和性质

美国版权法第107条规定中所列出的第一个法定要素为“使用的

① 《中华人民共和国著作权法》（第三次修订草案送审稿）第43条。

② 关于世界各国对于合理使用的规定，参见宋海燕：《中国版权新问题——网络侵权责任、Google图书馆案、比赛转播权》，商务印书馆2011年，第53—108页。

③ 17 U.S.C. § 107(2000).

目的与性质，包括该使用是商业性使用或者是基于非营利性教育目的之使用”。一般而言，若被告对于版权作品的使用为商业性使用，则不属于合理使用；但若使用是基于非盈利性教育目的，则更有可能被视为合理使用。但是如何区分“充满贪欲的商业性使用”①与“具有启发意义的利他性使用”②并不是件容易的事情。美国著名的版权教授尼默（Nimmer）曾对此评论过：“教科书的出版商和专门刊登八卦消息的小报杂志社同样都是追求利润的；一名因其学术研究而获得金钱报酬的学者不应因此被鄙视，或因此而排除在法律保护的范围之内”。③ 因此，在判定“使用的性质与目的”要素时，不能仅因为被告的使用具有商业性而得出被告的使用不属于合理使用的结论，还应结合多种因素综合考虑。

（2）版权作品的性质

法院在分析该因素时需要考虑的是：被使用的作品是描述事实的叙事作品还是创作性很强的虚构作品；是属于已出版的作品还是尚未出版的作品。

一般而言，某部作品创作性越强，就越应受到法律的保护。虚构性的文学作品因为具有较高的创造性，因此对其使用一般不易被认定为合理使用。而叙述性的作品则因创造性较弱，对这种作品的使用更易被认定为合理使用。

---

① *Salinger v. Random House, Inc.*, 650F. Supp. 413. 425(S. D. N. Y. 1986), revised, 811F. 2d 90(2d Cir. 1987), cert. denied, 484 U. S. 890(1988).

② 同上。

③ Melville B. Nimmer & David Nimmer, *Nimmer on Copyright*, § 3. 05 The Defense of Fair Use(2009) at 3, quoting cases *Salinger v. Random House, Inc.*, 650 F. Supp. at 425 and *Sunderman v. Seaja Society, Inc.*, 142 F. 3d 194, 202—03(4th Cir. 1998).

至于作品的出版状态，曾经一度是判断合理使用至关重要的因素之一，[①]但美国国会在1992年修改版权法时通过对第107条规定的增补，明确说明作品的出版状态不应影响合理使用的判断。该条规定："某作品尚未出版这一事实本身并不影响合理使用的认定，只要这一认定是在考虑上述所有因素的基础上做出的"。[②]

(3)被告的使用占版权作品的数量和质量

第三个法定要素要求对于使用不仅要进行定量分析，还要进行定性分析。若被告的使用从数量上而言，只占版权作品的很少部分，但却是版权作品的核心部分，那么法院仍有可能判定该等使用不属于合理使用，侵犯原告的著作权。反之，若被告复制了整个版权作品的全部，但法院认定该使用为"转换性使用"(transformative use)，且使用的数量为实现上述转换性目的所必须，那么法院也可能会做出支持被告的判决。[③]

在1985年美国最高法院审理的"哈珀与罗出版公司诉国家企业

---

① 美国最高法院在1985年审理"哈珀与罗杂志社诉国家企业杂志"一案中曾经认为：作品是否已出版对于认定被告的使用是否为合理使用至关重要。法院认为："通常情况下，作者决定何时首次公开其尚未公开的作品的权利远远高于使用者所提出的合理使用的抗辩"(见 *Harper & Row Publishers v. Nation Enterprises*，471 U. S. 539，105 S. Ct. 2218 (1985))。在1992年美国国会正式修改其版权法之前，很多法院都沿用了"哈珀罗杂志社诉国家企业杂志"案中最高法院提出的判定标准，即若某作品属于"尚未出版的作品"，则对该作品的使用就自然推定为不合理使用。这一实践直到1992年美国国会修改立法时才发生改变。

② 修改后的美国法版权案第17篇第107条专门规定了未出版作品的合理使用问题(*Fair Use of Unpublished Works*，Pub. L. No. 102—492，106 Stat. 3145，1992)。

③ 参考 *Sony* 案，464 U. S.，at 4490450，104 S. Ct.，at 2232。该案中，法院判定："为家庭观看而复制整个电视节目与通常复制整个版权作品的后果不同，因此并不妨碍合理使用的认定"，由此奠定了"即使不存在转换性使用，复制整个版权作品也可能构成合理使用"的观点。关于本案裁定的中文摘要，参见宋海燕：《中国版权新问题——网络侵权责任、Google图书馆案、比赛转播权》，商务印书馆2011年，第320—345页。

杂志”(*Harper & Row Publishers* v. *Nation Enterprises*)一案中,原告“哈珀与罗杂志社”与美国前总统福特签订了出版协议,福特总统同意授权原告作为其回忆录的出版公司。拟出版的回忆录中将包括尚未公开出版的“水门事件”及福特总统对尼克松总统的豁免等历史事件的详细介绍。① 出版协议同时允许原告杂志社在回忆录书籍出版前授权第三方连载回忆录的某些章节。出版协议签订后,原告随之与《时代周刊》杂志签订了独家发表协议,授权《时代周刊》在回忆录正式出版的两周前独家发表福特总统回忆录的部分章节。《时代周刊》同意为此向原告支付两万五千美金的费用。然而,被告《国家企业杂志》的编辑通过非正常渠道获得了福特总统备忘录的部分章节,并在《时代周刊》发表前出版了该章节。于是,《时代周刊》取消了其出版部分章节的原计划,并拒绝向原告支付剩下的费用。原告随后将被告告上法庭,指责被告《国家企业杂志》侵犯了其著作权,包括复制权、演绎权、首次出版权。被告则辩称其仅引用了福特总统长达二十万字回忆录中的区区三百字,且其使用是为了“新闻报道”的目的,因此属于合理使用。

美国最高法院在分析合理使用的第二个法定要素“使用的数量与质量”时,认为虽然被告只使用了原告回忆录书中的三百字,但这三百字是福特总统回忆录中关于尼克松“水门事件”及其豁免过程的最核心部分,是全书最有趣最感人的部分,具有相当的真实性和权威性,因此认定这一要素对被告不利。最高院在综合分析其他几个要素后,认为被告侵权成立。②

---

① *Harper & Row Publishers v. Nation Enterprises*, 471 U. S. 539, 105 S. Ct. 2218 (1985).

② 本案裁定的中文翻译摘要,可参见宋海燕:《中国版权新问题——网络侵权责任、Google 图书馆案、比赛转播权》,商务印书馆 2011 年,第 312—319 页。

当然，美国的案例法中也存在被告复制了整个作品，但能证明是"转换性目的"使用从而胜诉的案件。在 2006 年美国第二巡回区上诉法院审理的"比尔格林档案馆诉多林出版公司"（*Bill Graham Archives v. Dorling Kindersley Ltd.*）[①]一案中，原告比尔格林档案馆拥有美国"感恩而死乐队"（*The Grateful Dead*）演唱会海报的版权。被告出版了一部关于该乐队的传记，并在书中以缩略图的形式，使用了该乐队七场演唱会的海报图。原告向被告索要图片的许可使用费被拒绝后，随即起诉被告侵犯了其著作权。

美国第二巡回区上诉法院在审理被告对于该演唱会海报的使用是否属于合理使用时，认为被告在其书中以缩略图的形式使用演唱会海报的目的是为了以时间表为线索贯穿全书，介绍该乐队的演唱会历史。由于上述使用是以缩略图的方式复制原告的海报，且使用量十分合理，属于"仅限于说明而必须引用的数量"，因而被告的使用对于原告的版权作品来说影响不大。法院因此判定被告的使用为实现"转换性目的"所必须的使用，属于合理使用。[②]

（4）被告的使用对于版权作品市场的影响

版权法的意义之一在于为作者的创作性劳动提供奖励及保护机制，以促进新作品的产生。因此，若被告的使用减少了著作权人的收益，则被告的使用可能被认定为不合理的使用。然而，版权人收益减少可能有两种原因：一是被告通过"滑稽模仿"（parody）等方式对原告的作品进行批评，从而造成原告的作品需求量减少；二是被告通过"搭便车"的方式免费使用原告享有版权的作品，拒不付费，从而损害了原

---

① *Bill Graham Archives v. Dorling Kindersley Ltd.*, 448 F. 3d 605, (2d Cir. 2006).

② 同上书，第 17—18 页。

告作品在现有市场及潜在市场的利润。对于第一种情况，法院一般认为被告造成对原告利润造成的损害不应承担责任。但在第二种情况下，被告应承担责任。

在1994年美国最高法院审理的“阿可夫玫瑰音乐公司诉康佩尔等人”（*Campbell v. Acuff-Rose Music*）一案中，最高法院认为“意在批评的滑稽模仿作品，比如用语刻薄的戏剧评论，可能减少了对于原作的现有市场需求，但这并不构成版权法意义上的损害”，从而判定被告不应对原告可能遭受的市场损失承担责任。[①] 而在1991年美国纽约地区法院审理的“基本书籍诉金科图片公司”（*Basic Books v. Kinko's Graphics Corp.*）一案中，法院却认为：被告大量复制课程讲义并向大学生售卖的行为很可能减少消费者对原告享有版权的书籍的购买需求，因而损害了原告售卖书籍的现有市场，也损害了原告收取许可费用的潜在市场。因此，法院就该因素做出了不利于被告的认定。[②]

上述两案的不同判决结果恰好反映出美国法院在分析原告作品市场因被告对其作品的使用而受到影响时，并不是采取“一刀切”的方式。相反，法院会具体分析原告作品的市场受到负面影响的具体原因。若原告作品的市场是由于被告的合理使用所造成——如被告对于原告书籍尖酸刻薄的批评而导致其销售下降——那么即使被告对于原告作品的使用造成了原告作品市场的负面影响，被告也不应对此承担侵权责任。但若被告采取了“蹭搭便车”的方式，免费使用原告作品而拒绝向原告缴纳许可费，这种使用就有别于上一种使用，被告就

---

① 参见 *Campbell v. Acuff-Rose Music*，510 U.S. 569，114 S. Ct. 1164（1994），第591—592页。关于本案裁定的中文翻译摘要，参见宋海燕：《中国版权新问题——网络侵权责任、Google图书馆案、比赛转播权》，商务印书馆2011年，第291—312页。

② *Basic Books v. Kinko's Graphics Corp.*，758 F. Supp. 1522(S. D. N. Y. 1991).

有可能被认为侵权。

2. 中国现行著作权法的模式:穷尽列举式

中国现行著作权法第 22 条列举了十二种属于合理使用的情形,其中包括为个人学习、研究目的、评论目的、报道时事新闻目的等进行的使用。2006 年《信息网络传播权保护条例》(《2006 年条例》)第 6 条将中国著作权法规定的合理使用的情形扩展到了网络领域;第 7 条则涉及允许图书馆等馆舍使用的情形;第 10 至 12 条对允许使用的情形进行了进一步规定。此外,中国《计算机软件保护条例》第 16 和第 17 条亦规定了特定条件下,法律允许不经许可免费使用计算机软件的情形;第 29 条规定:"软件开发者开发的软件,由于可供选用的表达方式有限而与已经存在的软件相似的,不构成对已经存在的软件的著作权的侵犯"。

尽管中国著作权法第 22 条规定了无需经过著作权人许可即可使用版权作品的十二种例外情形,但由于该条文语言较为模糊,法院在判断某种行为是否属于第 22 条所列情形时,仍需要使用自由裁量权。

譬如,在 2007 年安徽法院审理的"北京三面向版权代理有限公司诉合肥邦略科技发展有限公司"著作权侵权纠纷案中,被告未经原告许可,在其网页上发布了原告享有版权的一篇描述中国移动通信服务新近趋势的文章,而遭版权侵权诉讼。① 本案中,被告援引了中国著作权法第 22 条第(3)款及《2006 年条例》第 6 条第(7)款规定的"报道时事新闻"的例外作为其合理使用的抗辩理由。法院在审理此案时,将"时事"解释为须同时具备"时效性"和"重大性"两个特征。法院认为,

---

① 北京三面向版权代理有限公司与合肥邦略科技发展有限公司著作权侵权纠纷案,(2007)皖民三终字第 0029 号。

受版权保护的文章讨论的是中国移动通讯服务的发展趋势,因而具有"时效性",但却并不具备"重大性"的特征。法院因此得出结论:被告对于原告文章的使用不属于著作权法规定的例外情形,因此被告应当承担侵权责任。

在另一起著作权纠纷案"杨洛书诉中国画报出版社"中[①],原告杨洛书作为著名绘画世家的继承人,向被告中国画报出版社提起著作权侵权诉讼。原告的理由为:被告未经原告许可,擅自在出版的传记《杨家埠年画之旅》中使用了原告享有版权的十六幅年画作品。被告在答辩中援引中国著作权法第 22 条第(2)款规定,即"为介绍、评论某一作品或者说明某一问题,在作品中适当引用他人已经发表的作品属于合理使用"作为其抗辩理由。

山东法院在审理此案时,考虑了以下三个要素:即被告使用目的、使用数量及该种使用对原告版权作品市场的影响,来判断被告的使用是否构成合理使用。就"使用目的"而言,法院认为被告的使用并不属于"介绍或评论该年画本身",而是为了记叙"杨家的历史与事件",因此认定被告使用不满足该要素。对于"使用数量"的问题,法院认为被告一共使用了十六幅年画,已超过中国著作权法第 22 条第(2)款规定的"适当引用"标准。至于"被告使用对原告版权作品的市场影响"而言,法院认为:由于被告的书中包含了原告的十六幅作品,因此该书的审美及商业价值得以提升,从而对原告的潜在许可市场造成了损害。综合以上三要素的分析,法院最终判定被告的使用不属于中国著作权法第 22 条第(2)款规定的例外情形,被告应当承担著作权侵权责任。

---

① 杨洛书诉中国画报出版社著作权纠纷案,(2007)鲁民三终字第 94 号。

3. 中国著作权法第三次修改草案模式:混合模式

在2013年中国著作权法修改草案送审稿中,立法者采用了第三种合理使用的立法模式,即草案第43条先明文列举属于十二种合理使用的具体情形,再根据保底条款的"其他情形",允许法官通过TRIPS协议的"三步检验法",来判断被告的使用是否属于合理使用。①

事实上,在2006年北京海淀区法院审理的"国家广播电影电视总局电影卫星频道节目制作中心诉中国教育电视台"一案中,北京海淀区法院就采用了著作权修改草案中所提及的"混合式"判定法。② 在本案中,原告国家广播电影电视总局电影卫星频道节目制作中心对被告中国教育电视台(CETV)提起著作权侵权诉讼,理由为被告未经许可、擅自播放了原告享有著作权的电影作品《冲出亚马逊》。被告对此辩称:其作为国有电视台,播出涉案影片是为青少年教育宣传使用的目的,属于合理使用。根据中国著作权法第22条第(6)"为学校课堂教学或者科学研究,翻译或者少量复制已经发表的作品,供教学或者科研人员使用,但不得出版发行"之规定,被告的行为属于此处列举的"教育目的例外"之情形。

对于被告的合理使用抗辩,法院指出:中国著作权法第22条第(6)款规定的"学校课堂教学"应专指"面授教学",不适用于"函授、广播、电视教学",因此驳回被告根据第22条第(6)款所做出的抗辩。法院在指出被告的播放行为不属于第22条第(6)款规定的情形之后,并未就此结束其分析,反而接着对该行为是否具有合理性进行了分析。法院指出:"合理使用作为著作权法律制度的一项重要内容,既有长期

① 《中华人民共和国著作权法》(第三次修订草案送审稿)第43条。

② 国家广播电影电视总局电影卫星频道节目制作中心诉中国教育电视台侵犯著作权纠纷案一审,北京海淀区人民法院,(2006)海民初字第8877号。

稳定存在的必要，又将随着社会发展不断变化”。法院认为其分析不应仅局限于著作权法第 22 条明文列举的十二种允许使用的情形，而应对被告的播放行为是否属于一种新的合理使用形式进行进一步的分析判断。本案中，法院采用了两个判断标准来判断被告的使用是否属于合理使用：一为被告使用的目的；二为被告的使用对于原告版权作品的市场影响。

对于第一项判断标准“使用的目的和性质”，法院指出：被告在播放原告的电影过程中插播了多处广告，因此认定被告的播放行为带有一定的商业性目的。对于第二项判断标准“被告的使用对于原告作品的市场影响”，法院将“原告受版权保护的作品的市场”区分为“实际市场”与“潜在市场”。法院认为，由于原被告双方均为面向全国的电视台，被告播放原告享有著作权的电影并插播广告从中获利的行为，显然对原告开发潜在市场形成不利影响，因而对该因素的判断也做出了不利于被告的认定。综上所述，法院驳回了被告宣称的合理使用的抗辩理由，认定被告应当承担著作权侵权责任。

最后值得一提的是，在 2013 年中国著作权法第三次修改草案的送审稿中，立法者同时添加了关于计算机程序使用的著作权例外情形。第 44 条、45 条及 46 条允许计算机程序的合法授权使用者为安装程序、备份程序、修改程序、研究及学习程序，兼容等目的从事计算机程序的复制等行为。现实中，大部分的计算机软件销售是通过“许可”(license)的方式进行的。因此，著作权法中的“权利用尽”(First Sale Doctrine)原则并不适用计算机软件。为解决合法购得计算机软件的消费者(被许可人)可以正常使用其购买的软件，很多国家都专门规定了允许计算机软件的合法授权使用者复制使用计算机软件而不侵权的情形。

（二）滑稽模仿、讽刺与笑话

现实生活中，大家常常将滑稽模仿（parody）、讽刺（satire）与笑话（joke）三者混为一谈。在著作权法的概念里，若被告对原告的作品使用属于“滑稽模仿”，那么被告的使用就更易被认定为合理使用，无需获得原告的许可，无需向原告支付使用费用，也不会因其对原告作品的使用而承担侵权责任。但其他两种使用“讽刺”与“笑话”却未必被视为合理使用，也没有“滑稽模仿”的免死金牌，因此如何分辨这三种模式就显得极为重要。

1. 滑稽模仿（Parody）

滑稽模仿，又称“戏仿”，一般被视为著作权法中“合理使用”的一种情形。美国版权法并未就“滑稽模仿”给出明确的定义，但纵观美国案例法，可以归纳出“滑稽模仿”应该具备以下特征：（1）滑稽模仿应是基于原有版权作品基础上创作出的一种新作品，即为演绎作品的一种；（2）滑稽模仿创作出的演绎作品能够明显反映出原有作品的影子；（3）滑稽模仿作品中对于原有版权作品的使用数量及质量应是适当的，即不超过必要的限度；（4）滑稽模仿作品的目的在于批评、讽刺、挖苦、搞笑原作作品；（5）滑稽模仿作品不应伤害原作作品的价值。

美国最高法院于1994年审理的“阿可夫玫瑰音乐公司诉康佩尔”（*Campbell* v. *Acuff-Rose Music*）案例是美国首例明确“滑稽模仿”属于合理使用的版权纠纷案。① 美国最高法院在此案中判断“滑稽模仿作品”的标准亦为日后类似的版权纠纷案奠定了基础。本案的原告是

---

① *Campbell v. Acuff-Rose Music*，510 U. S. 569，114S. Ct. 1164（1994）。本案裁定的中文翻译摘要，参见宋海燕：《中国版权新问题——网络侵权责任、Google图书馆案、比赛转播权》，商务印书馆2011年，第291—312页。

美国电影《风月俏佳人》(*Pretty Woman*)中主题曲《漂亮女人》的版权所有人。该首歌曲原由美国著名歌手罗伊·奥宾逊(Roy Orbison)与威廉·德什(William Dees)共同创作完成,之后两人将歌曲的版权转让与原告阿可夫玫瑰音乐公司。被告是一个名为 2 Live Crew 的说唱乐队。该乐队在向原告提出对其享有版权的歌曲《漂亮女人》进行"演绎创作"的要求被拒绝后,依然决定对该主题曲进行了演绎——滑稽模仿,随后将该演绎制成唱片,唱片发行量近二十五万张。原告随之起诉被告侵犯了其歌曲的版权。

为了更好地说明原告歌曲《漂亮女人》与被告演绎的滑稽模仿作品《漂亮女人》的异同之处,下面将两者的歌词进行比较。

以下是原告歌曲《漂亮女人》的歌词(电影《风月俏佳人》主题曲):

Pretty Woman, Walking down the Street,
Pretty Woman, the kind I like to meet,
Pretty Woman, I don't believe you,
You are not the truth,
No one could look as good as you.
Mercy.
Pretty Woman, won't you pardon me?
Pretty Woman, I couldn't help but see,
Pretty Woman, that you look lovely as can be.
Are you lonely just like me?
Pretty Woman.

原告《漂亮女人》歌词的中文翻译如下:

漂亮女人,你走在街上
漂亮女人,你就是我想要遇见的那类
漂亮女人,你要我怎么相信你
你不是真的,
没人能像你一样美丽
保佑
漂亮女人,能打扰一下吗?
漂亮女人,我总是情不自禁的看你
漂亮女人,你已经没法再可爱了
你是否也像我一样孤独寂寞呢
漂亮女人

而下面则是被告乐队演绎之后的歌词:

Pretty woman, walkin' down the street,
Pretty woman, girl you look so sweet,
Pretty woman, you bring me down to that knee,
Pretty woman, you make me wanna beg please.
Oh, pretty woman.
Big Hairy woman, you need to shave that stuff,
Big hairy woman, you know I bet it is tough,
Big hairy woman, all that hair it ain't logic,
'Cause you look like Cousin it.
Big hairy woman.

被告歌词的中文翻译为:

漂亮女人,你走在街上

漂亮女人,你看起来如此可爱

漂亮女人,你使我拜倒在你膝下

漂亮女人,你使我向你恳求

啊,漂亮女人

满身毛发的女人,你需要刮毛了

满身毛发的女人,我肯定这不容易

满身毛发的女人,这些毛发无法让人恭维

满身毛发的女人啊!

看过电影《风月俏佳人》的读者,大概还记得这部由美国影星理查德·基尔(Richard Gere)和茱莉亚·罗伯茨(Julia Roberts)主演的现代版"灰姑娘与白马王子"的故事。故事的主要情节是,一个名叫薇薇安的妓女(茱莉亚·罗伯茨饰),被有钱人爱德华(理查德·基尔饰)在某次出差过程之中花钱请为女伴,两人在之后相处的一周中产生了真感情。随后,妓女薇薇安从良,最终有情人终成眷属。

被告在此案中辩称,其演绎创作的歌曲应该属于滑稽模仿,属于对原作品的合理使用,因为其创作的目的旨在讽刺原电影故事情节的荒谬性,嘲讽电影对妓女与其嫖客关系的美化。

美国最高法院在审理本案时,将被告创作的歌曲定义为"滑稽模仿",即"使用原先作品的部分内容创作出新的作品,而新作品至少有一部分构成了对原先作者作品的评论"。[①] 在分析"滑稽模仿"是否满

① 参见宋海燕:《中国版权新问题——网络侵权责任、Google图书馆案、比赛转播权》,商务印书馆2011年,第580页。

足美国版权法第 107 条规定的四项法定要素时，最高法院认为，如果滑稽模仿作品“具有明显的转换性价值”(transformative use)，且“通过评论原有的作品而有利于社会”，那么其价值将与其他评论、批评一样，属于版权法第 107 条规定的合理使用。

尽管美国最高法院在审理“阿可夫玫瑰音乐公司诉康佩尔”一案中并未明确指出所有的滑稽模仿均属合理使用，但在之后众多的滑稽模仿的版权侵权案件中，各地法院均将滑稽模仿认定为合理使用。①

比如，在 2001 年美国第十一区巡回上诉法院审理的“太阳信托银行诉霍顿·米夫林出版公司”(*Suntrust Bank v. Houghton Mifflin Co.*)一案中，原告太阳信托银行为美国著名小说作家玛格丽特·米歇尔的遗产执行人。② 玛格丽特·米歇尔是小说《飘》(*Gone with the Wind*，又译《乱世佳人》)的作家及著作权所有人。被告出版了一部由作家爱丽丝·兰德基于玛格丽特原作《飘》而演绎改编的小说《风逝》(*Wind Done Gone*)。在《风逝》这部演绎作品中，作家爱丽丝·兰德引用了原著《飘》中大量的人物与背景，甚至逐字逐句地使用了原著小说中的对话。然而，新书《风逝》中所讲述的却不是以“斯嘉丽、白瑞德”为首的奴隶主的故事，而是以他们手下的奴隶为主线，从他们的角度讲述的一个南部庄园的故事。《风逝》的作者在该书中将玛格丽特原著的《飘》中所美化的奴隶与奴隶主和睦相处的关系大加讽刺了一通。

原告认为被告侵犯了其作品《飘》的版权，故要求法院对被告发出禁令。美国第十一区巡回法院在审理此案时，认为被告创作的小说

---

① 参见 Pamela Samuelson,“When world collide:Intellectual Property At the Interface Between Systems of Knowledge Creation:Article:Unbundling Fair Uses.”77 *Fordham L. Rev.* 2537，第 5 页，该文引用了过去十年间多起关于滑稽模仿是否构成合理使用的案例。

② Suntrust Bank *v.* Houghton Mifflin Co.,268 F. 3d 1257,1267(11th Cir. 2001). 本案裁定的中文翻译摘要，参见宋海燕:《中国版权新问题——网络侵权责任、Google 图书馆案、比赛转播权》，商务印书馆 2011 年，第 345—353 页。

《风逝》是对原小说《飘》中"关于奴隶制度以及黑人与白人之间关系的描写所作的特定批评与驳斥"①，因此认为被告的作品属于受法律保护的滑稽模仿，故撤销了地区法院之前做出的禁止被告作品出版的禁令。

通过上述美国法院对于滑稽模仿的判断标准，我们不难发现在中国也出现过类似"滑稽模仿"的案例。如几年前，胡戈基于陈凯歌导演的电影《无极》而再创作的视频短片《一个馒头引发的血案》其实就很可能属于"滑稽模仿"的一种。

按照美国案例法对于滑稽模仿的标准，我们可以尝试分析胡戈的短片《一个馒头引发的血案》是否构成滑稽模仿。第一，滑稽模仿应该是基于原作品的基础上演绎再创作的新作品。本例中，陈凯歌导演的《无极》是一部集古装武侠奇幻为一体的电影大片，而胡戈在原作《无极》的基础上通过拷贝、再编辑的方法重新讲述了一个关于"娱乐城中王经理暴死、警察破案、各方推诿、最终真相大白"的新故事。显然，《一个馒头引发的血案》是基于原作《无极》演绎而成的新作品。第二，新作品应该能够明显反映出原有作品的影子。在本例中，观众显然一看就知道视频短片《一个馒头引发的血案》是基于电影《无极》的再创作。第三，滑稽模仿作品中对于原有版权作品的使用数量及质量应是适当的，即不超过必要的限度。就这点而言，原作电影片长为两个小时，而胡戈的视频短篇只有二十分钟，可以视为并没有超过"借用"的限度。第四，滑稽模仿作品的目的在于批评、讽刺、挖苦、搞笑原作作品。至于这点当然是可以争论的。假如胡戈认为其短片的目的是为了讽刺挖苦原作《无极》剧情的荒谬性，只不过不同于以往传统批评家是通过写文章的方式进行批判，而胡戈选择了通过"新媒体——视频

---

① 参见宋海燕：《中国版权新问题——网络侵权责任、Google 图书馆案、比赛转播权》，商务印书馆 2011 年，第 1269 页。

创作”的方式批判原作的话，那么可以认为是满足了该点的要求。第五，滑稽模仿作品不应伤害原作作品的价值。关于这点也是值得讨论的。在胡戈的短片播出后，有人认为其短片损害了电影《无极》的票房收入。假如这种指责是真的——需要有专家论证，说明票房收入的下降是由于滑稽模仿作品导致的——也未必导致被告为此承担责任的结果。正如之前所述，在判断版权人收益减少时要区分两种情形：一种是由于被告通过滑稽模仿等合理使用方式对原告的作品进行批评，从而造成消费者对原告的作品需求量减少；另一种是由于被告通过“搭便车”的方式，剥削原告享有版权保护的作品，并拒绝支付相应的使用费，从而损害原告现有市场及潜在市场的利润。在第一种情况下，被告是无需为原告可能遭受的市场损失承担责任的。综上所述，假如《一个馒头引发的血案》最终被告上法庭，针对原告对胡戈提起的侵犯著作权的指控，胡戈可以尝试以其作品系“滑稽模仿”，属合理使用为由，进行答辩。

2. 讽刺(Satire)

讽刺，按照《现代汉语词典》的解释，是指运用比喻、夸张等手法对人或事进行揭露、批评或嘲笑。

讽刺有别于滑稽模仿，前者可以单独成立，不需要借用在先存在的作品，而后者必须是基于对在先作品的演绎而形成的新作品。① 下面的案例最能说明讽刺与滑稽模仿两者之间的区别。

---

① *Campbell v. Acuff-Rose Music*, 510 U. S. 569, 114S. Ct. 1164(1994). The Court pointed out the difference between parody(in which the copyrighted work is the target) and satire(in which the copyrighted work is merely a vehicle to poke fun at another target): "Parody needs to mimic an original to make its point, and so has some claim to use the creation of its victim's(or collective victims) imagination, whereas satire can stand on its own two feet and so requires justification for the very act of borrowing." As Justice Kennedy put it in his concurrence: "The parody must target the original, and not just its general style, the genre of art to which it belongs, or society as a whole(although if it targets the original, it may target those features as well)."

在1997年美国第九区巡回上诉法院审理的“苏斯博士诉企鹅出版社”(*Dr. Seuss Enterprises* v. *Penguin Books*)一案中,①原告为美国著名儿童文学作家苏斯博士的遗孀。苏斯博士(Dr. Seuss)为美国儿童文学作品系列《帽子里的猫》(*The Cat in the Hat*)的作者和著作权人。童书中的主人公是一只永远带着红白条礼帽、拎着拐杖、爱搞恶作剧的猫。而被告企鹅出版社于1995年出版了一本名为《不在帽子里的猫》(*The Cat Not in the Hat*)的书,意在讽刺美国前橄榄球明星辛普森(O. J. Simpson)杀妻案的判决。被告书籍的封面上采用了一张辛普森戴着帽子的卡通照片,书名与原告书名只有一字之差,而书中又大量引用了原告童书中押韵的语句和图画。原告随即提起诉讼,认为被告出版的书籍侵犯了苏斯博士原作品的著作权和商标权,要求法院颁发禁令。被告辩称其作品为滑稽模仿作品,是对于原作品《帽子里的猫》的合理使用。

美国第九巡回法院在判定被告作品是否属于合理使用时,依次分析了美国版权法第107条规定的四个法定要素,认为被告的行为不符合合理使用的四大要素。其中,法院在如何区分“滑稽模仿”(parody)与“讽刺”(satire)时,指出:滑稽模仿之所以需要大量借用在先作品的内容,正是为了讽刺原作品的荒谬性。借用可以使读者一目了然其讽刺挖苦的对象。而“讽刺”是可以独立存在的,无需通过使用在先作品也可达到其目的。在本案中,被告作品的目的并不是要讽刺嘲笑苏斯博士的儿童作品《帽子里的猫》,而是为了讽刺美国原橄榄球明星辛普森杀妻案的判决,因此被告的作品属于“讽刺作品”,而不是“滑稽模仿作品”。法院指出:如果是出于讽刺辛普森一案的目的,被告完全可以

① *Dr. Seuss Enterprises v. Penguin Books*, 109 F. 3d 1394(9th Cir. 1997).

选择用其他的方式进行批评、评论、讽刺及嘲笑,而无需通过借用原告的文学作品达到上述目的。被告未经许可,借用了原告作品中大量的语句、图画及写作风格的目的只是为了吸引眼球,并不是为了讽刺原告的作品,因此其使用不构成合理使用。

3. 笑话(Jokes)

笑话与滑稽模仿和讽刺也是有区别的。首先,滑稽模仿和讽刺并不一定需要好笑,而笑话的目的却是要惹人发笑。第二,滑稽模仿属于著作权中合理使用的一种情形,是被告用于抗辩的形式。而笑话,作为一种创作形式,是否能受到著作权的保护,则依情况而定。

一般而言,若某个笑话很短,只是一句话,或一个泛泛的情节,则会被视为"思想",而不是"表达",因此不属于著作权保护的客体。同时,由于很多笑话的情节源于人类共同的智力成果和生活来源,因此很难判断是某个人首创出来的。除非某个笑话拥有具体的细节和表述,已经成为一种"思想的表达方式",而抄袭者又逐字逐句地引用了原作者的笑话,否则笑话是很难作为作品进行保护的。实践中,喜剧界的从业人士一般是通过所谓的"君子协定"互相尊重对方的创作、共同抵制抄袭者的行为,而不是运用法律手段解决因抄袭笑话而产生的争议。

二、法定许可(Compulsory License)

法定许可,是指按照法律的明确规定,他人在使用享有著作权保护的作品时,不需要获得著作权人的许可,但应当支付报酬的著作权限制的一种情形。

法定许可,是相对于自愿许可而言的。自愿许可,是指著作权所有人和希望使用该作品的被许可人通过谈判协商的方式,自愿签订作品的许可使用合同,自行商定许可使用的方式及各项条款。自愿许可是知识产权许可中最常见的形式。

法定许可的存在出于多种因素,如基于公共利益、市场公平性及效率性的考虑而建立的各领域的法定许可。譬如,出于公共利益的考虑,各国的专利法中往往会规定医药制品的法定许可,而著作权法中会包括教科书的法定许可。再例如,由于音乐制品中一般涉及多位作者和权利人——如作词者、作曲者、表演艺术家、录音制品者、广播组织等,因此音乐制品的使用也常常包括法定许可的模式。可以想见若没有法定许可的机制,使用者(如商场或卡拉 OK 厅)每次播放一首曲子时,都需要联系作品的作词、作曲、著作权人、歌唱家、录音制品者,并分别获得他们的授权,这将是何等耗时耗力;而一张 CD 中至少包括十几首歌曲,这就意味着将牵涉几十位甚至上百位权利人。因此,为方便使用者获得授权,音乐制品中往往存在着大量的法定许可。

中国著作权法所规定的法定许可主要包括:教科书法定许可、报刊转载法定许可以及涉及音乐作品的法定许可等。

三、公有领域(Public Domain)

公有领域的作品,是指属于公众所有的作品。在使用公有领域的作品时,因该作品已经属于"公众所有",故不需要获得许可,也不需要支付使用费。

公有领域的作品一般可分为以下几类:第一,属于公众领域的事实或新闻;第二,超过著作权保护期的作品;第三,政府机关创作的文件(如决议、决定、命令或其他具有立法、行政、司法性质的文件);第四,作者明确声明放弃著作权的作品。同时,本节还将谈到与公有领域的作品相似的另外两类作品:孤儿作品与知识共享作品。

(一)属于公众领域的事件新闻

公知的事实和新闻消息属于公有领域。譬如,世界大战等历史事件属于公有领域;同样,关于地震、海啸、恐怖袭击、体育赛事结果、犯罪案件等基本事实报道也属于公众领域。任何人都可以基于已经发生的、出现在公开媒体报道上的历史事件进行文学创作、电影拍摄或电视节目的制作等。事实上,基于自然灾害(如唐山大地震,泰坦尼克号油轮沉没)、战争类题材(二战、抗日战争)的小说和影片枚不胜举,这些作品的素材都属于公众领域。

然而在现实中,电影公司在拍摄涉及“真人真事”的影片时,往往会向当事人“购买”真人真事的拍摄权(life story rights),这又是为什么呢?其实,电影公司购买的并不是“公众事实”的著作权,而是当事人的“同意权”。无论是出版社或是电影公司,他们在基于真人真事进行文学或电影作品的再创作时,难免会触及到涉及当事人隐私的具体事件。虽然当事人对于发生的历史事件并不拥有著作权,但是对其隐私却享有“隐私权”,同时也享有防止他人污蔑诽谤的基本权利。因此,业界的通行做法是:在基于“真人真事”进行文学创作或电影拍摄时,都会向当事人支付一定的费用,获得当事人的许可,以避免由于当事人事先不知情而引起的诉讼纠纷。

电影公司购买当事人同意权的另一个原因则与商业利益有关。首先,在电影公司购买“过失与疏忽责任险”(E&O Insurance)时,保险公司会要求电影公司提供已购得相关权利的证明。同时,电影公司在向投资者融资时,投资方一般也会要求电影公司出具已合法获得影片素材的相关证明。因此,即使电影的素材是基于公众领域的历史事件,电影公司往往也会向当事人购买拍摄其故事的权利,从而免除保险公司及投资方可能存在的担忧。

(二)“陈年旧货”——已超过著作权保护期限的作品

落入公有领域的另一种作品是超过著作权保护期的作品。这类作品的特点是作品本身具有足够的创造性，本应属于受著作权保护的作品，但因创作时间过早，因此不受著作权保护。

中国四大古典文学名著《红楼梦》、《水浒传》、《西游记》及《三国演义》就属于此类作品。无人会质疑上述作品的创造性，但因上述作品的创造时间过早——远远早于著作权法的立法时间，因此上述作品皆已落入公有领域。同理，莎士比亚的诗集也属于公有领域的作品。

在使用公有领域作品时，任何人都可以对上述作品进行复制、演绎、表演、传播等行为。若演绎者基于公有领域的作品而演绎出的新作品符合著作权的要求，那么该新作品是可以享有著作权的保护的。

譬如，《白雪公主》的故事最早是由德国的格林兄弟(Grimm Brothers)创作而成，被收录在《格林童话选》中。① 这部作品面世至今已有两百多年的历史。就文学作品本身而言，白雪公主的故事早已超过著作权的保护期限。因此，任何人都可以使用格林兄弟所创作的《白雪公主》中的故事情节，也可以基于该故事的原型进行再创作。于是，美国迪士尼公司于1937年根据《格林童话选》中白雪公主的故事原型，改编拍摄出美国历史上第一部动画长片《白雪公主和七个小矮人》(*Snow White and the Seven Dwarfs*)。由于格林童话的《白雪公主》故事版本已经属于公有领域，迪士尼在拍摄动画片《白雪公主和七个小矮人》时不需要获得版权所有人的授权。但迪士尼基于上述故事

---

① 格林兄弟是德国十九世纪著名的学者、语言学家。他们共同收集了很多德国民间的童话故事，其中包括《白雪公主》《睡美人》《长发姑娘》《灰姑娘》《糖果屋》《名字古怪的小矮人儿》和《青蛙王子》等。

原型所拍摄的动画片作为“电影作品”却依法享有版权的保护，尤其是其动画片中的独创部分是受到版权的保护的。

若将格林兄弟的文学作品与迪士尼公司拍摄的动画长片两相比较，不难发现两部作品对于白雪公主的描述都大致相似。但就七个小矮人而言，迪士尼在拍摄时却增加了很多新意。譬如，格林童话中并无太多关于小矮人的叙述，只是泛泛地将其称为“白雪公主的朋友”。读者无从得知小矮人的性别、外形或性格等特征。但是在迪士尼拍摄的动画片中，七个小矮人却各有姓名、穿着独特、性格特殊。因此，迪士尼公司除了对整个动画长片(电影作品)享有版权之外，对于其动画片中所独创的要素(如小矮人的服装、造型等)也享有版权的保护。这也就是为什么迪士尼会起诉抄袭了其创作的“七个小矮人”的 FILMATION 动画公司，却并未起诉同样使用“白雪公主”的另一位导演 Spike Jones(斯派克·琼斯)的缘故。关于故事人物角色的著作权保护，我们会在之后的章节中具体讲述。

(三)政府文件或官方文件

一般而言，政府机关创作的文件，如具有立法、行政、司法性质的文件，也属于公有领域。

政府文件或官方文件不受著作权保护的原因主要由两个。第一，这类文件往往有规范大众行为的性质，需要被广泛传播。第二，这类文件的创作者就职于政府机关，一般被认为是受公众所委托、为公众成员服务、由公众支付的税收所支持的政府行为。因此，其制定的文件也视为属于“公众领域”，属于社会全体成员所有。

政府文件或官方文件虽然不受著作权法的保护，但不意味着可以随便使用。若政府文件存在保密性质的内容，则使用者在使用时，要注意是否会侵犯其他方面的法律。

四、孤儿作品(Orphan Works)

孤儿作品,是指依然在著作权保护期内,但无法找到或确认著作权所有人身份的作品。孤儿作品的形成有多种原因。比如,作品的作者去世,而继承人状态不明确;或者享有作品著作权的法人组织已经不再存在;或者作品是以匿名形式创作的,使用者无法找到作者的联系方式等。

在如何使用孤儿作品时,各国著作权法的规定不尽相同,但一般需遵循两个基本原则。第一是"勤勉寻找"的原则,即使用者在使用孤儿作品之前,必须"尽量勤勉地寻找"作品的权利人,譬如借助媒体发布必要的公告、联系各类权利人集体管理组织等。只有在经过"勤勉的寻找"、但依然无法确认作品的权利人身份或无法联系到权利人时,方可将该作品视为真正的"孤儿作品"。第二是"合理补偿"的原则。当孤儿作品的权利人复出并主张权利时,使用者虽可免除侵权责任,却应当向权利人支付数额合理的使用费。"合理补偿"应该理解为:作品权利人(许可人)与使用者(被许可人)在正常的作品许可交易中,就作品的许可使用所商定的许可费。这一数额的合理性在于它反映了作品所具有的切实的市场价值。

美国娱乐产业在使用孤儿作品时往往十分谨慎。为了证明自己已经"尽职勤勉"地努力寻找过作品的作者,使用者通常会保留所有"勤勉寻找"的证据:如查询的信件往来、回复结果等,同时会将上述书面记录提交第三方的公证机关存档,以备日后发生争议时的不时之需。

五、知识共享(Creative Commons)

知识共享的概念是由美国斯坦福大学的法学教授劳伦斯・莱西

格(Lawrence Lessig)于2001年提出并创立的。近半个世纪以来,关于知识产权制度对于人类社会的作用究竟是积极或是消极的讨论在西方未曾停止过。传统的观念认为:知识产权制度保护创作者的利益,为创作者提供了创作的动力和鼓励机制,因此对社会的发展有积极正面的影响。然而,部分主张"去知识产权化"(copyleft)的批评家却认为:知识产权制度的强势存在阻碍了人类社会的发展。权利人对其发明、创作、作品权利的过分主张会阻碍公众对先进技术及作品的正常使用,因此过强的知识产权制度对于人类社会的发展并无好处。

知识产权共享就是在上述争论的大背景下产生的。通过签署不同的许可条款,愿意参加知识产权共享的作者可选择与大众免费分享其创作成果,并授予他人在满足知识产权共享许可协议的条件下再传播该作品的权利;同时,知识产权共享的许可条款又能使作者对作品保留一定的控制权。从这点而言,知识产权共享有别于传统的知识产权保护制度。首先,作者可通过明确放弃其应享有的部分权利,使得作品的使用和传播更加便利;但同时,知识产权共享又不同于完全的"去知识产权化"。作为一种知识产权的许可形式,知识产权共享的作者对其作品还是具有一定控制权的。因此,很多人认为知识产权共享更类似于"知识产权强保护"与"去知识产权化"两者中间的灰色地带,具备了一定的灵活性。

然而,在使用知识产权共享的作品时,需要特别注意该作品所附带的是何种"许可使用协议"。一般而言,知识产权共享包括四种许可合同模式:(1)"非商业性使用许可"(Non-Commercial):这种许可模式允许使用者对许可人的作品进行复制、演绎、发行、展览、表演、放映、广播或通过信息网络传播等行为,但使用者的上述使用不得具备商业性质。(2)"禁止演绎许可"(No Derivatives):该种许可模式允许使用者复制、发行、展览、表演、放映该作品，但明确禁止使用者对该作品的演绎行为。(3)“相同方式共享许可”(Attribution Share Alike)：这种许可模式允许使用者对作品进行复制、演绎、发行、展览、表演、放映、广播等行为，但同时规定使用者若基于原作品创作出新的演绎作品，那么新作品必须与其他人在相同方式下共享。换而言之，演绎者免费使用许可作品的代价是必须放弃对新作品的部分权利，同样允许他人以知识共享的形式使用其演绎新作品。(4)“署名 3.0 式许可”(Attribution 3.0)：这种许可模式允许使用者对许可作品进行复制、发行、展览、表演、放映、广播或通过信息网络传播本作品，但使用者须按照作者或者许可人指定的方式对作品进行署名。

比较上述四种许可模式，不难发现前三种许可模式对于产业界的商业性使用都是不利的。无论是“禁止商业使用”、“禁止演绎使用”，或是“相同方式共享许可使用”都不允许使用者对新作品宣称完整的知识产权，使用者都必须因此放弃部分权利，这显然是产业界的人士不愿意看到的。因此，电影公司在购买剧本时如果发现剧本中的材料使用了知识共享中的作品，而作品的许可模式又属于前三种许可模式，那么电影公司往往会对这种材料避之不及，不愿沾手，生怕因使用了知识产权共享的作品而导致其整个作品丧失完整的知识产权。

就最后一种许可模式“署名 3.0 许可”而言，这种许可模式只要求使用者标明原作品的来源，并不要求使用者放弃对新作品的权利，因此是四种许可模式中要求最宽松的许可模式。然而即使是这种最为宽松的许可模式，也存在很大的制约。署名 3.0 许可协议中含有禁止使用者采用“数字版权管理”(Digital Rights Management)的条款(该条款同样存在于知识产权共享的其他许可模式中)。由于 DVD 光盘中基本都采用了数字版权管理技术，知识产权共享的许可模式对于影视节目以DVD形式的播放无异构成了一项障碍，因此应引起使用者的注意。

第六节 故事角色与造型

故事中的角色和造型是否受著作权的保护呢？美国法院对此并无统一的定论。一般认为，故事中的角色有两种造型，一为外观视觉造型，一为故事角色造型。外观视觉造型往往具有固定的形态、服装、道具等视觉特征，即使脱离故事本身，也很容易被辨认出来。譬如，迪士尼公司创作的米老鼠造型和美国漫威漫画公司（MARVEL）创作的超人造型（Superman）都属于外观视觉造型的典范。而故事角色造型则与造型的外观特征无太大关系，主要是由故事的情节、人物的特征及性格等决定。譬如，英国特工詹姆士·邦德（James Bond）就属于故事角色造型。他们并无固定的外观特征，出场也不着特定的服装，但是观众可以从故事情节中辨认出这个角色应该具有的性格特征。

下面就如何区别外观视觉造型和故事角色造型做一介绍。同时，也顺便介绍一下美国法院近年来所审理的关于造型的相关案例。

一、外观视觉造型（Visual Character）

外观视觉造型往往起源于绘画。无论是迪士尼公司创作的米老鼠、唐老鸭造型，美国漫威漫画公司（Marvel）创作的蜘蛛侠以及钢铁侠造型，或是中国近几年来家喻户晓的喜羊羊、灰太狼造型，早期都是以漫画或是动画的形式出现的。因此，这些造型的外观视觉特征往往十分突出，可独立存在于故事情节之外，易于辨认。譬如，超人永远是以蓝色紧身衣、红色斗篷外套、红色内裤、面前画着大S的装束出现在观众面前;而米老鼠的形象也总是一只翘着圆圆的大耳朵、着红裤黄鞋白手套的卡通黑老鼠形象。当然,外观视觉造型未必一定要以绘画的形式表现,文字的描述如果十分具体清晰,也同样可以创造出独特的外观视觉造型。

外观视觉造型可以在不同的时间出现在不同的电影中、电视节目里或者完全没有故事情节的场景下(如主题乐园及特许产品)。一旦某个外观视觉造型被成功推出,围绕该外观视觉造型的衍生作品(如漫画、卡通电视、电影及游戏)、主题乐园和角色商品也会相应产生。权利人一般通过许可的方法决定外观视觉造型应于何时出现在何地,并由此收取相应的许可费用。基于外观视觉造型为原型的角色商品(Merchandise product)比比皆是,比如唐老鸭形状的钥匙链、印着喜羊羊造型的咖啡杯,贴着蝙蝠侠图案的书包或是超人T恤衫等。一般而言,此类许可既包括著作权许可(人物形象的许可),也包括商标许可。

二、故事角色造型(Story Character)

故事角色造型往往起源于文学作品。迄今为止,最成功的故事角色造型莫过于英国特工詹姆士·邦德了。在故事里,詹姆士·邦德是英国情报机构军情六处的特工,代号007,被授权可以干掉任何妨碍行动的人。詹姆士·邦德既是一个出色的间谍,也是一位风度翩翩的绅士。他举止文雅,衣着得体,衣服永远出自最好的裁缝之手,总是驾驶一辆与众不同的顶级跑车,常年美女相伴,并配有杀人执照。他有许多的敌人,都是世界上最危险的敌人。詹姆士·邦德的任务就是要阻止他们的野心。他经常深处困境,却又总能设法脱险。他车中的弹射椅可以将不受欢迎的人弹出天窗,而隐藏在车中的导弹又能将穷追不舍的直升飞机击毁。至今为止,已有六位演员分别扮演过詹姆士·邦德的角色。

从詹姆士·邦德的例子中可以看出:决定故事角色造型的并不一定是角色的外部形象特征,而是该角色内在的性格特征、对话、故事情节及他与其他人物角色的互动。饰演故事角色的演员是可以变换的,但是观众心目中的詹姆士·邦德却是永恒的。人物的内部性格特征与其他角色的互动才是决定故事角色造型的要素。

三、如何判断受著作权保护的造型

那么,什么样的造型属于著作权保护的客体呢?对此,美国法院通过多年的案例判决,逐渐形成两种判定标准。第一种判断标准为"角色分离法"(character delineation test),即如果故事的角色能够脱离于故事本身而单独存在,那么这个故事角色就是受版权保护的客体。① 第二种判断标准则为"角色即故事"(story being told)分析法。该种判断标准认为:当角色本身就是故事、而不是讲述故事所需要的载体时,角色就成为版权保护的对象。②

就第一种判断标准"角色分离法"(character delineation test)而言,这种判断标准实际上与我们之前谈过的"思想与表达的两分法"十分近似。正如之前所述,著作权不保护思想(idea),只保护思想的表达方式(expression)。当思想与表达密不可分时,表达就成为了思想的一部分,因此也不受著作权的保护。只有当表达方式能够独立于思想而单独存在时,表达方式才受到著作权的保护。同样,存在于故事中

---

① *Walt Disney Productions v. Air Pirates*, 581 F. 2d(9th Cir. 1978).

② *Warner Bros. Pictures, Inc. v. Columbia Broadcasting System, Inc.* 216 F. 2d(9th Cir. 1954).

的故事角色必须要能够脱离于故事而独立存在，才能独立作为著作权的保护客体而受到保护。

按照这个标准，大多数的外观特征造型（如米老鼠、喜羊羊、超人造型等）往往可独立于故事本身而单独存在，因此应属于受著作权保护的客体。至于故事角色造型，则需个案分析。

在 1995 年美国加州地区法院审理的"米高梅公司诉本田汽车"（*Metro-Goldwyn-Mayer, Inc. v. American Honda Motor Co.*）一案中①，原告米高梅公司是美国著名的电影公司，拥有十六部 007 系列电影的著作权。被告本田汽车制作了一部宣传其最新运动型跑车 Del Sol 车型的商业广告片。片中，一位风度翩翩的男士驾驶着被告的新款本田跑车飞奔而驰，身旁坐着一位年轻貌美的女郎。车的后上方，一架直升机紧追不舍。一位铁甲护身的杀手从直升机上一跃跳到了跑车的车顶。千钧一发之际，驾车男士转过头来，朝身边的美女微微一笑，随后启动了本田的车顶脱离按钮。于是，坏人被弹飞到空中，而帅男与美女则加速驶向自由的天际。

原告认为被告制作的商业广告片侵犯了其詹姆士·邦德系列电影的著作权，尤其是詹姆士·邦德故事角色的著作权，因此提起诉讼。被告辩称：虽然原告对其 007 电影享有著作权的保护，但詹姆士·邦德的角色不应属于著作权保护的范围。被告认为，大多数描述特工、警察、间谍的故事都离不开跑车、直升飞机、美女、武器、搏斗、飙车等场景，因此上述情景不应属于著作权保护的范围。

美国加州地方法院在审理此案时，分别采用了两种判断标准来判

① *Metro-Goldwyn-Mayer, Inc. v. American Honda Motor Co*. 900 F. Supp 1287 (C. D. Cal. 1995).

断詹姆士·邦德是否为版权保护的客体。法院的最后结论是无论适用哪种标准,詹姆士·邦德都符合受版权法保护的客体的要求。

就第一种判断标准"角色分离法"而言,法院认为:经过多年十几部电影的演绎与发展,詹姆士·邦德作为故事角色,已经发展出与故事情节分离可独立存在的角色特征,譬如"冷血、性感、喜欢喝马丁尼,有杀人及佩带武器的正式执照,喜爱美女"等。同时,詹姆士·邦德的对话也具有很强的角色特征,比如开场白的自我介绍:"我叫邦德,詹姆斯·邦德(Bond,James Bond)"。喝马丁尼时总是说:"摇匀,不要搅拌(shaken,not stirred)"。因此,法院认为詹姆士·邦德的角色满足"角色分离法"的判断标准,属于版权法保护的客体。

就第二种判断标准"角色即故事"而言,法院认为:虽然詹姆士·邦德这一角色曾经由不同的演员演绎过,但观众总能在不同的演员中找到故事角色所固有的性格特征。对观众而言,邦德是个"熟悉的老朋友"。就如其他的故事角色——泰山、超人、福尔摩斯一样,吸引观众到电影院的并不是哪一位具体饰演邦德的演员,而是邦德本身这个故事角色。观众们来看的是他们心目中的英雄。因此,法院认为,邦德的故事角色同样符合第二种判断标准"角色即故事"。综上所述,法院判定原告米高梅公司胜诉。

四、如何处理故事角色与造型

一个独特的故事角色往往是以套书或电影系列的形式出现的,比如说哈利波特系列小说、007 系列电影等。套书作品或系列电影通过讲述同一位主人公在不同情境下的不同经历,进一步加强对主人公性格特征的描述,从而使其成为一位具有独特性格并被观众所牢记的故事角色。

有鉴于此，电影公司在购买某个故事角色时，往往会购买整个系列的套书，包括已经创作出的作品及那些仍在创作但尚未完成的作品续集。同时，电影公司会在剧本的购买合同中明确说明其不仅购买该作品的电影权，同时包括作品中“故事角色”的权利。

举例说明，华纳兄弟电影公司在购买《哈利波特》书籍的电影权时，除了会购买小说作者罗琳女士已经完成的《哈利波特》作品（如第一集到第三集）的电影发行权，同时也会要求罗琳女士授予其尚未完成的《哈利波特》书籍续集的“优先购买权”（the right of first negotiation）。若华纳兄弟拥有了《哈利波特》作品续集的优先购买权，那么罗琳女士在完成该书的其他续集并决定兜售其作品电影权时，必须首先给享有“优先购买权”的华纳兄弟过目。只有在华纳兄弟审阅作品续集、并明确拒绝购买其作品电影权之后，罗琳女士才能将该作品给其他的电影公司过目。“优先购买权”的条款保证了电影公司能够优先审阅套书的续集作品，并做出是否购买其电影权的决定。

与“优先购买权”紧密相关的另一法律概念为“最终否决权”（the right of last refusal）。实践中，“优先购买权”与“最终否决权”往往是同时存在的两个条款。继续接上例说明：假设罗琳女士根据与华纳兄弟签订的“优先购买权”的条款，首先向华纳兄弟展示了其《哈利波特》作品的续集（如第 7 集），而华纳兄弟在审阅第七集后对该作品无太大兴趣，或者虽有兴趣但条件无法谈拢，从而决定放弃对小说电影权的购买。此时，罗琳女士可以转身与其他电影公司进行作品电影权的兜售谈判。假设罗琳女士与第三方电影公司达成了作品电影权转让的共识，这时按照“最终否决权”的规定，罗琳女士必须将与第三方电影公司达成的协议条款向华纳兄弟出示，询问华纳电影公司是否愿意以相同的条件购买作品的电影权——这就被称为“最终否决权”。此时，华纳兄弟就有了再次评估作品的机会，必须在很短的时间内做出是否愿意以与第三方电影公司承诺的相同条款购买该作品电影权的决定。

由此可见，优先购买权与最终否决权对于影视制片公司是十分重要的。前者保证了制片公司有优先审阅作家创作的新作品的权利，而后者保证了作家与第三方电影公司最终达成的条款同样适用于参与首轮谈判的制片公司，从而避免了作家在与第一家制片公司首轮谈判时要价过高导致谈判失败，但转身与其他第三方制片公司谈判时因条件优惠而达成协议，使得首轮谈判的制片公司错失良机的情形。

第三章　娱乐产业的商标权

商标，又俗称为品牌，主要用于区别商品或服务的来源与出处。消费者在选购具体的商品或服务时，可以通过标注于商品或服务上的商标辨认出是哪一家公司所提供的商品或服务，并根据以往的消费经验或口碑相传做出相应的消费决定。同时，商家也十分重视对品牌的宣传推广和保护，他们希望消费者能够建立起对其品牌的认知度，甚至忠诚度，从而在同类项的商品销售中夺得更大的市场份额。值得说明的是，商标并不是一个脱离商品或服务而单独存在的抽象标识，它必须与具体的商品或服务相结合，才能起到标明产源出处的作用。

在娱乐产业领域，影视作品所涉及的与商标有关的情形主要包括以下两种：一、影视作品中的“植入广告”，这是最常见的影视作品对于商标的使用情形；二、当影视作品对商标的不当使用造成对品牌形象的损害时，也有可能引起涉及商标权的相关纠纷。

本章第一节将首先介绍商标的概念、构成要素及商标的注册性等问题。随后的第二节及第三节将着重介绍商标的限制情形及对驰名商标的保护。第四节、第五节就商标与娱乐产业交集的具体情形做一介绍。

第一节 商标权概述

一、商标的构成要素

何谓商标？商标（Trademark），俗称品牌（brand name），是指能够“区别商品或服务来源的标识”。根据 TRIPS 协议第 15 条的规定，商标的定义如下，即“能够将一个企业的商品或服务与另一个企业的商品或服务区别开来的任何标志或者标志的任何组合”。

中国对于商标的定义也同样遵循上述原则。在最新修订的 2013 年中国商标法中，商标被定义为“任何能够将自然人、法人或者其他组织的商品与他人的商品区别开的标志，包括文字、图形、字母、数字、三维标志、颜色组合和声音等，以及上述要素的组合，均可以作为商标申请注册”。①

由此可见，商标的构成要素可以是“视觉标识”，比如文字（中文、英文或其他语言文字）、数字、图形、三维标志（立体商标）、颜色或上述要素的组合，也可以是“非视觉标识”，比如气味商标、声音商标、味觉商标或者其他可以区别商品或服务来源的标识。

二、几种特殊商标

在大街小巷，随处都可看见视觉商标，无论是文字商标（如“麦当

① 《中华人民共和国商标法》第 8 条（2013 年 8 月 30 日，十二届全国人大常委会第四次会议审议并通过《关于修改〈中华人民共和国商标法〉的决定》，修改后的商标法于 2014 年 5 月 1 日起施行），全文可参考 http://sbj.saic.gov.cn/flfg1/flfg/201309/t20130903_137807.html.

劳”中文及英文 McDonald's)、数字商标(三九胃泰的商标“999”)、图形商标(如“海尔兄弟图形”)、图案商标(如路易威登的 LV 图案),还是上述要素的组合,视觉商标的存在对于公众而言可以说是耳熟能详,这里就不一一介绍了。本节仅就视觉商标中比较特殊且争议较大的“立体商标”及非视觉商标中的“气味商标”、“声音商标”以及“味觉商标”做一简单介绍。

1. 立体商标(Three-Dimensional Mark)

立体商标,又称为“三维标志”,属于视觉商标的一种。立体商标通常以下述几种形式存在:(1)与商品无关的普通立体图形构成的立体商标;(2)商品的包装外形构成的立体商标;(3)商品本身的外形构成的立体商标。

第一种较为常见的立体商标是由“与商品无关的普通立体图形”构成。这类立体商标往往是由平面图形立体化后而形成。法国米其林公司的立体商标“米其林轮胎人”与英国捷豹汽车的立体商标“捷豹”(见下图 1—2),都是基于平面图形衍生而来的立体商标。鉴于此类立体商标与平面图形商标并无显著的区分,其申请注册的难度也与平面图形商标近似。

图 1:法国“米其林”商标

图 2:英国“捷豹”商标

第二种立体商标是商品包装的外形(trade dress)。最常见的例子通常在饮料或香水的包装瓶领域,譬如美国可口可乐饮料的玻璃瓶、轩尼诗XO干邑的酒瓶包装及中国酒鬼酒的瓶子等(见下图3—4)。如下图示,“酒鬼”的酒瓶是一个麻袋的形状,它是由中国著名艺术家黄永玉先生设计的,最初是将麻袋内塞满陶土,中间插入一截钢管,将束口麻袋放入窑里烧,于是在麻袋烧尽之后,里面的陶土便烧成了麻袋形状。由于上述几种包装瓶的外形都具有很高的显著性,消费者往往一见到瓶子外装,不需再看文字说明,就已经能够认出商品的出处。因此,这些酒瓶的外形也具备了标明产品出处的商标功能。

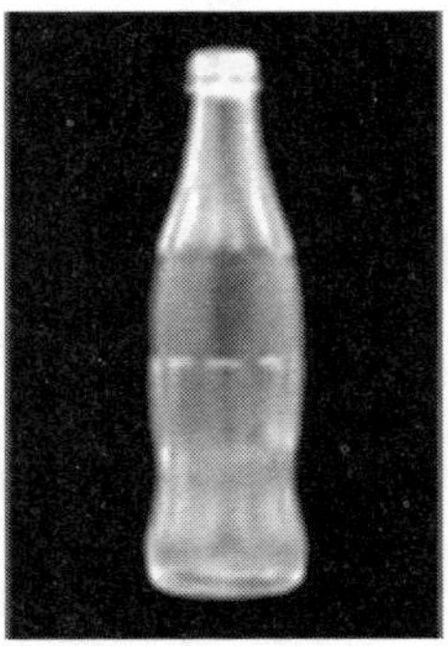

图3:可口可乐公司“可乐瓶”立体商标

图4:“酒鬼”的立体商标瓶

第三种立体商标是“商品本身的外形”。关于商品本身的外形是否可以作为商标注册并起到区别商品或服务来源的讨论由来已久。发展至今,各国商标局在审查此类商标时依然抱着审慎的态度,但实践中确实也存在着一些成功注册的例子。譬如,瑞士TOBLERONE的三角形巧克力外形就已作为立体商标成功获得注册,而美国Hershey(好时)的水滴形巧克力外形也是成功注册的立体商标。(见下图)

瑞士 TOBLERONE 的巧克力外形

美国 Hershey 的巧克力外形

值得一提的是,当立体商标是由商品包装的外形或由商品本身的外形所构成时,同时要注意该立体商标是否同时满足商标"非功能性"的要求,即该立体商标与商品本身的功能或性质无关,或商标不会影响商品的成本或质量。关于商标非功能性的问题,我们将在"商标的注册性"一节具体介绍。

2. 气味商标(Smell Mark)

气味商标,又称为"嗅觉商标",是属于争议较大的非传统商标之一。商标申请人在申请注册"气味商标"时,需满足以下几项条件:(1)第一,气味商标所发出的气味应有别于商品本身的气味、原料或其他特征。换而言之,若气味商标的气味是由商品本身的特征所决定的,那么就不应予以注册。法国香奈儿公司曾于 1994 年试图将其驰名的香奈儿"五号香水"(No. 5)的气味在英国进行气味商标的申请注册,但遭到英国商标局的驳回。① 英国审查机关认为:其气味商标中所描述的气味正是由香奈儿五号香水本身的化学成分所决定的,因此不予注册。(2)第二,气味商标所具有的独特气味应能以图像或文字等有形形式表现出来,便于消费者识别。一般而言,如果气味商标的申请仅以一

① 参见"Smell, Sound and Taste-Getting a Sense of Non-Traditional Marks,"WIPO Magazine, Feb. 2009(《世界知识产权组织杂志》2009 年 2 月期刊,第 5 页)。

个简单的化学方程式、试用瓶或几个形容词来表述，有可能会遭到驳回。

欧洲共同体法院（OHIM）在2002年底审理的“斯科曼诉德国专利商标局”（*Ralf Sieckmann v. Deutsches Patent-und Markenamt*）一案中指出：如果气味商标能够“清楚、准确、完整独立、易于接触、便于理解、持久并客观”地以“图像、线条及文字”等书面形式表达出来，那么该气味商标就可以商标进行注册。[①] 在本案中，欧洲共同体法院认为申请注册的气味商标“仅包括一个气味试用装，一段文字描述与一个化学方程式”，因此认定上述申请不足以满足注册条件，故予以驳回。

至今为止，在欧共体范围内成功注册的气味商标屈指可数，比较有名的是2000年某荷兰公司在其网球产品上成功注册的“刚切割的青草气味”的气味商标（*Ennootschaponder FirmaSenta Aromatic Marketing*）。[②] 在美国，也有类似气味商标成功注册的案例。1990年美国专利商标局的评审与上诉委员会曾经在“缝纫线、绣花线”等商品上核准注册了“缅栀花的花香”气味商标。[③] 美国专利商标局在最终决定核准该气味商标的注册时，表示：该气味商标通过长期使用已建立了显著性，能够起到标明商品产源的目的，故准予注册。关于商标的“显著性”，我们将在随后的部分谈到。

3. 声音商标（Sound Mark）

声音商标，又称为“听觉商标”，是指“足以使相关消费者区别商品

---

① *Ralf Sieckmann v. Deutsches Patent-und Markenamt*, Case C-273/00, (2002) ECR I-11737 (ECJ Dec. 12, 2002).

② *Ennootschaponder Firma Senta Aromatic Marketing*, CTM Application No. 428870, filed Dec. 11, 1996, registered Oct. 11, 2000.

③ *In re Clarke*, 17 U. S. P. Q. 2d 1238 (T. T. A. B. 1990).

或服务来源的声音标识”。声音商标可包括具有识别性的简短的广告歌曲、旋律、人说话的声音、钟声、铃声或动物的叫声等。声音商标，既可以是来自于大自然的真实存在的声音，也可以是人工制造的声音。

谈到大家比较熟悉的声音商标，一个典型的例子无疑是美国米高梅电影制片公司的“狮子吼”声音商标。观众在欣赏由米高梅电影公司制作或发行的电影时，影片开始总会出现一只狮子，并伴随着一声狮子吼，而这声“狮子吼”就是米高梅电影公司注册的声音商标。同样，我们每次在开电脑时，若电脑上安装了英特尔公司的芯片，那么我们也会听到一段类似于“噔！噔噔噔噔”的启动声。这个独特的声音也是英特尔公司成功注册的声音商标。

4. 味觉商标

味觉商标，也是一种非传统商标。从商标的广泛定义而言，只要申请注册的味觉商标能够起到区分商品或服务来源的作用，那么从理论上讲也是可以获得注册的。但在现实中，味觉商标的注册却不是一件容易的事情。

欧洲共同体法院(OHIM)在 2003 年就驳回了美国礼来制药公司(Eli Lilly and Company)在“药品”上申请的“草莓味”(the taste of artificial strawberry flavor)味觉商标。① 其驳回理由为：在药品上添加水果的甜香味以掩盖药品本身的苦味是医药行业的惯例。消费者在服用带有草莓味的药品时，并不会由此推断出该药品的提供商。因此，欧洲共同体法院认为“草莓味”的气味商标无法起到区分药品来源的目

① 欧洲共同体法院案件号 120/2001-2，案件原文见 http://www.copat.de/markenformen/r0120-2001-2.pdf.

的，故不应予以注册。

美国在审理味觉商标时，也同样抱持十分谨慎的态度。在 2006 年美国专利商标局评审与上诉委员会审理的“欧加农”（*In re N. V. Organon*）一案中，同样驳回了某医药公司在“抗忧郁药”上申请的“橘子味”味觉（气味）商标。[①] 美国专利商标局的驳回理由为：消费者只有在购买了该药品之后，才有机会品尝到该药品的“橘子味”。因此认为申请人的“橘子味”味觉商标在消费者作出购买决定之前，是无法起到区分商品来源作用的，故驳回该味觉商标的申请。

三、商标的注册性

前面已经谈到了商标的基本概念，即“凡是能够区别商品或服务来源的标识”，皆可以作为商标进行注册。下面就具体谈谈商标的注册性。

一般而言，以下四种商标是不能获得注册的：(1)违反商标法或其他法律规定的商标；(2)缺乏显著特征的商标；(3)具有功能性的商标；(4)与他人在先合法权利冲突的商标。

1. 合法性

所谓商标的合法性，是指商标不得违反商标法以及其他法律的规定。根据中国商标法第 10 条规定，以下标志不得作为商标使用或注册：(1)同中华人民共和国的国家名称、国旗、国徽、国歌、军旗、军徽、军歌、勋章等相同或者近似的，以及同中央国家机关的名称、标志、所在地特定地点的名称或者标志性建筑物的名称、图形相同的；(2)同外国的国家名称、国旗、国徽、军旗等相同或者近似的，但经该国政府同意的除外；(3)同政府间国际组织的名称、旗帜、徽记等相同或者近似

---

① *In re N. V. Organon*, USPTO, June 14, 2006.

的，但经该组织同意或者不易误导公众的除外；(4)与表明实施控制、予以保证的官方标志、检验印记相同或者近似的，但经授权的除外；(5)同“红十字”、“红新月”的名称、标志相同或者近似的；(6)带有民族歧视性的；(7)带有欺骗性，容易使公众对商品的质量等特点或者产地产生误认的；(8)有害于社会主义道德风尚或者有其他不良影响的：(9)县级以上行政区域名称及公众知晓的外国地名，除非商标具有第二含义。

至于上述商标为何不得准予注册或使用，鉴于已有众多学者对此著书立说，此处不再赘述。① 不过需注意的是，以欺骗手段或其他不正当手段取得的商标也不应予以注册。

2. 显著性(distinctiveness)

商标的显著性，又称为“商标的可识别性”，是指商标使用在具体的商品或服务上时，应能起到区分商品或服务出处的作用。一般认为：若商标仅由商品的通用名称、图形或型号组成，或商标仅由直接表示商品的质量、主要原料、功能、用途、重量、数量及其他特点的标识构成，则被视为缺乏显著性，不得准予注册。

在判定商标是否具有显著性时，一般要遵行以下几个基本原则。

第一，在判断商标的显著性时，要结合商标与其对应的商品或服务综合考虑。换而言之，商标是对应某一具体的商品或服务而存在的，因此商标是否具有显著性要看其对应的商品或服务是什么。譬如，如果把商标“苹果”注册使用在“水果或果汁”上，那么显然是缺乏显著性的，因为“苹果”正好是商品“水果或果汁”的通用名称或原料的基本描述，根本无法起到区分商品来源的作用；但若将“苹果”商标注册或使用在其他商品上，如“电脑、手机”上，就具有很强的显著性。乔

① 黄晖著：《商标法》，法律出版社 2004 年版。

布斯所创立的 Apple(苹果)品牌正是一个最佳例子。

第二,在判断商标是否具有显著性时,要考虑该商标在相关公众,尤其是与商标指定商品或服务相关的消费者或经营者之中的知名度。具体而言,消费者的不同语言背景对于判断某商标是否具有显著性也有一定影响。又譬如,涉及的商品价格、销售渠道与消费者群体,也同样会影响对于商标显著性的判断。

第三,商标的显著性除了其“固有的显著性”(inherent distinctiveness),还应包括“后天获得的显著性”(acquired distinctiveness),即通过长期使用及宣传所获得的显著性,这又被称为“商标的第二含义”。

有些商标的先天显著性可能并不强,但是通过长期使用与大量宣传,商标逐渐获得了“第二含义”,取得了显著性,能够起到区分商品或来源的作用,那么这种商标也是可以注册的。现实中,这种通过长期使用而获得显著性的商标不乏存在。譬如使用在牙膏上的“两面针”商标,其商标原意指牙膏的原材料,按照商标法的规定应该是不具有显著性的。但是经过大量的使用与广泛宣传,中国大多数的消费者在看到“两面针”牌牙膏时,首先想到的是柳州两面针公司,而并不是牙膏里的原材料“两面针”。因此,“两面针”也属于通过实际使用而获得显著性的商标。

2006 年北京高院审理的“小肥羊”商标确权案也是一个很有意思的关于商标显著性的案例。① 在这场长达四年的商标权属纠纷中,陕西西安小肥羊烤肉馆等三家“小肥羊”公司与内蒙古小肥羊餐饮有限责任公司就“小肥羊”商标是否具有显著性各执一词。陕西方认为,“小肥羊”是内蒙古地区对一两岁小羊的习惯叫法,是一种通用名称,

---

① 2004 高民终字第 138 号。

任何企业都可以使用。事实上取名“小肥羊”的餐馆也为数众多。因此，这一通用名称不应为内蒙古小肥羊所独占，并以此提请中国商标局驳回内蒙古小肥羊对于该商标的商标申请，同时要求国家工商总局撤销对内蒙古“小肥羊”驰名商标的认定。

对此，内蒙古小肥羊反驳称，其小肥羊餐饮连锁店自1999年开业以来，以一种独特的“不蘸小料”的涮羊肉吃法风靡全国上下，为消费者所熟知，并创造了“小肥羊”这一驰名品牌。因此，“小肥羊”不是通用名称，具有商标的显著性。

国家商标局在审查此案时认为，“小肥羊”并非固有的餐饮行业的通用名称，而是由内蒙古小肥羊首先作为商标申请注册在餐饮服务项目上的，并且内蒙古小肥羊通过长期的使用和宣传，已经使消费者将“小肥羊”商标与其公司及其独特的火锅食法相联系，从而使“小肥羊”具备了商标应有的显著性。因此，2004年4月，国家商标局做出裁定，驳回了西安小肥羊烤肉馆和陕西小肥羊实业有限公司对“小肥羊”商标的异议申请。北京市高级人民法院在2006年终审裁定中也认为，内蒙古小肥羊公司自成立后，其服务的规模和范围急剧扩张，此后陆续被评为中国餐饮百强企业、中国餐饮百强企业第二名。现如今，小肥羊公司已经在全国具有了很高的知名度。而“小肥羊”文字标识通过小肥羊公司大规模的使用与宣传，已经获得了显著性，因此应当准予作为商标注册。

第四，在判断商标的显著性时，还要兼顾公众利益，防止不正当竞争行为的发生。商标法存在的目的，不仅仅是要保护消费者的利益，确保消费者能够通过商标正确区分其商品或服务的来源，同时，商标法还要保护商家的合法利益，防止不正当竞争行为的发生。

3. 非功能性

商标的非功能性，是指商标对于商品的目的或特点不是必需的，同时不会影响商品的成本价格或质量描述。

关于商标非功能性的规定，主要是基于反垄断和鼓励自由竞争的考虑。由于商标权可以无限期续展，如果某产品的商标中含有该产品功能性特征的描述，就有可能造成该产品的生产者通过商标的独占权从而独占该产品功能性特征的情形，从而导致同类产品的其他生产者或销售者无法正常使用该功能特征的情况出现。这势必有违正当竞争的基本原则。在实际的案例中，某些公司在其专利保护的标志（如外观设计）快过期时，又企图通过商标注册该标志的方法达到延长保护其专利设计的目的。若上述商标被核准注册，就有可能造成对该专利的永久性垄断，违背了知识产权保护的初衷，不利于社会的进步。因此，世界各国的商标法普遍都规定具有功能性的标识不得作为商标注册。

中国《商标法》第 12 条对“三维标志（立体商标）的非功能性”提出了具体的规定，即具备以下三种功能性特征之一的立体商标不得作为商标注册：(1)仅由商品自身的性质产生的形状，即商标的“性质功能性”；(2)为获得技术效果而需有的商品形状，即“实用功能性”；(3)使商品具有实质性价值的形状，即通常所说的“美学功能性”。

2002 年欧洲共同体法院在审理“飞利浦诉雷明顿公司”(*Koninklijke Philips Electronics NV* v. *Remington Consumer Products Ltd.*)一案中对于商标的“实用功能性”问题提出了具体的指导性意见。① 在本案中，原告荷兰飞利浦公司于 1966 年发明了单头剃须刀，并为此申请了专利。随后飞利浦公司又于 1985 年在英国申请注册了“三头剃须刀”的图形商标（见下图 5），并开始生产三头剃须刀产品。

① 欧洲共同体法院案号：ECJ 18 June 2002-C-299/99-*Koninklijke Philips Electronics NV*v. *Remington Consumer Products Ltd*. (2002)ECR.

1995 年，雷明顿公司也开始生产型号为 DT55 的三头剃须刀。此时，飞利浦公司早期申请的剃须刀专利已经过期，于是就以雷明顿公司的 DT55 三头剃须刀侵犯飞利浦公司的“三头剃须刀”图形商标的商标权为由，提起诉讼。被告雷明顿公司则同时反诉，要求撤销飞利浦公司注册的三头剃须刀图形商标。

英国一审法院及上诉法院在审理此案时都认为：飞利浦公司的“三头剃须刀”图形商标所描述的形状是为了取得更好的剃须效果所需要的形状，具有实用功能性，不应予以注册。① 故英国法院决定撤销飞利浦公司的注册商标，并判决被告雷明顿公司胜诉。欧洲共同体法院在复核此案时，同意英国法院的判决，认为飞利浦的三头剃须刀图形商标具有使用功能性，故不应予以注册。

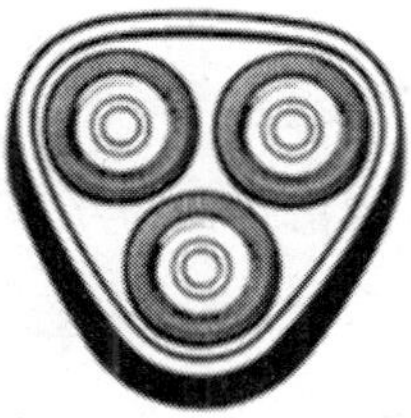

图 5：飞利浦公司的“三头剃须刀”商标

图 6：鲁布托的“红底鞋”商标

尽管中国商标法在第 12 条提及了商标的非功能性问题，但该条款只限于“三维标志”（立体商标）。事实上，商标非功能性的要求并不仅限于立体商标，还有可能涉及到其他商标，比如颜色商标。

① 英国一审法院裁定：*Philips Electronics NV*v. *Remington Consumer Products Ltd*. (1998) R. P. C. 283；英国上诉法院裁定：*Philips Electronics NV*v. *Remington Consumer Products Ltd*. (1999) R. P. C. 809.

2012 年美国第二巡回区上诉法院就审理了一起关于颜色商标“美学功能性”的商标案件。在“鲁布托诉圣罗兰公司”(*S. A. v. Yves Saint Laurent*)一案中,[①]原告克里斯提·鲁布托(Christian Louboutin)是法国著名的高跟鞋设计师,其设计的“红底鞋”(Red Sole)在时尚界享有很高的知名度,而鲁布托也将其红底鞋作为颜色商标在美国的“鞋类”商品上成功注册(见上图 6)。

被告圣罗兰公司(YSL)同为时尚界的著名跨国公司,其于 2011 年推出了若干通体彩色的女士高跟鞋,其中也包括通体红色的高跟鞋。鲁布托随即状告圣罗兰公司侵犯了其红底鞋的商标权,但圣罗兰随即提出反诉,指出原告的“红底鞋”商标具有美学功能性,不应注册。

美国纽约地区法院在审理此案时,认同原告的红底鞋商标具有很强的显著性——“在时装界中,任何人看到红底女高跟鞋便会想到鲁布托这家公司”。但是,法院随即指出,“时装、艺术创作中的颜色本身是一种重要功能,如果某一种颜色永远只能由某一公司或某一人在某类产品上使用,那就会造成他人在设计同类商品时颜色选择上的局限性,并造成竞争者无法克服的限制”。[②] 于是,纽约地区法院决定撤销鲁布托的红底鞋商标注册,鲁布托随即提出上诉。

美国第二巡回上诉法院在审理此案时,驳回了一审法院的裁决,认为颜色商标(含单色商标)若经过使用取得了显著特征并便于识别,则应受到商标法的保护。第二巡回上诉法院在分析何谓商标的“美学功能性”时指出:“美学功能性(Aesthetic Functionality Doctrine)是指产品

---

① *S. A. v. Yves Saint Laurent*. 696 F. 3d 206(2d Cir. 2012).

② *S. A. v. Yves Saint Laurent*. 696 F. 3d 206(2d Cir. 2012).

特色(如美观)是否为产品性质所必需;其美观性是否能决定生产的成本或质量;以及美观性是否对于竞争有决定性影响”。[1] 上诉法院在分析了上述因素之后,认为原告的红底鞋颜色商标并不是鞋类产品性质所必需的,也并不能影响鞋类商品的成本或质量,对于竞争也没有绝对性影响。因此红底鞋颜色商标不具有美学功能性,应受到商标法的保护。

美国第二巡回法院在确认了原告红底鞋商标的可注册性之后,随后又分析了被告圣罗兰公司的彩色鞋是否侵权。上诉法院指出:被告在设计鞋时对于红色的使用并不属于对于“原告商标”的使用,因为被告设计的鞋包括各种颜色,而被告对于红色的使用只是为了使其鞋的整体颜色一致而已,故不构成侵权。[2]

由此可见,各国在审查商标的可注册性时,都要同时考虑商标是否具有功能性,无论是实用功能性或是美学功能性。如果商标具有功能性,那么授权一个公司对于该商标的专用权将会影响其他同行业的公司正常使用该商标中具有功能性的标识,不利于竞争。因此,商标若具有功能性,是不能注册的。

4. 商标与其他在先权利的关系

在审查商标申请时,同时要注意保护他人在先取得的合法权利,确保在后申请注册的商标不得与他人已经合法取得的在先权发生冲突。这里的“在先合法权利”范围很广,既包括在先的商标权、商品包装及装潢权、地理标志权,也包括其他类型的知识产权,譬如企业名称及字号权、著作权、外观设计专利权、域名权及其他在先的合法权利,如姓名与肖像权等。鉴于相关的案例很多,这里也就不一一举例说明了。

---

① *S. A. v. Yves Saint Laurent*. 696 F. 3d 206(2d Cir. 2012).

② *S. A. v. Yves Saint Laurent*. 696 F. 3d 206(2d Cir. 2012).

第二节 商标专用权的限制

商标制度旨在标明商品或服务的来源，使消费者能够借此区分提供不同商品或服务的商家，以避免混淆及误认的情形。因此，若第三方在相同或类似的商品或服务上使用了与他人相同或类似的注册商标，就会构成对商标权的侵犯。

然而，商标的专用权也并不是绝对的权利。本节将专门介绍商标专用权的限制情形，即在何种情况下可以对他人的商标进行使用，而不构成商标侵权。对于影视公司而言，了解商标权的限制情形，知晓在何种情形下可以使用他人商标而不构成侵权，是很有实际意义的。

商标专用权的限制有几种情形。我们将在本节中着重介绍以下三种情况：商标的合理使用、商标戏仿和比较广告。

一、商标的合理使用

商标的合理使用，是指他人对于商标文字的使用并不是作为商标进行使用，而只是当事人在商业上对于其个人名称的使用，或者与当事人有合法利益关系的第三方对于其个人名称的使用，或者当事人善意的对其商品、服务或地理产地进行叙述性的使用。①

中国商标法第 59 条对于商标的“合理使用”作出了规定：“注册商标中含有的本商品的通用名称、图形、型号，或者直接表示商品的质量、主要原料、功能、用途、重量、数量及其他特点，或者含有的地名，注

① 美国《兰汉姆法案》§ 1115 b(4)。

册商标专用权人无权禁止他人正当使用”。[1]

实践中，第三方为了清楚表明所提供的产品或服务的相关信息，经常会不得不引用他人的注册商标。譬如，负责维修汽车的某维修厂，在说明其维修的汽车种类时，就难免要使用他人的商标——如类似“宝马 BMW 汽车维修店”的字样。法院在审理上述案件时一般认为，只要使用他人注册商标的目的不是为了欺骗公众、误导消费者、进行不正当竞争，而只是为了诚实、善意地告知消费者相关的产品或信息，那么这种使用是被允许的。

2009 年中国最高人民法院在审理“片仔癀诉宏宁家化”的商标侵权案时，对于如何判断“对他人注册商标的善意使用”做出了指导性意见。[2] 在本案中，原告片仔癀公司在“牙膏、化妆品、药品”等商品上注册了商标“片仔癀”。被告宏宁公司的注册商标为“荔枝牌”，但在生产销售的产品包装上使用了原告的“片仔癀”商标，如“荔枝牌片仔癀珍珠霜(膏)”、“荔枝牌片仔癀爽身粉”、“荔枝牌片仔癀保湿护手霜”等。原告于是起诉被告侵犯其商标权。

最高人民法院在分析何谓“对他人注册商标的合理使用”时指出，当某注册商标具有描述性时，其他生产者出于说明或客观描述商品特点的目的、以善意方式在必要的范围内予以标注，且不会导致相关公众将其视为商标而发生来源混淆的，构成正当使用。而判断“善意方式和必要范围”的标准，可参考商业惯例等因素。

最高法院认为：在本案中，被告如果只是为了说明其产品中含有片仔癀的成分，应当按照商业惯例以适当的方式予以标注。但事实

---

① 《中华人民共和国商标法》(2013 年 8 月 30 日通过修改)第 59 条。

② 漳州片仔癀药业股份有限公司诉漳州市宏宁家化有限公司侵犯商标专用权纠纷申请再审案，最高人民法院(2009)民申字第 1310 号民事裁定书。

上，被告却是在其生产、销售商品的包装装潢的显著位置突出标明“片仔癀”、“PIEN TZE HUANG”等字样，且该标识明显大于被告公司自己的商标及其他标注，所采用的字体也与原告片仔癀公司的注册商标基本一致。[①] 因此，被告的上述使用方式已经超出了为说明或客观描述商品而正当使用的界限，特别是在涉案商标已经具有很高知名度的情况下，客观上可能造成相关公众对于商品来源的混淆。因此，最高院驳回了被告关于其使用是正当使用的主张，判定被告侵权成立。

2003年美国第六巡回区上诉法院在审理“泰格·伍兹诉吉拉出版社”（*ETW Corp. v. Jireh Publ'g, Inc.*）一案中，也谈到了商标合理使用的问题。[②] 在本案中，原告ETW是世界著名高尔夫球选手泰格·伍兹（Tiger Woods）的独家经纪许可公司，并在美国专利商标局的相关产品“明信片、笔记本、钢笔、照片”等商品上注册了“Tiger Woods”的文字商标。被告是一家出版社，在本案中出版了由艺术家罗斯创作的一副绘画作品。罗斯是一位专门以美国体育明星为素材进行绘画创作的艺术家，其创作的对象还包括篮球明星迈克尔·乔丹等。

继泰格·伍兹于1997年以72洞的历史成绩一举获得“美国大师锦标赛”最年轻的冠军之后，画家罗斯在随后的一年之内创作了一幅以泰格·伍兹为素材的绘画作品，称之为“奥古斯塔的大师们”。[③] 在该幅作品中，画面的中间是泰格·伍兹三个不同的打球姿势，画的两侧是他的两位球童。画的后面是奥古斯塔球场的俱乐部建筑，建筑后

---

① 漳州片仔癀药业股份有限公司诉漳州市宏宁家化有限公司侵犯商标专用权纠纷申请再审案，最高人民法院（2009）民申字第1310号民事裁定书。

② *ETW. Corp. v. Jireh Publ'g, Inc.* 332 F. 3d 915(6th Cir. 2003).

③ 奥古斯塔球场位于美国乔治亚州，是美国大师锦标赛的指定球场。

的蓝色背景下隐约可见美国大师锦标赛的六位前任冠军的身影。在这幅绘画作品里，并没有出现"Tiger Woods"的字样。但是在作品限量版的白色信封上，有一段关于本幅素描作品的文字描述。描述中介绍了该作品的创作背景、画家生平及签名，并两次出现了"Tiger Woods"的字样。原告 ETW 于是提起诉讼，诉由包括：侵犯商标权、反不正当竞争及侵犯个人形象权等。

在审理商标侵权的诉求时，美国第六巡回区上诉法院驳回了原告关于被告对于文字"Tiger Woods"的使用侵犯了原告注册商标的诉求。法院称：被告对于文字"Tiger Woods"的使用并不是作为商标在使用，而是为了叙述说明该画的内容是泰格·伍兹及美国大师锦标赛。且被告作品的文字叙述中清楚表明绘画的作者是罗斯，因此也不存在商品来源的混淆。故法院以"罗斯对于文字 Tiger Woods 的使用属于善意正当的商标合理使用"为由驳回了原告在商标权方面的诉求。①

二、商标的戏仿(Trademark Parody)

商标戏仿是对商标专用权限制的另一种情形。与著作权的滑稽模仿(copyright parody)类似，被告通过使用商标权人的商标，达到评论、讽刺、挖苦原告商标的目的，属于言论表达的一种形式。

基于美国对言论自由的高度重视与积极保护，若被告能证明其对原告商标的使用是出于评论、批评、讽刺挖苦的目的，属于言论表达的一种形式，那么被告对于原告商标的使用则不构成商标侵权。

---

① 本案中，除了商标侵权之外，原告同时提起了反不正当竞争及侵犯个人形象权等诉求。法院随后又以保护言论自由及艺术表达的理由，驳回了原告关于不正当竞争及侵犯个人形象权的其他诉求。

在2003年美国第九巡回区上诉法院审理的"美泰公司诉移动山脉公司"(*Mattel Inc. v. Walking Mountain Productions*)一案中,[①]原告美泰公司对玩具芭比娃娃(Barbie Doll)享有版权及商标权。芭比娃娃是风靡世界的塑胶玩具,拥有美貌、财富、魅力等特征,同时也被部分人视为美国理想女性的化身。[②]

被告汤姆·福赛思(Tom Forsythe)所拥有的移动山脉公司制作了一组名为"食物链芭比"(Food Chain Barbie)的系列图片。该系列图片以芭比娃娃的形象为基础,配以各类食物及用具加以组合修饰,最后呈现出一系列十分荒诞甚至是粗俗的画面效果。被告将上述图片以展览会、明信片、网站等形式进行公开,并获得小额收益。

原告认为被告未经许可、使用芭比娃娃的外形作为创作素材的行为构成了版权侵权。同时,原告认为被告发行的明信片中因包含芭比娃娃的文字与图形,容易造成消费者的混淆,而其嘲讽的内容也会损害原告商标的商誉,故构成商标侵权。基于此,原告向法院提起版权侵权、商标侵权及商标淡化之诉。被告则抗辩称:其使用原告商标的目的是通过一种艺术形式表达他对芭比娃娃所代表的女性完美主义情结的批驳及嘲讽。其使用原告商标的目的不在于盈利,因此应受到美国第一修正案对言论自由的保护。

加州洛杉矶地区法院作为一审法院驳回了原告的诉讼请求。就版权的侵权问题,法院认为被告对芭比娃娃形象的使用属于版权的"合理使用"(Fair Use),故不构成版权侵权;而关于被告是否构成商标侵权的问题,法院认为被告对于原告商标的使用并不会引起消费者的

---

① *Mattel Inc. v. Walking Mountain Productions*, 355 F. 3d 792(9th Cir. 2003).

② 对于芭比娃娃的形象与评价,自然也是仁者见仁,智者见智。固然芭比娃娃在美国颇受欢迎,但也有不少女权主义者对其所代表的女性形象大加抨击。

混淆，且被告的使用不具有商业经营性质，故驳回了原告的诉求。原告遂提起上诉。

美国第九巡回区上诉法院作为二审法院审理了此案。在审判中，法院指出，诙谐讽刺作品（parody work）作为文艺表达的一种形式应当受到言论自由的保护。本案中，被告的图片是否属于“诙谐讽刺作品”是审理的关键。针对这一争端，原告提交了一份取自公共场合采访人群的随机调查报告以支持被告侵权的论点。报告显示仅有少数几位被采访者在阅览了被告图片之后认为图片包含诙谐讽刺的意图。然而，法院并未采纳这一报告。法院认为：是否构成诙谐讽刺作品是一个法律问题，而非事实问题，因此不能通过公众的采访结果获得结论。

法院在分析了诙谐讽刺作品的性质之后，认为被告对芭比娃娃形象的修改与加工是为了表达对芭比娃娃所代表的女性角色定位的反对与嘲讽，具有文艺批评的社会价值，因此属于诙谐讽刺作品的范畴，应受到言论自由的保护。在此基础上，针对被告的使用是否侵犯原告作品版权的问题，法院认为被告图片对芭比娃娃外形的模仿程度在诙谐讽刺的目的下具有合理性，且不会对原告未来的市场营销构成冲击，因此构成版权的合理使用。而关于被告的使用是否构成商标侵权的问题，法院指出：被告通过信件等多种方式已经充分宣称了自己诙谐讽刺原告商标芭比娃娃的目的。法院随即谈到“保护消费者”与“支持言论自由”两者之间的平衡，并指出虽然被告对于原告芭比娃娃商标的使用有可能造成消费者的混淆，但鉴于保护言论自由的意义与价值更为重要，故判定被告对原告商标的使用不构成商标侵权。

三、比较广告(Comparative Advertising)

比较广告,是指"任何明示或暗示竞争者或竞争者所提供之商品或服务的广告"。商标法赋予了商标权人在相同或类似的商品或服务上排除他人使用相同或近似商标的权利。然而在比较广告中,当事人为了将其自身的商品或服务与竞争者的商品或服务进行比较,就会不可避免的使用到竞争者的商标。因此,如何认定比较广告中对于他人注册商标的使用,也是一个很重要的问题。

在美国,比较广告的最早案例出现在 1910 年美国最高法院审理的"赛雷纳诉瓦格纳"(*Saxlehner* v. *Wagner*)一案中。[①] 在本案中,原告塞雷纳在匈牙利的布达佩斯地区(Budapest)拥有一口泉水,其丈夫将之命名为"Hunyadi Janos"泉,并在全球范围内出售该泉水的饮品。被告瓦格纳以人工方法研制出与原告 Hunyadi Janos 泉水口味类似的矿泉水,并在宣传其人工矿泉水产品时称其产品是"根据 Hunyadi Janos 矿泉水成分生产的人工碳酸 Hunyadi 矿泉水"。原告遂向法院提起商标侵权之诉,要求法院颁发禁令,禁止被告继续使用"Hunyadi Janos"或"Hunyadi"文字。

美国最高法院在审理此案时指出,虽然"Hunyadi"一词为原告丈夫所独创,原用于指代其家族泉水,但经过长期使用已成为布达佩斯地区泉水的公用名称,属于地理标志,不应为原告一家所独占。

最高法院同时指出,原告起诉的真正目的是为了实现对商标"Hunyadi"在泉水饮品的垄断,以达到独占 Hunyadi 泉水市场份额的目的。但是原告并没有生产 Hunyadi 泉水的专利权,因此无权禁止他

---

① *Saxlehner v. Wagner*, 16 US 375, 30 S. Ct. 298, 54 L. ED 525(1910).

人尝试以人工方法制作 Hunyadi 泉水。本案中，被告对于“Hunyadi”文字的使用只是为了说明其人工矿泉水的口味与原告矿泉水的味道近似，并无其他欺诈或不公平竞争的行为，故驳回原告的禁令诉求。

在上述案例中，美国最高法院首次认定，如果被告对于原告商标的使用只是为了比较两者产品的差异，则不构成商标侵权。然而，比较广告的合理辩护与商标侵权之间的界限始终并不明确，因此广告业在使用比较广告时依然抱着小心谨慎的态度，避免直接提及竞争对手的商标，而仅以“某公司的某品牌”来泛泛指代。这种情形一直到二十世纪七十年代才有所变化。彼时的美国联邦贸易委员会对于比较广告的使用表现出十分正面的回应。他们认为：只要比较广告中的信息是“清楚、真实、没有误导性的”，那么比较广告就有利于竞争，能够向消费者提供更多的信息，以便消费者作出明智的选择，因此对于比较广告予以提倡。[①] 自此以后，美国比较广告业便得到了迅猛的发展。

当然，比较广告的内容也有一定的限制要求。美国兰汉姆商标法第 43 条第一款就提出比较广告必须是“真实的、不能误导消费者”，否则就构成“虚假广告”。同时，比较广告在描述竞争对手的商品或服务时，也不可贬损竞争对手的商业形象，否则会造成对竞争者商标的淡化。关于商标淡化的问题，我们将在下一节做专门介绍。

第三节　驰名商标

所谓驰名商标，是指在市场上享有较高声誉并为相关公众所熟知的商标。我们平常所说的驰名商标，有的是在全球范围内家喻户晓，

---

① 16 C. F. R. § 14. 15(2004).

有的则是在相关领域内享有较高的知名度。下面，我们就来首先回顾一下全球公认的驰名商标。

根据美国国际品牌公司(Interbrand)2013 年发布的全球前 100 名“驰名商标排行榜”，其中排名前十名的驰名商标及其商标价值(以百万美元计)分别为[①]：1. Apple(苹果，98，316)；2. Google(谷歌，93，291)；3. Coco-Cola(可口可乐，79，213)；4. IBM(国际商用计算机，78，808)；5. Microsoft(微软，59，546)；6. GE(通用电气，46，947)；7. McDonald's(麦当劳，41，992)；8. Samsung(三星，39，610)；9. Intel(英特尔，37，257)；10. Toyota(丰田，35，346)。

在上榜的前一百个驰名商标中，入榜最多的国家分别是：美国(55 个驰名商标)、德国(9 个)、日本(8 个)、法国(7 个)和英国(4 个)。其中，韩国、意大利与荷兰并列第六位，各有 3 个驰名品牌入榜。瑞士与西班牙并列第九位，各有 2 个驰名品牌入榜。接下来的瑞典、芬兰、加拿大和墨西哥也各有一个驰名品牌入榜。中国未有入围者。

固然美国 Interbrand 公司在进行世界驰名商标排名时所采用的计算标准未必是最全面最完整的，[②]但无可否认，上述入榜的商标确实基本做到了家喻户晓，属于真正意义上的世界驰名商标。那么，驰名商标又是如何认定的呢？它们又享有什么样的特别保护待遇呢？

一、驰名商标的认定标准

根据 WIPO 商标、外观设计及地理名称常务委员会(SCT)于

---

① 2013 年 Interbrand 公司对于全球前 100 名驰名品牌的排行榜的完整名单，可参见 http://www.interbrand.com/en/best-global-brands/2013/top-100-list-view.aspx.

② 美国 Interbrand 公司在说明其全球驰名商标排行榜的计算方法时，指出入榜的驰名品牌必须满足以下几个条件：(1)全球性，即入榜的商标必须在全球三大洲占有一定的市场份额和影响力，且公司收入的 30%或以上需来自海外的销售；(2)影响力，即品牌必须为全世界的公众所耳熟能详；(3)财务公开性，即入榜公司的财务资料是公开的，由此可判断驰名商标所有人的成功经营。

2000 年通过的《关于驰名商标保护规定的联合建议》(下称《驰名商标联合建议》),在认定驰名商标时,要遵循以下几个基本原则。[①] 第一,驰名的范围要以“相关公众”为准,即不要求所有的消费者都知道该商标,只要相关领域的公众知道即可;第二,在认定驰名商标时,要考虑商标持续使用的时间、地理范围、销售及宣传广告的时间、地理范围以及商标的相关价值等综合要素。

1. 在相关公众中驰名

按照《驰名商标联合建议》的规定,“相关公众”应当包括、但不限于以下群体:(1)使用该商标的商品或服务的实际及潜在的顾客群体;(2)使用该商标的商品或服务的销售渠道的人员;(3)经营使用该商标的商品或服务的商业界。[②]

换而言之,尽管在认定驰名商标时,不需要全国或全世界人民都听说过这个商标,但使用该商标之商品或服务的“经营者、销售者以及消费者”却是应该知道这个商标的,他们就是所谓的“相关公众”。

2. 驰名商标的认定因素

尽管在“相关公众”中驰名是直接认定驰名商标的理想标准,但现实中却未必容易判断。因此,很多国家的法律、法规及案例法对于如何具体分析商标的驰名度又提出了一些具体的量化标准。

譬如,《驰名商标联合建议》中就建议主管机关在认定驰名商标时,考虑以下可量化的要素:(1)相关公众对于该商标的了解或认识程度;(2)该商标使用的持续时间、程度及地理范围;(3)该商标广告宣传的持续时间、程度及地理范围,包括在交易会或展览会上对使用该商

---

① 《关于驰名商标保护规定的联合建议》,全文参见 http://www.wipo.int/export/sites/www/freepublications/zh/marks/833/pub833.pdf.

② 《关于驰名商标保护规定的联合建议》第一部分第二条。

标的商品和/或服务所作的广告或公告及介绍;(4)该商标在世界各国的注册情况;(5)商标权人成功维权的记录,尤其是该商标被认定为驰名商标的记录;(6)商标的价值及其他因素。①

中国国家工商总局于2003年制定的《驰名商标认定和保护规定》中也对如何认定驰名商标列出了一些具体的规定。② 该规定第3条提出以下材料可以用以证明商标的驰名度:(1)能够证明该商标使用持续时间的有关材料,包括该商标使用、注册的历史和范围的有关材料;(2)证明该商标的任何宣传工作的持续时间、程度和地理范围的有关材料,包括广告宣传和促销活动的方式、地域范围、宣传媒体的种类以及广告投放量等有关材料;(3)证明该商标作为驰名商标受保护记录的有关材料,包括该商标曾在中国或者其他国家和地区作为驰名商标受保护的有关材料;以及(4)证明该商标驰名的其他证据材料,包括使用该商标的主要商品近三年的产量、销售量、销售收入、利税、销售区域等有关材料等。由此可见,世界各国在考察商标的驰名度时所考虑的因素都大体一致。

二、驰名商标的保护范围

相对于普通商标而言,驰名商标所获得的保护力度要高于普通商标所获得的保护。之前已经提到过,作为普通的商标,商标权人有权禁止他人在相同或类似的商品或服务上注册或使用相同或类似的商标。但上述保护仅限于"相同或类似的商品或服务",而不能延伸到"不同类别的商品或服务",也不能延伸到"未获得注册的商标"。

而驰名商标保护的特殊性,就在于除了享受上述商标的常规保护

---

① 《关于驰名商标保护规定的联合建议》第一部分第二条。

② 国家工商总局2003年颁布的《驰名商标认定和保护规定》,全文参见 http://www.saic.gov.cn/spw/flfg/200904/t20090408_55193.html.

之外，还能获得以下的额外保护：一是对于“尚未注册”的驰名商标的保护，二是对于已经注册的驰名商标在“不同类别”（即不相同或不类似的商品或服务上）的跨类保护。

1. 对于“未注册”的驰名商标的保护

巴黎公约第 6 条之第二款，即是对“尚未注册的驰名商标”的保护规定。① 根据该条规定，若某商标在其注册国或使用国已被认定为驰名商标，那么同盟国应禁止另一相同或类似的商标在相同或类似的商品或服务上的注册或使用，若该等商标注册或使用构成对上述驰名商标的复制、仿造或翻译，并引起消费者的混淆。

中国对“驰名但未注册”的商标也同样提供保护。早在 1987 年，美国必胜客公司的“PIZZA HUT”及屋顶图形商标被澳大利亚某公司在相同的商品上抢先申请注册。中国商标局在商标异议程序中，认定“PIZZA HUT”及其屋顶图形商标虽然届时在中国尚未注册，但在美国享有一定的知名度，属于驰名商标，应该享有相应的保护，故依法驳回了澳大利亚公司抢先申请注册的商标。②

2. 对非类似商品或服务的跨类保护

对驰名商标的保护同时表现在对不相同商品或服务上的跨类保护，这又被称为“驰名商标的淡化”，即将原本只与某特定的商品或服务相关联的商标使用在其他的商品或服务上，从而造成驰名商标显著性减弱的情形。

1898 年美国法院审理的“伊士曼柯达胶卷公司诉柯达自行车”（*Eastman Photographic Materials Co. v. Kodak Cycle Co.*）案就是

---

① 《巴黎公约》，全文参见 http://www.wipo.int/treaties/zh/ip/paris/paris.html#P208_5736.

② 该案例取自黄晖著：《商标法》，法律出版社 2004 年版。

这样一个关于商标弱化的经典案例。[①] 在数码照相技术被广泛使用之前，KODAK（柯达）曾经是一个享誉全球的照相机胶卷品牌，在胶片行业拥有一百多年的历史。在本案中，被告将 KODAK 商标使用在“脚踏车”上，原告伊士曼柯达公司于是提起商标侵权之诉。

法院在判定“商标淡化”的要素时，指出基于商标淡化的诉求需满足两点要求：第一，原告商标须享有一定驰名度；第二，被告对于原告商标的使用会造成原告商标的淡化。在分析第一点要素时，法院参考了大量原告商标的驰名证据，包括原告商标本身的显著性（KODAK 属于独创词）、原告商标超过一百多年的商业使用历史、在世界近百个国家的注册情况、原告在商标宣传方面的花费、原告是奥运会赞助商等众多证据，并得出原告商标是驰名商标的判断。

在判断被告的 KODAK 牌脚踏车是否侵犯了原告 KODAK 胶卷的商标权时，法院认为：虽然原告伊士曼柯达公司的产品“相机胶卷”与被告的产品“脚踏车”并不属于相同或类似的商品，而两个“KODAK”商标的共存也未必会引起消费者的混淆——大多数消费者不会认为柯达胶卷公司开始经营脚踏车业务，但是法官依然指出：允许他人在不相同的商品（如脚踏车）上使用 KODAK 商标会造成对该驰名商标的弱化，破坏商标与其商标之间独特的联系，不利于商标权人的利益，因此不允许被告在自行车上使用原告的 KODAK 商标。

不过令人唏嘘的是，如此一个老牌的跨国公司却因产业转型过慢，未能及时应对数码相机的激烈竞争，不得不于 2011 年向纽约地区法院申请破产。2013 年伊士曼柯达公司经过两年的资产重组之后，惊

---

① *Eastman Photographic Materials Co. v. Kodak Cycle Co.*, 15 Rep. Pat. Cas. 105 (1898).

险地摆脱了破产的命运，重回市场，期待从印刷化市场转型到数字市场。[①] 由此可见，驰名商标的认定也并不是永恒的。一个默默无闻的商标可以发展壮大成一个驰名商标，而一个驰名商标也可能由于种种原因消失匿迹，失去曾经的辉煌与知名度。

第四节　影视作品中的商标使用

正如前面所介绍的，商标法最主要的目的是保护消费者的利益、避免消费者对于产品或服务来源的混淆、防止不正当竞争行为的发生。因此，影视作品中对于商标的使用规定也不同于对版权作品的使用规定。在第二章，我们已经谈到电影公司在使用受著作权法保护的作品时，必须获得著作权人的许可。然而，这点并不适用于影视作品中的商标使用。换而言之，只要影视作品中使用出现的商标属于正常的使用，未造成商标产品或服务来源的混淆，也没有任何对其产品或服务品质的诋毁或造成负面的影响，那么电影公司可以自由在其影片中选用任何商标及其产品或服务。

举例而言，若一部电影中，两位主人公选择在麦当劳吃饭，喝着红牛牌的饮料，拎着香奈儿的皮包，握着苹果的 iPhone 手机，开着日本本田的小轿车，刷着招商银行出具的 Visa 信用卡……一幕幕的情节中自然会出现若干我们熟悉或不熟悉的商标。其中，既包括商品商标(trademark)，如“麦当劳”、“红牛”、“香奈儿(Channel)”、“苹果”、“本田”，也包括服务商标(service mark)，如“Visa”、“招商银行”等。

电影公司在影视作品中有意或无意地展示上述商标时，并不需要

① “柯达公司宣布结束破产保护”，腾讯财经，2013 年 9 月 4 日，详见 http://finance.qq.com/a/20130904/001330.htm.

获得商标权人的许可。甚至，如果商标权人希望在影视作品中顺便宣传其品牌及商品或服务，还需向影视公司支付额外的广告费用。现今，已经有越来越多的公司将影视作品作为宣传其品牌的另一种渠道。这就是我们接下来要介绍的“植入广告”。

一、植入广告（Product Placement）

2001年冯小刚导演的贺岁片《大腕》无疑为“植入广告”做出了最佳诠释。影片中通过模拟一个将死的大腕的葬礼，描绘了一场关于“植入广告”的黑色幽默喜剧。影片中，葬礼的每个细节都安排上了广告，灵车上也挤满了广告。而将逝者大腕泰勒的“遗体”更是被充分利用，从头到脚被各色商品充斥：眼睛上是隐形眼镜“硕士伦”外加太阳镜，脚上蹬着“彪驴”运动鞋外加皮鞋，连嘴里都挂上了某某茶叶的商标……前来悼念的人也未能幸免：付彪一边痛哭着一边为钙片作广告；穿着悼服组成方队的学生鞠躬之后用白色雨伞打出了“666”、“mtv”等招牌……当影片中相继出现“搜狗”、“彪驴”、“补钙”、“但求最贵，不求最好”等经典之语时，影片对于植入广告的揶揄也达到了高潮。而影片之外，电影《大腕》通过植入广告而取得的广告收入也高达四千万元人民币，被称为“商业资本与政府资本的一次成功合作”。①

植入广告发展至今，已成为影视公司除票房之外的收入的重要组成部分。植入广告的赞助形式繁多，对于预算较高的电影而言，常见的有现金赞助、为剧组拍摄时所需要的机票及酒店提供赞助等；而对于预算较小的独立制片商而言，植入广告的赞助形式就更加灵活。例

① “评析电影《大腕》的植入式广告”，见 http://wenku.baidu.com/view/47322644e518964bcf847cdc.html.

如，若某品牌的饮料赞助商同意提供拍摄期间剧作成员所需的全部饮料需求，那么该饮料品牌也有机会出现在影片中。

最近几年，广告商对于电影的赞助出现了一种新趋势，即跨国公司通过投资拍摄主题电影，从而在影片的植入广告方面取得主导权。2005年著名运动品牌阿迪达斯公司（Adidas）就投资拍摄了电影《进球！梦想的开始》（*Goal! The Dream Begins*）三部曲。影片讲述了一位出生于墨西哥、从小随家人偷渡到美国的男孩如何克服重重困难，追求足球梦，并最终因缘巧合成为英超纽卡斯尔联队（Newcastle）职业球员的故事。影片中，所有的体育相关产品（足球、球衣、球裤、场地）皆由阿迪达斯公司提供，而影片中的男主人公在现实生活中也是阿迪达斯运动品牌的代言人。

业内专家在分析为何阿迪达斯等非专业电影制片公司愿意参与影片的投资时解释道，若某跨国公司本身就有十分可观的广告预算（如上千万美金），那么与其向某些电影公司支付植入广告赞助费而获得短暂的出境瞬间（一般而言，植入广告在影片中的出镜时间不应超过十秒），还不如直接投资某部中等预算并契合自身产品的主题电影，从而获得更全面更直接的宣传机会。电影《进球！梦想的开始》的大部分观众是足球体育迷，因此阿迪达斯的运动产品在影片中充分获得了直接面对消费者的机会。另外，阿迪达斯公司之所以愿意直接投资该电影的另一个原因是：从电影投资额的角度而言，他们可能花费了与植入广告赞助费差不多的金额，但若电影票房收入可观的话，这笔投资是可能有回报的。因此，对于阿迪达斯公司而言，直接投资与公司产品契合的主题电影不仅是一种有效的广告宣传手段，还有可能带来潜在的票房利润。

二、商标淡化(Dilution):影片的"雷区"

前面谈到电影公司在拍摄影片时若只是一般性地正常使用商标及其产品或服务,则无需获得商标权人的许可。同时也谈到在"植入广告"的情形下,若商标权人希望其旗下品牌在影片中获得出镜机会,甚至需要支付高额的广告费用以达到其宣传目的。本节将讲述另一种情形——即商标权人不愿意看到其品牌出现在某些电影的场景中,而制片公司由于不当的商标使用而产生官司纠纷的情形。

设想一个简单的情节:夜幕下一对情侣共进烛光晚餐。餐厅环境优雅,灯光柔和,远处的钢琴师正在弹奏某首悠扬的小夜曲……随后镜头推进——男士抿了一口打开的可口可乐易拉罐,随之倒下,痛苦地翻滚着,疑似饮料中毒……我们可以想象美国可口可乐公司会非常不愿看到其商标及可乐产品在电影中以这种形式出现,并给观众留下一个"可口可乐饮料可能有毒"的印象。

事实上,上面所假设的情景有可能构成对驰名商标的淡化行为,具体表现为"商标淡化"中的"商标丑化"行为。根据美国 1996 年《联邦商标淡化法案》(*Federal Trademark Dilution Act*)的定义,"商标淡化"(trademark dilution)有别于"商标侵权",是指"对驰名商标指示和区分产品或服务能力的减少或削弱的行为,而不管该驰名商标所有人与他人之间是否存在竞争关系,也不管是否存在混淆、误解或欺骗的可能性"。① 美国 2006 年修改的《商标淡化修正案》(*Trademark Dilution Revision Act*)进一步将"商标淡化"具体为:商标弱化(blurring)和商标丑化(tarnishment)行为。其中,"商标丑化"是指将驰名

① 美国《联邦商标淡化法案》已编入美国《兰汉姆商标法案》第 43 章(c)(1)。

商标与劣质产品相联系，或商标出现于一个有违社会风俗或令人不适的场景（如色情、暴力、违法的场景），从而损害驰名商标商誉的行为。①

上一节我们已经介绍过一个关于 KODAK（柯达）胶卷—脚踏车的商标案例。这里就再举一个 KODAK 商标在娱乐产业发生的商标淡化案例。在 1989 年美国纽约地区法院审理的“柯达公司诉拉寇”（*Eastman Kodak Co. v. Rakow Eastman Kodak Company*）案中，②原告伊士曼柯达公司是驰名商标“Kodak”（柯达）的商标权人，被告拉寇是一名喜剧演员，其讲述的段子中常出现与性及暴力相关的内容。被告未经柯达公司允许，擅自将其表演节目冠名为“Kodak”。原告因此提起商标淡化及不正当竞争之诉，要求法院对被告发出临时禁令。

法院在判定“商标淡化”的要素时，指出基于商标淡化的诉求需满足两点要求：第一，原告商标须享有一定驰名度；第二，被告对于原告商标的使用会造成原告商标的淡化。在分析第一点要素时，法院在参考了大量原告商标的驰名证据后认定原告商标是驰名商标。在分析第二个要素时，法院指出：虽然被告的喜剧节目与原告商标（照相机等）及其业务范围没有直接竞争关系，但被告将原告商标 Kodak 擅自使用在其喜剧表演节目上的行为，会误导消费者以为被告的表演由原告公司赞助或与原告有其它合作关系。同时，被告节目中对于“性与暴力”的描述及其“故意使用的低俗、粗鲁的语言风格”也会与原告多年建立的健康企业形象不符，损害原告公司的商誉。最终，法院判定

① A trademark might be tarnished when it is “linked to products of shoddy quality, or is portrayed in an unwholesome or unsavory context,” with the result that “the public will associate the lack of quality or lack of prestige in the defendant's goods with the plaintiff unrelated goods.” 见 Deere & Co. *v.* MTD Prods., Inc., 41 F. 3d at 43.

② *Eastman Kodak Co. v. Rakow Eastman Kodak Company*, 739 F. Supp. 116 (W. D. N. Y. 1989).

被告不得使用原告商标，并颁布了永久禁令。

那么，是不是所有的影视节目中对于商标“负面”的描述都是受禁止的呢？下面我们再来看另一则案例——2003 年美国伊利诺伊州地区法院审理的“卡特匹勒公司诉迪斯尼”(*Caterpillar Inc.* v. *Walt Disney Co.*)商标案。①

2003 年，美国迪斯尼公司继其喜剧电影《森林泰山》(*George of the Jungle*)大获成功之后，随即推出了电影续集《森林泰山 2》(*George of the Jungle* 2)，拟在部分影院公映时，同步发行电影的 DVD 光盘。喜剧电影《森林泰山》基于同名动画片改编，讲述了被猩猩养大的乔治在森林里偶然搭救了富家女乌苏拉，并与之相恋的故事。电影中，乔治与乌苏拉的恋情遭到了乌苏拉的母亲和未婚夫莱尔的强烈反对，随之而来的城市猎人也开始了捕杀森林猩猩的旅程。最终，电影以猩猩的获救和乔治赢得美人心的大团圆结局而告终。② 而在电影续集《森林泰山 2》中，乔治与乌苏拉已经成婚，但乌苏拉的母亲和未婚夫依然在想方设法拆散这对爱侣。于是乔治联合了森林里的动物开始了保卫黑猩山、抵抗侵犯者的故事。

在续集《森林泰山 2》中，代表恶势力一方的坏人在铲平黑猩山战役中所驾驶的推土机正是美国卡特匹勒公司(Caterpillar)所生产的推土机。同时，卡特匹勒公司的商标“Caterpillar”及“CAT”也随着推土机的出镜在电影中闪现了几次，每次出镜时间为十秒左右。由于电影中的配音将恶势力所驾驶的推土机描述为“破坏性的推土机”、“疯狂机器”等，卡特彼勒公司对此十分不满，遂向法院提起诉讼，要求法院

① *Caterpillar Inc. v. Walt Disney Co.*，287 F. Supp. 2d 913(2003).

② 关于电影《森林泰山》介绍，可参阅以下链接：http://www.baike.com/wiki/%E3%80%8A%E6%A3%AE%E6%9E%97%E6%B3%B0%E5%B1%B1%E3%80%8B.

对电影的上映及光盘的发行颁布禁令。

法院在判定电影《森林泰山 2》中出现的 Caterpillar 品牌推土机是否构成商标淡化时，认可了原告的商标“Caterpillar”及“CAT”享有一定的驰名度。但在判断是否构成商标淡化的第二要素“商标可能引起的混淆”时，法院认为：被告迪斯尼公司的商标为“迪斯尼”，其制作的电影名称为《森林泰山》，两者与原告商标 Caterpillar 无冲突竞争关系，观众不可能产生商标产品或服务来源的混淆。至于带有“Caterpillar”商标的推土机在影片中的出现是否会造成对原告公司商誉的不良影响时，法院认为：被告迪斯尼公司在拍摄本片时，对于推土机的使用是“在正常情况下对于推土机的使用”。① 即使儿童也能够分辨出：影片中的坏人并不是推土机本身，而是驾驶推土机的恶势力帮派。因此，法院驳回了原告颁发禁令的诉求，认定影片中 Caterpillar 推土机的出镜不构成“商标淡化”行为。

通过前面的一系列案例分析，我们可以知道在影视作品中，只要是“正常性地使用商标”，未造成消费者对于产品或服务来源的混淆，也没有诋毁商标信誉的行为，那么在使用商标时就无需获得商标所有人的许可。

然而在实践中，美国电影公司的指导政策却是禁止无关的商标在其影视作品中出现。这种政策主要基于以下两点考虑。第一，防止有可能发生的商标纠纷。正如在前例“卡特匹勒公司诉迪斯尼”案中，原告的诉求是禁止电影《森林泰山 2》的全球公映及发行。若本案中被告迪斯尼公司被判败诉，那么其耗资千万美金拍摄的影片将不得不就此冷藏，再无面世的机会。即使迪斯尼公司愿意将出镜

---

① *Caterpillar Inc. v. Walt Disney Co.*, 287 F. Supp. 2d 913(2003).

的所有推土机的商标全部删除，他们也可能错过了电影发行的最佳机会。因此，电影公司在进行影片拍摄时，十分注意不轻易使用第三方可辨识的商标，以免引起类似的纠纷。至于第二点考虑，则与经济利益相关。众所周知，影视作品是很好的宣传平台。与其让一个无关的商标出现在其影片中，电影公司更愿意把有限的出镜机会留给那些愿意花钱购买“植入广告”的赞助商们。因此，尽量防止无关商标在影片中的出镜就变成了很多美国电影公司所奉行的一般政策。

三、影视作品片名的商标保护

正如之前所述，商标是区别商品或服务来源的标志。那么，影视作品的片名是否可以通过商标法来获得保护呢？一般而言，在判断影视片名是否可以商标进行保护时，最核心的问题依然是：该影视片名是否具备了商标的显著性（如商标后天的显著性——“第二含义”），是否能够帮助消费者区分其来源（某位作者的作品）。

1998 年美国纽约地区法院审理的“哥伦比亚电影公司诉闲暇时光”（*Tri-Star Pictures, Inc.* v. *Unger*）商标侵权案就涉及对影片名称保护的问题。[①] 在本案中，原告之一的哥伦比亚电影公司对电影《桂河大桥》（*Bridge on the River Kwai*）享有著作权。该电影曾荣获 1957 年奥斯卡七项大奖，在全球具有广泛的知名度。被告库尔特·昂格尔（Kurt Unger）所拥有的闲暇时光电影公司投资拍摄了一部名为《从桂河大桥归来》（*Return from the River Kwai*）的电影。该电影是根据一本描述二战时期日本奴役同盟国囚犯的纪实小说改编而成，与原告的

① Tri-Star Pictures, Inc. *v.* Unger, 14 F. Supp. 2d 339(S. D. N. Y. 1998).

电影并无关联。

原告认为被告的电影片名《从桂河大桥归来》与其获奖的电影片名《桂河大桥》十分近似，易引起消费者的混淆，使公众误认为被告的电影是原告电影的续集或者重拍，因此向法院提起商标侵权、商标淡化及不正当竞争之诉。被告则认为“桂河”是一个实际存在的地理名称，不应该作为商标进行保护。

纽约地区法院在审理此案时，指出原告以电影片名所提起的商标侵权之诉需满足以下两个法定要件：第一，原告须证明其电影名称是一个受保护的有效商标；第二，原告须证明被告对上述电影名称的使用会造成消费者的混淆。

就第一个要件“有效商标”而言，原告需证明其商标——电影名称《桂河大桥》具有显著性，如通过长期使用与宣传已取得商标的“第二含义”(secondary meaning)，即消费者能够立即意识到该商标(涉案的电影名称)与其产品(某电影)及产品提供商(电影的出品公司)是紧密联系的整体。法院在考量原告的电影名称是否已获得“第二含义”时，逐一分析了原告在该电影的广告投入、消费者反馈的调查统计数据、媒体对该电影的宣传程度、电影的销量及盈利、他人对电影的剽窃情况、电影名称的使用时间及专有性等多个要素，并得出以下结论：除了原告的广告投入较少有违商标“第二含义”的要求之外，其余的要素分析均证实原告的电影名称已具备商标的“第二含义”。换言之，原告的电影名称具有显著性，应受到商标权的保护。

关于第二个要件“消费者可能产生的混淆”，法院从八个方面分析了消费者混淆的可能性，包括(1)原告电影名称的显著性和知名度；(2)两部电影名称的相似度；(3)两部电影题材的竞争性；(4)原被告双方未来业务领域的重合性；(5)两电影的共存实际上已产生的混淆证据；(6)被告的主观意图；(7)被告电影的质量；(8)消费者群体的构成及识别能力等。通过逐个要素的分析显示，法院认为被告对该电影名称的使用极可能导致消费者的混淆，使公众误以为被告的电影是原告获奖电影的续集或重拍片，或存在原告电影公司的参与等。综上，法院判定被告电影的片名《从桂河大桥归来》构成了对原告商标权的侵犯。

由以上案例可以看出，通过商标法来保护电影的名称并不是件容易的事情。商标权人需证明电影名称通过使用及宣传已具有商标的“第二含义”，才可享受商标法的保护。

事实上，从美国专利商标局的商标注册记录及相关案例来看，套书的书名①、期刊的名称、报纸的名称以及电视节目的名称②是比较容易获得商标保护的，而美国专利商标局也更容易接受上述作品名称的商标注册申请。但是，单部书籍的名称③、电影的名称④、音乐专辑的名称⑤、电视连续剧的名称⑥，以及话剧的名称，则必须先证明上述作品的名称已具备商标的第二含义，才能享受商标权的保护。

值得一提的是，虽然电影的片名是否受到商标法的保护要根据个案判定的原则，但美国电影协会(MPAA)却自制了一套“电影片名”的

---

① *Application of Cooper*, 254 F. 2d 611(C. C. P. A. 1958); *In re Scholarstic*, *Inc.* 223 U. S. P. Q. 431(T. T. A. B. 1984) Concerning Series of Children's Books.

② *Cinepix*, *Inc.* v. *Triple F. Productions*, 150 U. S. P. Q. 134(N. Y. Sup. Ct. 1966); *Teaching Company Limited Partnership v. Unapix Entertainment*, *Inc.*, 87 F. Supp. 2d 567, 577(E. D. Va. 20000).

③ *Rogers* v. *Grimaldi*, 875 F. 2d 994(2d Cir. 1989), *Lut v. De Laurentiis*, 211 Cal. App. 3d 1317(1989).

④ 同上。

⑤ *EMI Catalogue Partnership v. Hill*, *Holliday*, *Connors*, *Cosmopulos Inc.*, 228 F. 3d 56, 63(2d Cir. 2000).

⑥ *Wyatt Earp Enterprises*, *Inc. v. Sackman*, *Inc.*, 157 F. Supp. 621(S. D. N. Y. 1958).

自愿登记制度，鼓励在美国电影院线放映的电影通过其统一的注册制度登记“电影片名”，以避免可能产生的电影片名的重复与混淆。

第五节　角色商品与商品化权

第二章已经介绍过，故事中的角色造型（character designs）包括外观视觉造型（visual character）与故事角色造型（story character）。

外观视觉造型往往起源于绘画，因为具有固定的形态、服装、道具等视觉特征，即使脱离了故事本身也很容易被辨认出来。譬如，迪士尼公司创作的米老鼠与唐老鸭造型、美国漫威漫画公司创作的蜘蛛侠等造型、广东原创动力文化传播有限公司创作的喜羊羊与灰太狼造型都属于外观视觉造型。

而故事角色造型则起源于作家对于故事人物的描写。其人物形象主要是由故事的情节、人物的特征及性格等决定。譬如，英国特工詹姆士·邦德与哈利·波特就属于故事角色造型。他们并无固定的外观特征，出场也不着特定的服装，但是观众可以从故事情节中想象出这个角色应该具有的性格特征。

无论是外观视觉造型还是故事角色造型，在影视产业链发达的今天，都已成为电影公司开发影视作品之外的衍生品——角色商品的主要收入来源。权利人借助商标权及著作权的保护，将角色造型通过许可的方式，授权第三方进行角色商品的生产及销售，从而再次获得许可收入。下面就角色商品以及商品化权做一介绍。

一、角色商品（Character Merchandise）

按照世界知识产权组织（WIPO）于 1994 年出具的《角色商品化报

告》中对于角色商品化(Character Merchandising)的定义,"角色商品化",是指权利人将故事中角色的重要人物特征(如姓名、形象及外形特征)在产品或服务中进行演绎或再次开发,从而激发顾客的购买欲,使其出于对该角色的喜爱从而购买相关的产品或者服务。① 典型的角色商品包括:米老鼠的毛绒玩具、标有蜘蛛侠的T恤衫、喜羊羊的书包、变形金刚的玩具等。

世界知识产权组织在分析了角色商品产生的历史渊源及权利属性之后,在报告中提出了对角色商品的保护建议。报告指出:保护角色商品的主要法律依据为著作权、商标权、工业外观设计及反不正当竞争法。

具体而言,如果迪士尼公司希望保护米老鼠的角色造型,它既可以利用著作权法中对于"美术作品"的规定来保护米老鼠的外观造型(如一只翘着圆圆的大耳朵、着红裤、黄鞋、白手套的卡通黑老鼠形象),也可以通过将"Mickey Mouse"、"米老鼠"等不同语言的文字在相关商品或服务上(如玩具、文具、书包、钥匙链、相框、床上用品、英语培训中心等)进行商标注册的形式寻求保护。甚至,权利人还可以通过更为广泛的"反不正当竞争法"来寻求对角色商品的保护,只要权利人能够证明侵权嫌疑人的行为有违正当竞争。这就引发了一个新的名词概念——商品化权(merchandise right),即故事的角色商品所享有的权利。

二、商品化权(Merchandise Right)

随着影视公司对于影视作品衍生产品的不断开发,角色商品的许可也日益兴盛。其中的巨大市场利益也同时吸引了很多的假冒侵权

① 世界知识产权组织1994年出具的《角色商品化报告》,全文见 http://www.wipo.int/export/sites/www/copyright/en/activities/pdf/wo_inf_108.pdf.

者。越来越多的侵权案涉及对角色商品的侵权，即抄袭、翻译、模仿某知名角色(包括外观视觉造型及故事角色造型)的名称、图形及其他造型特征，以达到搭便车的目的。因此，对于商品化权的讨论也日益渐盛。

那么何谓"商品化权"呢？其实至今为止，各国的学术界与实务界对此并无统一的定义。一般认为，商品化权的目的是保护故事的角色商品，其所涵盖的法律基础包括商标权、著作权、反不正当竞争法等。

在美国，对于角色商品的保护大多是通过美国兰汉姆商标法实现。权利人通过兰汉姆商标法案中对于"商标淡化"(trademark dilution)及"虚假代言"(false endorsement)的规定，主张对角色商品的权利。

在 1983 年美国第二巡回上诉法院审理的"华纳兄弟诉快乐玩具公司"(*Warner Brothers, Inc.* v. *Gay Toys, Inc.*)一案中，[①]法院就对如何运用兰汉姆商标法保护角色商品做出了具体的分析。在本案中，原告华纳兄弟是电视连续剧《正义前锋》(*The Dukes of Hazzard*)的著作权人。片中的跑车 General Lee 是帮助男主人公杜克兄弟屡屡逍遥法外的桔红色道奇车。这辆在电视剧中名声显赫的 General Lee 跑车为了增强车身强度，特地将车门焊死，并用三点式防滚架加固了车顶，被当时的观众认为是美国风格的象征。被告快乐玩具公司在向华纳兄弟申请商标许可失败后，依然按照 General Lee 跑车的形象自行制作了同款式的玩具车。华纳兄弟于是提起侵犯商标权之诉。

美国第二巡回法院在审理此案时，首先重申了未注册商标依然可以按照普通法系受到保护的原则，并指出"只要电视连续剧中所描述的角色具备了第二含义，即可使消费者立刻联想到该角色的出处，那么该角色就应该受到商标法的保护"。在分析这个观点时，法院大篇

---

① *Warner Brothers, Inc. v. Gay Toys, Inc.* 724 F. 2d 327(2d Cir. 1983).

幅地讨论了消费者购买“角色商品 General Lee 跑车”的缘由(customer motivation)。法院认为,消费者会在两种情形下受到刺激从而产生购买行为。第一种情形是,消费者冲着制造该产品的厂家及品牌而选择购买该产品;第二种情形则是消费者联想到该角色存在的某部作品(如文学作品、影视作品等)而决定购买该产品。在本案中,消费者购买 General Lee 玩具跑车的原因显然是出于热播剧《正义先锋》所留下的深刻印象,而不是因为被告快乐玩具公司的缘故。因此,General Lee 跑车作为一个成功电视剧里的重要角色已经获得了第二含义,应受到商标法的保护。故法院判定被告未经原告授权,擅自将原告电视剧作品里的角色制作成角色商品的行为引起了消费者混淆,侵犯了原告的商标权。

在中国,商品化权也没有固定的概念。学者虽然对此讨论多年,但立法方面并无任何新的突破,困难之一就是难以对商品化权的概念与范畴进行定义。尽管如此,近年来我国在司法领域在认可、保护“商品化权”上还是有一些突破。

在 2011 年北京高院审理的“丹乔公司诉商标评审委员会”的行政诉讼案件中,北京高院首次接触了“商品化权”的概念。① 在本案中,原告丹乔公司(DANJAQ)是电影 007 系列的商标所有人,并在中国第 28 类“玩具”等商品及第 41 类“教育与娱乐服务”上成功注册了商标“007 及图”与“JAMES BOND”商标。2007 年,中国公民谢某试图在第 10 类商品“子宫帽等避孕器具”上申请文字组合商标“邦德 007 BOND”。

原告在被告商标公告期间及时向商标局提交了异议申请,主张对文字“007、邦德、JAMES BOND”的商标权及著作权,要求商标局驳回该商标的注册。但是,原告的异议申请先后被商标局及商标评审委员

① 商标评审委员会与丹乔有限公司商标异议复审行政纠纷案,(2011)高行终字第 374 号。

会驳回。其驳回理由为:原告虽然对007系列电影作品享有著作权,但上述电影的片名007及角色名称“邦德”不属于著作权保护的作品客体,故原告基于著作权的诉求不予成立。同时,原告的注册商标007及JAMES BOND所涵盖的商品类别也有别于被告申请注册的商品,故原告的商标权诉求也不能成立。此外,商标局及商标评审委员会都认为原告未能证明被告的申请有违诚实信用的原则,故驳回了原告的异议申请及异议复审。原告随即向北京第一中级人民法院提起行政诉讼。

北京一中院在审理此案时,认为原告未能证明其商标属于驰名商标,因此无法给予跨类保护。但同时又认为被告所申请的商标“违背了诚实信用的公序良俗”,故认定被告商标不应予以注册。被告不服,提起上诉。

北京高院在审理此案时首先指出:北京一中院驳回被告商标申请所引用的法律条款属于“社会公共利益与公共秩序”的事宜,但并不适合涉及“私权”的题述案件,故认定北京一中院所引用的法律不当。但北京高院同时认为:007及JAMES BOND(詹姆士·邦德)作为丹乔公司007系列电影人物的角色名称已经具有较高的知名度,为相关公众所了解。其知名度的取得是丹乔公司创造性劳动的结晶,因此知名的角色名称所带来的商业价值和商业机会也应该归丹乔公司所拥有。故北京高院根据商标法第31条的规定,认为原告创作在先的知名的电影人物角色名称应作为“在先权利”给与保护。

在本案中,北京高院虽然没有明确使用“商品化权”的概念,但接受了原告对于007 JAMES BOND商品化权的主张,认同了角色商品的权利基础及因角色商品而产生的巨大商业利益的事实,以及原告为此所付出的创造性劳动,这可以说是中国司法制度方面认同商品化权的一个良好开端。

第四章　娱乐产业的人格权[①]

基于真人真事改编的作品往往是导演和剧作家最喜欢的创作素材之一。真实世界中曾经发生过的事情有时比凭空创作的虚幻题材更加精彩，而现有的故事与人物关系也为编剧与导演的再创作提供了很好的素材。譬如，电影《阿波罗 13 号》(*Apollo 13*)就取自美国太空发射的真实事件，而获得奥斯卡大奖的《辛德勒的名单》(*Schindler's List*)也有其真实的故事背景。

尽管拍摄以真人真事为背景的作品有各种优势，但是由于拍摄题材中涉及"真人与真事"，影视公司就更需要谨慎处理相应的法律关系，以免卷入人格权的侵权诉讼中。一般而言，基于真人真事的再创作行为有可能涉及以下几种人格权：隐私权、名誉权(诽谤)、个人形象权等。下面几节就具体介绍这几种侵犯隐私权的情形以及电影公司应如何采取措施以避免卷入相关的人格权纠纷中。

---

① 本章中讲到的"人格权"特指"personal rights"，是指作为民事主体必备的、以人格利益为内容，并为法律所承认和保护的民事权利，它有别于著作权概念中的"人身权、精神权利"(moral rights)。

第一节 隐私权

一、隐私权概述

隐私权是一种基本的人身权利，指个人人格上的利益不受侵害，与公众利益无关的私事不得妄予公开发布，属于个人的私人领地不被非法侵入的权利。隐私权的保护源于一个基本的信念：任何人都有不被打扰的权利，都有决定以何种方式出现在公众面前的权利，除非他们已主动将自身置于公众视野内，或他们的隐私涉及公众利益。①

一般而言，侵犯隐私权的行为主要包括以下几种形式：(1)擅自公开个人隐私(publication of private facts)；(2)擅自侵入私人领域(intrusion)；(3)错误曝光不实的个人信息(false light)，严重时可能会导致"诽谤"(defamation)；(4)未经授权擅自商业性使用个人的名称、肖像、声音或其他具有个人特征的要素，即侵犯"个人形象权"(appropriation)。②

在娱乐产业中，虚构的影视作品一般很少涉及隐私权的问题，但基于事实拍摄的纪录片、人物传记片及历史片则因涉及对真人真事的描述，很有可能侵犯到相关人物的隐私权。因此，在本节中，我们将首先介绍三种侵犯隐私权的情形，即"擅自公开个人隐私"、"擅自侵入私人领域"及"错误曝光"。至于其他两种隐私权的侵权行为——"诽谤"及"侵犯个人形象权"，我们将在之后的两节专门介绍。

---

① Warren and Brandeis, "The Right to Privacy," 4. Harv. L. R. 193, 1890. Also see Cooley, *Torts* 29(2d ed.), discussing "the right to be left alone," 1888.

② See William L. Prosser, "Privacy," 48 Cal. L. R. 383, 389.

二、擅自公开个人隐私

在涉及“擅自公开个人隐私”的侵权纠纷时，原告需证明以下几个法律要件：第一，被公开的信息属于个人隐私；第二，被告有明确的公开披露行为；第三，被告的公开行为构成了对于原告的冒犯及侵扰；第四，被公开的个人隐私并不涉及公众利益。

就第一点而言，被公开的信息应是涉及个人隐私的“真实”的私人事实或信息。如果公开的私人信息是虚假的谎言，对于侵权性质的认定可能不仅是“擅自公开个人隐私”，被告还可能构成错误曝光，甚至是诽谤侵权。

关于第二点“公开的披露行为”，尽管被告披露信息的手段与方法也会被列入法院考虑的范围，但无论被告是在传统媒体如报纸、杂志或电视上披露，或是通过新媒体——如个人网站、社交网站、微博等渠道进行披露；不论被告是将某张告示贴在大街的橱窗上[①]，还是站在人头攒动的街道上或公共餐厅里大声宣布[②]，只要披露的受众达到一定的范围，即可视为公开的披露。

就第三点“对原告造成的冒犯与骚扰程度”而言，美国法院通常采用“正常普通人在相同情况下的反应”的标准，而不是以“原告个人的敏感程度”进行判断。换而言之，披露的信息是否对原告造成了骚扰，不以原告个人的主观反应为基准，而是以正常普通人在相同情形下是否觉得遭受了冒犯或骚扰为基准。在实际案例中，美国法院一般认为如果公开的个人事实及信息属于“宗教、性、政治”等

---

① *Brents v. Morgan*, 221 Ky. 765, 299 S. W. 967(1927).

② 92*Bennett v. Norban*, 396 Pa. 94, 151 A. 2d 476(1959); *Biederman's of Springfield, Inc. v. Wright*, 322 S. W. 2d 892(Mo. 1959, Public Restaurant).

领域，那么被告对于上述信息的披露应被认定为造成了对原告的冒犯及侵扰。

1931 年美国加州法院审理的“梅文诉雷德”(*Melvin v. Reid*)案就是一桩涉及侵犯个人隐私权的经典案例之一。[①] 在本案中，原告梅文太太原名盖博瑞·妲丽，曾经做过妓女，且是一桩谋杀案的被告嫌疑人。在法院判定她无罪释放之后，妲丽决定金盆洗手并改名换姓嫁给了出身上流社会的梅文先生，过上了令人羡慕的新生活。七年之后，被告导演根据妲丽女士的真人真事，拍摄了一部名为《红色和服》(*The Red Kimono*)的电影。片中讲述了盖博瑞·妲丽获得新生前的遭遇，包括其沦为妓女的经过及所涉嫌的凶杀案。一时之间，已改名换姓的梅文太太的生活再起波澜，不得不再次面对已被抛弃的不堪过去。梅文太太遂向该片导演提起诉讼。

在美国加州法院审理此案时，个人隐私权的法律概念尚未完全形成。但是，审理此案的法院依然根据十分宽泛的加州宪法，认为每个人都有权“追求和获得幸福快乐”，因此判定被告的行为构成侵权，从而支持了梅文太太的诉求。

关于个人隐私权的最后一个法律要件——即被公开的个人隐私是否涉及公众利益，这是在判断个人隐私权是否遭到侵犯时最为重要的要件之一。众所周知，世上并无绝对的权利。法律在保护个人隐私权的同时，同样要兼顾公众知晓权、言论自由权及新闻媒体的如实报道权。因此，如果被公开的个人隐私同时也涉及公众利益，如官员的个人财产或某上市公司的主管及其家属买卖公司股票的情况(可能涉及“内幕交易”)，那么任何第三方在基于公众利益的基础上，都有权利

---

① *Melvin v. Reid*, Cal. App. 285, 297 Pac. 91(1931).

公开上述涉及个人隐私的事实而不构成侵权行为。事实上，在涉及政府官员的隐私权侵权案例中，美国法院都无一例外地判定“公众知晓权”远远重要于官员的“个人隐私权”，认为政府官员有义务向公众公开其财产、宗教信仰、政治观点及其他私人事实和信息，以保证公众利益得到保护。我们将在之后的段落具体介绍新闻媒体的自由报道权。

三、擅自侵入私人领域

擅自侵入私人领域是另一种侵犯个人隐私权的行为。原告在提起诉讼时，需要证明以下法律要件：第一，侵权行为发生在原告的私人领地（如原告私人住所①、酒店房间②、游艇客舱③等）；第二，被告以物体或其他形式侵入了原告的私人领地，如窃听当事人谈话④、窃取私人账户信息⑤等；第三，上述侵入行为对于普通正常人而言是具有高度骚扰性的。同理，法院会采用“普通正常人的敏感程度”来判断侵入行为是否构成“高度骚扰性”，而不会仅以原告的“敏感程度”来做出判断。

---

① *Young v. Western &A. R. Co.*, 39 Ga. App. 761, 148 S. E. 414(1929)(search without warrant); *Walker v. Whittle*, 83 Ga. App. 445, 64 S. E. 2d 87(1951)(entry without legal authority to arrest husband); *Welsh v. Pritchard*, 125 Mont. 517, 241 P. 2d 816(1952)(landlord moving in on tenant).

② *Young v. Western* &A. R. Co., 39 Ga. App. 761, 148 S. E. 414(1929)(search without warrant); *Walker v. Whittle*, 83 Ga. App. 445, 64 S. E. 2d 87(1951)(entry without legal authority to arrest husband); *Welsh v. Pritchard*, 125 Mont. 517, 241 P. 2d 816(1952)(landlord moving in on tenant).

③ *Byfield v. Candler*, 33 Ga. App. 275, 125 S. E. 905(1924).

④ *McDaniel v. Atlanta Coca Cola Bottling Co.*, 60 Ga. App. 92, 2 S. E. 2d 810(1939); *Roach* v. *Harper*, 105 S. E. 2d 564(W. Va. 1958).

⑤ *Brex v. Smith*, 104 NJ. Eq. 386, 146 Atl. 34(Ch. 1929); *Zimmerman v. Wilson*, 81 F. 2d 847(3d Cir. 1936).

下面就以三个不同的案例来具体讲解"擅自侵犯私人领域"的侵权行为。

1. 公开场合的拍摄

在1984年美国纽约法院审理的"卡尔诉哥伦比亚广播公司"(*De Gregorio v. CBS, Inc.*)一案中,[①]哥伦比亚广播公司摄制组的成员在纽约街头拍摄一组关于"纽约春天浪漫故事"的片段。拍摄过程中,原告卡尔恰好与一位女士手牵手路过摄制组的拍摄地点。摄制组成员连忙趋前进行采访,询问卡尔对于春天及感情的想法。采访过程中,卡尔表现得十分紧张。他强烈要求摄制组立即删除其本人与同行女士手牵手的画面。原来,卡尔已经结婚,而其牵手的女士并不是他的妻子,而是他的同事。同时,这位牵手的女同事也已经订婚,即将结婚。但是哥伦比亚广播公司并没有接受卡尔的请求,依然保留了相关镜头,并在当晚播放了该节目。其中,卡尔与其婚外女友的牵手镜头在节目中长约四秒钟。卡尔随之提起诉讼,诉由之一为其隐私权遭到了侵犯。

美国纽约法院在审理此案时,认为被告拍摄的地点为纽约市街头,属于公众场合,并指出原告对其在公众场合的行为应有合理的期待值——即公众场合的行为举止是不享受"隐私权"保护的,从而驳回了原告的诉求。

2. "隐藏镜头"的拍摄

那么,对"隐藏镜头"在公众场合的拍摄又有如何的规定呢?在"威肯森诉国家广播公司"(*Wilkins v. NBC*)一案中,[②]被告国家广播

---

① *De Gregorio v. CBS, Inc.*, 473 N. Y. S. 2d 922, 925(1984).

② *Wilkins v. NBC*, 71 Cal. App. 4th 1066(1999). 值得一提的是,原告在进餐时并不知道被告是来自国家广播公司的记者,而以为是潜在的投资者。因此本案中还涉及其他诉由,如诈骗、隐瞒事实等,但均未被法院认可。

公司的记者在与原告吃午饭时，偷偷用袖珍摄像头记录了整个午餐会议的谈话内容。美国加州法院在判定被告是否侵犯了原告的隐私权时认为：双方用餐的地点是在马力布海滩餐厅的公共露台上，用餐的环境并不算隐蔽；旁边既有来回走动的侍应生，又有隔桌就餐的客人。因此，原告对于在这样的环境下展开的谈话就不应该有"高度隐私"的期待值。法院指出：如果原告希望其谈话是高度保密的，那么他们可以选择在隐蔽性更高的办公室或是私人会所进行，而不是选择在一个熙熙攘攘的公共餐厅的露台上。因此，即使被告用隐藏式镜头偷偷录制了整个谈话内容，被告的行为也没有侵犯原告的隐私权。

3. **"虚假简历"加"隐藏镜头"的拍摄**

在1992年美国第四巡回区上诉法院审理的"雄狮食品公司诉美国广播公司"（*Food Lion, Inc. v. Capital Cities/ABC, Inc.*）一案中，[①]法官对于被告使用"隐藏镜头"的行为却得出了相反的结论。本案中，被告美国广播公司的两位记者为了调查雄狮食品公司肉制品的生产质量，通过伪造学历及推荐信的方式，以虚构的身份获得了在雄狮食品工作的机会，并利用隐藏的摄像头秘密拍摄了原告工厂加工肉制品的整个过程。被告的节目播出之后，雄狮食品的肉制品销售额及股价应声而跌，原告随之提起诉讼。

一审法院在审理此案时，认为原告的工厂属于原告的私人领地，而被告通过欺骗的手段混入原告的工厂，因此构成了欺诈、擅自闯入私人领地及违反忠诚条约等几项侵权及违约行为，故判定被告侵权成

---

① *Food Lion, Inc. v. Capital Cities/ABC, Inc.*, 194 F. 3d 505(4th Cir. 1999).

立，应赔偿原告的损失。

然而，美国第四巡回区上诉法院在二审时却指出，虽然被告的行为确实侵犯了原告的隐私权，但新闻媒体应享有自由报道新闻的权利，尤其当该新闻涉及公众利益时。上诉法院指出：由于雄狮食品公司加工肉制品的过程涉及食品安全问题，因此公众有知晓实情的权利，而新闻媒体也有如实报道的权利。但法院同时指出：企业也同样享有控制其厂房进出安全的权利；在招聘员工时，企业有权利要求求职者提供真实的简历；在雇佣员工之后，企业同样有权利要求员工认真工作而不是作出破坏企业商誉的行为。因此，在平衡两者的利益——即公众知晓权与原告的权益之后，上诉法院裁定：被告侵犯原告私人领地的行为成立，但赔偿金额只限为两美元。

四、错误曝光

错误曝光，是指将与当事人无关的事情安置到当事人身上，从而造成公众的错误印象。譬如网上流传的某作家署名的文章与专访，若该作家根本没有写过上述文章，或从未接受过该杂志的专访，那么就构成了“个人信息的错误曝光”。

关于个人信息错误曝光的最早案例为英国 1816 年审理的“拜伦勋爵诉约翰斯顿”(*Lord Byron v. Johnston*)一案。① 该案中，原告拜伦勋爵是英国著名诗人，被告约翰斯顿以拜伦勋爵的名义发表并出版了若干首诗。拜伦勋爵发现后，指出很多著有“拜伦勋爵”名字的诗并不是他本人的作品，故要求法院对被告颁布禁令，禁止这些诗的进一

① *Lord Byron v. Johnston*, 2 Mer. 29, 35 Eng. Rep. 851(1816).

步发行。

目前，很多网上流传的“作家语录”及“名人专访”也常常并非出自该作家或名人之手，而是他人任意将某篇文章或某个事由安在某位作家或名人头上。这些行为其实都有侵犯隐私权的嫌疑。当“错误曝光”的情形严重到足以伤害当事人的名声与名誉并有诋毁之嫌时，就有可能构成“诽谤”行为。我们将在下一节专门介绍诽谤的侵权行为。

五、新闻媒体的言论自由

众所周知，世上并无绝对的权利。法律在保护个人隐私权的同时，同样要兼顾公众知晓权、言论自由权及新闻媒体的如实报道权。这就好像是一个硬币的两面，看似对立，但却不可分离。人格权是人人都享有的最基本的权利，因此每个人都享有保留其隐私不被他人窥探及打扰的权利。但是，若个人的隐私涉及公众利益或当事人为公众人物时，其所享有的隐私权也必然受到一定的限制。

1. 公众人物(Public Figure)

那么，何谓“公众人物”呢？公众人物大致分两种，一种是指那些在相关领域享有一定名声及影响力并被大众视为公众人物的名人，比如电影明星、体育明星、政府官员等；另一种则是自己原本并不出名，但由于某件事件引发公众注意从而成为公众人物的人，比如某刑事案件中的犯罪嫌疑人、受害人或目击证人等。①

美国案例法发展至今，对于公众人物的定义范围已经变得十分广

---

① *252 Jones v. Herald Post Co.*, 230 Ky. 227, 18 S. W. 2d 972(1929).

泛。公众人物既可以是政府官员[①]、演员[②]、职业运动员[③]、投资大亨[④]、探险家[⑤]、战争英雄[⑥],也可包括普通士兵[⑦]、潜水员[⑧]、乐团指挥家[⑨]等形形色色的人。

一般观点认为,公众人物并不享有隐私权;或者即使享有隐私权,其享有的隐私权范围也应小于普通人,理由如下。第一,多数公众人物是自愿将自身置于公众视野之下,宣传自己的私生活、个人喜好、日程安排及朋友圈,从而换取知名度、影响力及各种利益。因此当大众

---

① *New York Times v. Sullivan*, 376 U.S. 254(1964); *Martin v. Dorton*, 210 Miss. 668, 50 So. 2d 391(1951, Sheriff); *Hull* v. *Curtis Pub. Co.*, 182 Pa. Super. 86, 125 A. 2d 644 (1956, Arrest by Policeman)

② *Paramount Pictures v. Leader Press*, 24 F. Supp. 1004(WI. Okl. 1938), reversed on other grounds in 106 F. 2d 229(10th Cir. 1939); *Chaplin* v. *National Broadcasting Co.*, 15 F. R. D. 134(S. D. N. Y. 1953).

③ *Ruth v. Educational Films*, 194 App. Div. 893, 184 N. Y. S. 948(1920); *Jansen v. Hilo Packing Co.*, 202 Misc. 900, 118 N. Y. S. 2d 162(Sup. Ct. 1952), aff'd, 282 App. Div. 935, 125 N. Y. S. 2d 648(1953); *O'Brien v. Pabst Sales Co.*, 124 F. 2d 167(5th Cir. 1941) (all-American football player).

④ *Corliss v. E. W. Walker Co.*, 64 Fed. 280(D. Mass. 1894); *Thompson v. Curtis Pub. Co.*, 193 F. 2d 953(3d Cir. 1952).

⑤ *Smith v. Suratt*, 7 Alaska 416(1926).

⑥ *Stryker v. Republic Pictures Corp.*, 108 Cal. App. 2d 191, 238 P. 2d 670(1951). *Accord*, *Molony v. Boy Comics Publishers*, 277 App. Div. 166, 98 N. Y. S. 2d 119(1950), reversing188 Misc. 450, 65 N. Y. S. 2d 173(Sup. Ct. 1946)(hero in disaster)

⑦ *Continental Optical Co. v. Reed*, 119 Ind. App. 643, 86 N. E. 2d 306(1949).

⑧ *Colyer v. Richard K. Fox Pub. Co.*, 162 App. Div. 297, 146 N. Y. S. 999(1914)(本案中的公众人物为潜水者);

⑨ *Koussevitzky v. Allen, Towne & Heath*, 188 Misc. 479, 68 N. Y. S. 2d 779(Sup. Ct. 1947), aff'd, 272 App. Div. 759, 69 N. Y. S. 2d 432(1947)(本案中的公众人物为交响乐团的指挥); *Gavrilov v. Duell, Sloan & Pierce*, 84 N. Y. S. 2d 320(Sup. Ct. 1948)(本案中的公众人物为舞蹈家); *Redmond v. Columbia Pictures Corp.*, 277 N. Y. 707, 14 N. E. 2d 636 (1938), Affirming 253App. Div. 708, 1 N. Y. S. 2d 643(本案中的公众人物为高尔夫球选手); *Gautier* v. *Pro-Football, Inc.*, 304 N. Y. 354, 107 N. E. 2d 485(1952, Performing Animal Act at Football Game); *Goelet v. Confidential, Inc.*, 5 App. Div. 2d 226, 171 N. Y. S. 2d 223 (1958).

及媒体对其个人生活发生兴趣时，这些公众人物也没有什么可以抱怨的。毕竟，在公众人物公开爆料以吸引大众眼球时，就应该有失去一定隐私的觉悟和思想准备。第二，某些公众人物的私事在曝光之后已经成为公众的谈资及公开事件，丧失了其私密性，故不应再将其视为个人隐私。第三，新闻媒体有如实报道公众人物及涉及公众利益事件的报道自由，而大众也有知晓权。因此，基于以上理由，美国法院在平衡个人隐私权及新闻媒体的言论自由权时，往往将公众人物作为一个特殊的群体来对待。法院对公众人物及普通百姓的区别对待正说明了其试图在保护隐私权与保护言论自由权这二者之间寻求平衡。

2. 公众利益(Public Interest)

同样，若某件事件涉及公众利益，那么媒体有如实报道的权利，公众也有知晓事情真相的权利。涉及公众利益的事件五花八门，基本上涵盖所有报纸杂志所报道的新闻内容，譬如政治动向、国际关系走势、军事动态、股票涨落、银行政策、法律法规的出台与变化、凶杀、劫机、火灾、水灾、地震等，以上种种都属于公众关心的涉及公众利益的事件。

值得一提的是，涉及公众利益的事件并不仅限于正在发生的新闻事件，同样包括已经发生的但具有历史意义的事件。换而言之，新闻媒体所享受的报道自由权与公众的言论自由权并不仅限于新闻报道，同样存在于书籍、文章、电影、电视、广播、戏剧、绘画作品及各种艺术创作中。

事实上，犯罪事实及罪犯的个人信息也因涉及公众利益，不受隐私权的保护。关于这个问题，美国法院在上世纪中期曾经有过十分激烈的辩论。曾经一度，美国法院认为隐私权的保护应同样适用于已经改过自新的罪犯，强调法律应给予他们重新开始生活的机会。① 然而，

---

① *Briscoe v. Reader's Digest Association, Inc.* (1971) 4 Cal. 3d 529, 93 Cal. Rptr. 866, 483 P. 2d 34(*Briscoe*).

美国最高法院在二十世纪七十年代审理的一系列判决中却否定了这个观点，认为虽然犯罪案件中的受害人及罪犯本人享有隐私权，但媒体同样享有新闻报道的权利，公众同样享有知情权。[①] 因此，在仔细平衡了个人隐私权与公众利益之后，美国最高院作出了如下决定：如果媒体是通过合法的方式或公开的官方资料获得了罪犯或受害人的个人信息，那么媒体有如实报道的权利，公众也有知晓事实的权利。[②] 根据上述原则，美国媒体及制片公司在拍摄关于罪犯的纪录片时，可直接使用官方记录的披露罪犯及其他涉案当事人的个人信息，而无需获得当事人的许可。

第二节　诽谤（名誉权）

前面谈到过，侵犯隐私权的另一种形式是“向公众宣布关于当事人的不实信息”——即错误曝光。在情形严重时，错误曝光有可能构成“诽谤”侵权。而新闻媒体担当着向公众提供各种信息的责任和义务。在新闻报道中，由于记者的疏忽或是信息来源的不准确，难免出现新闻报道失实的情形。那么何种报道会构成“诽谤”呢？新闻媒体又应该如何避免相应的侵权责任呢？

同样，除了传统的新闻媒体，普通个人及公司也有可能成为诽谤侵权的涉案方。在如今高度发达的网络世界里，几乎每个人都可以是新闻的发布者。任何人都可以通过博客、微信、微博、邮件、手机等各

---

① *Cox Broadcasting Corp. v. Cohn*, 420 U. S. 469(1975); *Okla. Publishing Co.* v. *District Court*, 430 U. S. 308(1975); *Smith* v. *Daily Mail Publishing Co.*, 443 U. S. 97(1979); *The Florida Star* v. *B. J. F.* 491 U. S. 524(1989).

② 同上。

种现代社交通讯手段充当着信息的发布及传播者。大家获得信息的渠道不同,信息来源有可能是准确的,也有可能是道听途说未经证实的。因此,如何正确理解“诽谤”侵权行为及如何避免侵犯他人的隐私权就变得十分重要。

一、诽谤侵权概述

诽谤的方式可以是书面的,也可以是口头形式的。但一般而言,要构成诽谤侵权,原告需证明以下几个法律要件:(1)被告做出了关于原告的不真实的,且有诋毁性质的言论。(2)上述不实且有诋毁性的言论已向公众发布。(3)被告做出的言论是关于原告的(就这点而言,法院一般认为即使被告没有明确指出原告的身份,但旁观者若能从报道的上下文对号入座,意识到上述言论是涉及原告的,那么也可成立)。(4)被告在做出不实言论时,有过失行为(媒体在报道新闻事件时,有调查事实如实报道的义务。如果新闻发布者未核实消息来源,任意报道关于原告的不实信息,那么被告的行为就存在过失,起码是“未能尽职”的过失行为)。

由此可见,错误曝光与诽谤侵权两者之间有交叉重合的地方。譬如两种侵权行为皆涉及对原告的不实言论与报道,且该不实言论都已对公众发布。但是,错误曝光与诽谤侵权之间的法律要件也有不同之处。譬如,基于错误曝光所引起的侵权之诉并不要求不实言论达到“诋毁性”的程度。只要报道是关于原告的不真实的、错误的言论,原告就可以“错误曝光”之由提起侵权之诉。但诽谤侵权则不同,它的门槛更高,要求关于原告的不实言论必须是“诋毁性”的言论。

那么,何种言论属于“诋毁性”的言论呢?美国法院一般采取“普通正常人在相同情形下的反应”为判断标准。经过多年案例法的发展，法院认为若言论涉及以下内容，就可视为“有诋毁性”：(1)言论提到原告涉及严重的刑事犯罪或道德败坏案件；(2)言论可能导致原告被公众嘲笑或讥讽；(3)言论中有贬低原告道德、品质、人格的内容；(4)言论中有严重影响原告财政状况的内容；(5)言论中有诋毁原告精神状态及健康状态的内容，以至于他人会因此拒绝与原告来往。

二、诽谤侵权的抗辩

当然，被告在涉及诽谤的侵权诉讼中，也享有充分的抗辩权。一般而言，最常见的抗辩理由有以下几种：(1)报道是真实的，不存在虚假内容。(2)报道已得到原告的同意与豁免。(3)报道涉及公众利益或公众人物，被告因此享有新闻媒体自由的豁免权。

如果被告提出第一种抗辩理由，并且能够证明其报道的关于原告的内容是真实的，至少绝大部分内容是真实的，那么显然原告的诽谤诉讼就无法成立。

在被告以第二种理由进行抗辩的情形下，如果原告已经通过书面或口头形式同意被告发表的言论，那么原告的诽谤诉求也不能成立。这也是为什么制片公司在拍摄基于真人真事的作品之前，一定会要求当事人签署豁免书的缘故。[①] 豁免书中的重要条款就是要求当事人放弃其部分人身权利，包括隐私权和起诉制片公司的权利。当事人一旦签署了豁免书，就视为“同意”制片公司发表的关于原告的言论，即使相关的言论表述未必完全属实，原告制片公司也常常会以“基于事实的艺术加工”为由做解释。

关于第三点“新闻媒体的豁免权”，是指当新闻媒体的报道涉及公

---

① 豁免书(Release Form)的样本可参考附录二。

众人物或公众利益时，除非能证明新闻媒体在报道时存在主观恶意，即明知其报道内容是虚假的仍坚持报道，否则新闻媒体可享受新闻媒体言论自由的豁免权。这一点在美国又被称为第一修正案的“言论自由”保护。

三、诽谤侵权与新闻言论自由之间的平衡

在新闻报道中，由于记者的疏忽或是消息来源的不准确，难免会出现新闻报道失实的情形。如果仅因为一点点失实的报道而追究新闻媒体的诽谤侵权责任，难免会造成媒体人的恐慌与集体失语。因此，在保证当事人的名誉权不受侵犯的前提下，同时要兼顾新闻媒体所享有的言论自由权与新闻豁免权。

美国多年的案例法已经形成了一套相对完整的平衡新闻媒体与当事人名誉两者权利的规则，即新闻媒体的豁免权。具体而言，这是指当新闻媒体的报道涉及公众人物或公众利益时，原告（公众人物）除了要证明被告（新闻媒体）的行为满足了诽谤侵权的一般法定要件之外，还必须证明新闻媒体在报道时存在“主观恶意”（actual malice），即明知其报道内容是虚假的，仍坚持做此报道，企图诋毁原告的名誉。

在1964年美国最高院审理的“纽约时报诉苏利文”（*New York Times v. Sullivan*）一案中，美国最高院首次提出了涉及公众人物的诽谤案的审理标准：若诽谤诉讼案件涉及公众人物（如政府官员），原告除了要证明被告做出了关于原告的不真实的，且有诋毁性质的言论之外，还必须证明被告存在“主观恶意”的诽谤企图①。

在本案中，被告《纽约时报》刊登了一条政治宣传广告。广告中的

① *New York Times v. Sullivan*, 376 U.S. 254(1964).

部分文字描述了美国南部黑人反种族歧视的非暴力运动，以及地方警察对该运动的镇压。原告苏利文是当地政府官员，主管警察、消防等治安部门。他认为《纽约时报》刊登的关于当地警察镇压学生运动的描述并不属实，且由于他本人主管当地警察局，因此被告作出的针对警察的不实且诋毁性的言论构成了对他个人的诽谤，故而提起诉讼。该案从阿拉巴马州一直上诉到美国联邦最高法院。

美国最高法院在审理此案时指出：宪法所赋予的保护言论自由及新闻出版自由的宗旨——尤其是新闻媒体与公众批评政府官员的自由——远高于对于个人名誉权的保护。因此，作为政府官员的原告在提起诽谤之诉时，除了要证明诽谤罪成立的一般要素——即"被告做出了关于原告的不真实的、且有诋毁性质的言论"之外，同时还必须证明被告在作出诋毁性言论时具有"主观恶意"——即明知其言论不真实，仍然故意作出诋毁性言论，企图诋毁原告的名誉。最高法院在查看相关证据之后认为：虽然被告刊登的政治广告中存在不实信息，但原告未能证明被告在刊登广告时具有主观恶意，且无明显证据显示被告广告中谈及的警察局涉及原告本人，因此认定原告诉求不成立。

值得注意的是，"主观恶意"的法定要件只适用于原告为"公众人物"的诽谤之诉中。若诽谤之诉的原告是普通人，那么原告并不需要证明新闻媒体在报道时具有"主观恶意"。普通人只需证明新闻媒体在报道时具有"过失"，即未尽到查清事实的责任，即可提起诽谤之诉。

公众人物与普通个人在提起诽谤之诉时的双重标准，充分显示了美国法院深刻意识到保护兼平衡公众人物、普通百姓与新闻媒体三方之间权益的重要性。一方面，美国宪法鼓励并支持新闻媒体的自由报道权及公众的知晓权，因此授予新闻媒体在新闻报道时享有一定的豁免权，使其不至于因为一点点的失实报道而遭受诉讼之灾；但另一方面，美国法院也认识到公众人物有别于普通百姓。由于公众人物自愿或不自觉地将自己放置在公众的视野中，且他们所遭遇的事情也多涉及公众利益，因此公众人物所享受的隐私权应不同于普通百姓所享受的隐私权。

第三节 个人形象权

个人形象权(the right of publicity)，也被称为“名人形象权”，源自于隐私权的一种。需要说明的是，个人形象权并不是名人的专属权利。它既适用于名人群体——比如电影明星、体育明星、政客等，也同样适用于普通人。美国俄亥俄州法官在1984年审理“文奇诉美国罐头公司”(*Vinci v. American Can Co.*)案时对此有很精辟的评论：“原告本人的知名度只应与其应获得的赔偿数额有关，并不影响对被告侵权责任的认定”。① 换而言之，个人形象权并不是名人的专属权利，如果普通人的个人形象权受到侵犯，也同样可以主张权利。

那么，个人形象权保护的具体范围是什么呢？在当事人提起个人形象权的侵权诉讼时，被告又可以做什么样的辩护呢？下面就这几个问题做一简单介绍。

一、个人形象权概述

个人形象权，是指个人有权控制代表其个体特征且具有商业价值

---

① “The degree of notoriety is relevant to damages rather than liability.” *Vinci v. American Can Co.*, 9 Ohio St. 3d 98, 459 N. E. 2d 507, 510(1984).

的形象要素，并由此获得报酬的权利。其中，代表个体特征形象的要素（persona）包括：个人姓名、声音、照片、形象、签名以及其他可区分个体特征的内容。

在美国早期的案例中，个人形象权并不是一项单独的人格权，而是作为隐私权的一部分进行保护。直到 1953 年的"海伦实验室诉套普斯口香糖公司"（*Haelan Laboratories, Inc. v. Topps Chewing Gum, Inc.*）一案中，美国第二巡回区上诉法院才首次将个人形象权作为一种单独的人格权加以确定并给予保护。① 本案中，一名棒球运动员与原告签署了许可合同，独家授权原告在口香糖广告上使用其姓名及肖像。被告为原告口香糖公司的竞争者，在明知上述事实的情形下，依然诱使该运动员与其签署了另一份许可合同，授权在自己的口香糖产品上使用运动员的姓名及肖像。原告随之起诉被告。

美国第二巡回区上诉法院的法官在审理本案时，首次提出了"个人形象权"的概念，并就其含义进行了具体解释。法官认为："除了独立的隐私权之外，每个人还应就其肖像的商业价值享有权利，即享有允许他人独占性地使用自己肖像的权利。……这种权利可以称之为'个人形象权'。可想而知，当名人（尤其是演员和球员）发现自己的肖像未经许可出现在报刊、杂志、汽车、火车或地铁上时，不仅他们的情感受到了伤害，同时，他们本应享有的因肖像授权而产生的经济权利也受到侵害。如果我们不对个人形象权进行单独的保护，那么这些名人也很难依靠自己的知名度取得赞助或广告费用"。②

至于个人形象权的保护期限，美国各州的法律规定也不尽相同。

---

① *Haelan Laboratories, Inc. v. Topps Chewing Gum, Inc.*, 202 F. 2d 866 (2d Cir. 1953).

② 同上。

有些地区(若纽约)认为个人形象权保护的是一种人身权利,只适用于活着的人。于是规定个人形象权的保护期限仅持续到当事人的有生之年,当事人死后,权利则终止。持这种观点的人认为即使当事人身后存在侵犯个人形象权的现象,鉴于当事人已不在人世,对其造成的侵害很小,因此可以不计。其他一些地区(比如加利福尼亚州及宾夕法尼亚州)则认为个人形象权保护的是一种财产权利,即将当事人形象进行商业性使用并因此获得报酬的权利。① 他们认为,即使当事人已经去世,其遗产继承人依然有权利决定如何使用当事人的肖像、姓名、声音等具有商业价值的要素,并由此获得报酬。因此,支持上述观点的州法律将个人形象权的期限延长到当事人终生及死后若干年。

二、中国对于个人形象权的保护:从"赵本山卡通肖像权案"谈起

中国现有的法律并没有对个人形象权进行具体的定义。然而在实际的案例中,当事人可以通过援引反不正当竞争法、主张肖像权等法律手段对个人形象权进行保护。譬如,2011 年北京法院在审理"赵本山诉天涯谷歌卡通肖像权"案时,就首次提到了类似个人形象权的概念。

本案中,被告天涯公司与谷歌公司为宣传其共同开发的互动问答产品"天涯问答",在未经许可的情况下,擅自在"天涯社区"多个页面中发布带有赵本山卡通肖像的 flash 广告。赵本山随之提起诉讼。一

① 譬如,1984 年修改的美国《加利福尼亚州民法典》("加州民法典")第 990 条规定,个人形象权是可继承的权利,可通过遗嘱、合同或信托的形式转让于受让人(继承人)。在公众人物去世后,其个人形象权依然可以在一段时间(50 年)内得到保护。

审法院审理时认为：赵本山是著名笑星、公众人物。其个人肖像具有明显的可识别性，观众依据旁白等，可以将涉案卡通形象明确指向公众印象中的赵本山本人的形像。法院同时指出，“卡通漫画作为绘画艺术的一种形式，只要能反映出具有可识别性的自然人形象，就可以成为保护肖像权的对象”。因此，法院认定被告天涯公司在未经许可的情形下，将赵本山的卡通形象用于营利性网站使用，已构成对赵本山肖像权的侵犯。北京一中院在二审时，支持了原审法院的决定，认为“对于饰演非特型角色的演员剧照或者小品剧照，该艺术形象与演员的本身形象具有密不可分性，群众也公认两者为一体，并符合公民肖像独特的基本特征，应当受到法律的保护”。

由此可见，中国虽然对“个人形象权”的保护没有具体的法律明文规定，但在实际的案例中已经对个人形象权——即具有可识别性的自然人形象的要素——提供了保护。

三、个人形象权与言论自由之间的平衡

法院在保护个人形象权时，同样要兼顾对于大众言论自由的保护。在关于如何平衡个人形象权与言论自由的讨论中，美国的多数学者和法官都认为，公众享有对文化偶像及知名人物了解、评论和批评的自由权利。知名人物的新闻价值注定它成为大众兴趣关注的焦点、文化生活中的某些象征，甚至会被视作某种文化现象或概念的代名词。和知名人物有关的报道、活动在人们的娱乐休闲生活中占有很大的比例，因此知名人物的个人形象也不可避免地成为大众言论表达中的一部分。因此，若无条件地赋予知名人物对其可识别性形象要素的垄断权，就等于赋予他们广泛控制他人未经许可使用其形象信息的权利，会压制与知名人物的形象要素有关的表达。这不仅阻碍创造性的

表达，同时还会妨碍新闻自由和公众表达的自由。① 因此，如何平衡个人形象权与表达的自由权就成为法院必须考量的问题。

美国各地法院在权衡个人形象权与表达自由权两者关系时，所采用的审查标准不尽相同，但总的来说包括以下几种方式：(1)新闻价值优先原则。这种标准指出：如果对于个人形象权的使用是出于新闻报道的目的，或该使用具有新闻价值并有利于公众利益，那么言论自由权则高于个人形象权；(2)转换性使用。转换性使用标准，源自于版权法中对于合理使用的判断标准。即如果被告对于个人形象权相关要素的使用具有转换性特点，并形成了新的具有特色的表达方式，那么法院应该保护这种新的表达方式，尽管这种表达方式可能选用了个人形象权的部分要素。

1. 新闻价值优先原则

美国的案例法普遍认为：个人形象权可用来阻止他人未经许可对知名人物的形象要素进行商业性使用(如商业广告)，但却不能禁止他人对其形象要素进行具有新闻价值的使用。“具有新闻价值的使用”是指在新闻写作、人物传记、历史、纪录片及其他传达事实信息的传统表达模式中的使用。

在1968年美国纽约州最高法院审理的“鲍尔森诉个性海报公司”(*Paulsen v. Personality Posters, Inc.*)一案中，②原告鲍尔森是一位著名的喜剧演员，其喜剧题材主要以政治及其他社会热点事件为主。1967年原告宣称要参加美国总统竞选，而被告则于同年在其商业海报上未经授权使用了原告的形象及“总统竞选”字样，随后被原告诉至法

---

① Madow, “Private Ownership of Public Image: Popular Culture and Publicity Rights,” 81 Cal. L. Rev. 125, 128(Madow), 1993.

② *Paulsen v. Personality Posters, Inc.* 299. N. Y. S. 2d at 501(N. Y. Sup. Ct. 1968).

院。纽约法院在判断被告对于原告形象在商业性海报上的使用是否侵犯了原告个人形象权时认为，原告作为享有盛名的喜剧演员，属于公众人物，其一言一行本身就引起公众关注，具有新闻价值。同时，原告参与总统竞选的事件同样具有新闻价值，事关公共利益，因此被告对于原告个人形象的使用属于具有新闻价值的使用，基于新闻价值优先、公众利益至上的原则，法院判定被告并未侵犯原告的个人形象权。

2. 转换性使用

在2001年美国加州最高法院审理的“喜剧III制作公司诉赛得普”(*Comedy III Productions, Inc. v. Gary Saderup, Inc.*)一案中，[①] 原告喜剧III制作公司享有“三个臭皮匠”节目的所有权利，包括三位主人公的个人形象权。[②] 被告赛德普是一位艺术家，他未经原告公司授权，用木炭画刻画了“三个臭皮匠”的形象，并使用在T恤衫等商品上，通过销售从中获利达七万五千美元。原告由此提起诉讼，被告则以“言论自由”作为理由进行抗辩。

加州最高法院在判断被告制作销售的带有“三个臭皮匠”形象的T恤衫是否可以享受“言论自由”的保护时，首先重申了美国案例法对于言论自由保护的几项基本原则。第一，言论自由所保护的客体不仅限于文字，还包括其他艺术表现形式，如绘画、图片、照相、雕塑等。[③] 第二，言论自由保护既适用于说明性的表达方式，也同样适用于娱乐

---

① *Comedy III Productions, Inc. v. Gary Saderup, Inc.*, 25 Cal. 4th 387, 106 Cal. Rptr. 2d 126, 21 P. 3d 797(2001).

② 根据1984年新增的加州民法典第990条规定，个人形象权是可继承的权利，可通过遗嘱、合同或信托的形式转让于受让人(继承人)。在公众人物去世后，其个人形象权依然可以在一段时间内(50年)得到保护。本案中，喜剧三制作公司就是喜剧作品“三个臭皮匠”中个人形象权的合法继承者。

③ *Bery v. City of New York*(2d Cir. 1996)97 F. 3d 689.

性的表达方式。[①] 第三,承载言论的载体既可以是新闻媒体的纸张,也可以是非传统的载体——譬如T恤衫、夹克等。[②]

随后,法院借用了版权法中对于合理使用第一要素"转换性使用"的判断标准,指出:被告在借用他人的个人形象权创作新作品时,如果新作品具有"转换性要素"(transformative elements),那么被告的新作品就可以得到"言论自由"的保护。反之,如果被告的新作品只是对于原告个人形象权要素的简单重复与模仿,那么法院则应保护原告的个人形象权。

至于何谓"转换性要素",法院指出要考虑以下几种情形:(1)被告的新作是否增加了新元素,如新的表达方式、更加深远的宗旨或与先前形象不同的特质;(2)原告的个人形象在新作中是作为新作的原始素材或是实质部分出现;(3)新作对于个人形象的转化是否已成为新作的主要表达方式,而不再局限于原告的个人形象等。如果被告的新作符合以上"转换性要素"的判断标准,那么保护言论自由的意义和价值就远高于个人形象权的保护;反之,法院应支持原告要求保护个人形象权的诉求。本案中,法官在适用了"转换型要素"的标准之后认为,被告的作品木炭画没有创造性的贡献,不符合"转换型"的标准,因此法官支持了原告对于个人形象权的诉求。

第四节 电影公司的侵权防范

纵观美国的案例法,不难发现制片公司(尤其是拍摄纪录片的公

---

① *Guglielmi v. Spelling-Goldberg Productions* (1979) 25 Cal. 3d 860, 868.

② *Ayres v. City of Chicago* (7th Cir. 1997) 125 F. 3d 1010, 1017; *Cohen* v. *California* (1971) 403 U. S. 15.

司）与其拍摄的当事人之间所产生的诉讼纠纷时有发生。那么，制片公司在拍摄时应如何尽可能地确保自己的拍摄不会侵犯到他人的隐私权呢？下面我们就简单介绍几种美国制片公司所采用的防范措施以供参考。

一、豁免书（Release Form）

首先，如果制片公司拍摄的是基于事实改编的纪录片、人物传记片及历史影片，那么制片公司应先努力取得片中真实历史人物的“豁免书”。这种“豁免书”又常被称为“弃权书”或“授权书”，其主要条款是要求当事人放弃其部分人身权（如隐私权等）及对电影公司提起诉讼的权利。① 电影公司在获得上述豁免书之后，就可以进行纪录片的拍摄，既不用担心其拍摄的内容过于真实以至于侵犯当事人的“隐私权”，也不用担心其部分虚构的情节有可能构成“诽谤”行为。②

获得“豁免书”的方式有两种，第一种是十分正式的书面形式。当事人在阅读律师起草的豁免书之后，同意并签署上述文件，明确放弃其部分隐私权，包括放弃起诉制片公司的权利。然而在现实中，要求当事人签署正式的豁免文件却未必是件容易的事情。设想某制片公司决定在情人节那天拍摄一些情侣浪漫过节的场面，镜头前走来一对对相依的情侣，记者趋前进行随机采访……可以想象在此时要求每对接受采访的情侣或路人签署书面的“豁免书”大概不是一件容易做到的事。采访小组可能因任务紧迫而无暇或忘记与入镜采访对象签署

---

① 电影公司在拍摄真人真事为基础的影片时，为取得当事人书面的“弃权书”，往往需要支付一定的费用。因此，类似的“弃权书”中除了包括当事人放弃其人身权的条款，往往还包括当事人向制片公司还原历史事件、提供咨询的条款。

② 当然，事实证明即使当事人签署了上述豁免书，依然有事后起诉电影公司的案例。

豁免文件，采访也可能因路人的不配合而受阻，例如接受采访的路人不愿意花时间多做停留，也可能在阅读豁免书之后拒绝签署。总之，种种实际困难都可能使得获得书面的豁免书成为一纸空谈。因此，为补救第一种豁免方式的不足，就产生了第二种获得豁免的方式。

根据美国案例法的发展，美国大部分法院认为：只要当事人清楚地了解正在发生的一切——即制片公司正在进行纪录片的拍摄，当事人已经入镜并有可能日后出现在广播电影电视的镜头中——且并未提出任何反对意见，那么就可视为当事人给予了“豁免权”。[①] 这种豁免方式被称为“镜头前的口头豁免”(On-Camera Verbal Release)。

根据“镜头前的口头豁免”方式，电影公司在拍摄当事人的过程中，需明确告诉当事人：目前正在拍摄某部纪录片，当事人入镜的场面有可能不被采用，也有可能被采用并出现在日后公开发布的电影、电视、DVD及其他媒体中。这时，只要被采访的当事人在听到上述说明后没有提出反对意见，同意继续拍摄，而拍摄镜头又忠实地记录了上述一幕，那么就可以视为电影公司已经获得了当事人的“口头豁免”。

二、剧本过关报告(Script Clearance Report)

如果电影公司的创作剧本是虚构的，不涉及真人真事，但为了防范偶然的巧合所导致的诉讼，电影公司常常会请律师再次将剧本中出现的所有人名、地名、公司名称、城市名称重复核查一遍，出具一个“剧本过关报告”，以确保其虚构的故事所发生的地点、人物、公司、店铺等名称与真实世界不存在巧合。这也就是为什么我们平时观看到的美国电影中出现的人名常常只有名字(first name)，而很少出现姓氏

① *Tomlin v. Churchill*, Case No. C603985(L. A. Cnty, Aug. 8, 1986).

(last name)的缘故。这正是电影公司为了避免巧合而采用的防范措施之一。

三、警示牌

之前已经谈到，侵犯隐私权的一个重要构成要素是“侵入到私人领地”。换而言之，如果拍摄行为发生在公共场所，或者被拍摄人已经授权，那么就不构成对于隐私权的侵犯。因此，电影公司在拍摄时，常常会在拍摄区域贴出一个警告指示牌，并注明“拍摄进行中，请绕行。若进入拍摄地，视为同意入镜”的声明，以免除自己的责任。

第五章　如何保护作品的创意

影视公司在寻找合适的拍摄题材时，一般会通过以下几种途径。一种是直接采用已经完成的文学作品，譬如将畅销小说改编成剧本，再拍摄成影视作品。很多畅销的影视作品，如《哈利波特》、《魔戒》、《饥饿游戏》就属于这种情形。它们首先是作为小说类作品存在，鉴于良好的市场反应，影视公司再决定将上述畅销书改编为电影或其他创作形式（如电视剧、电子游戏等）。另一种办法，则是海选“剧本梗概”或“素材”，寻找有趣的创意，再请职业作家根据剧本梗概或素材创作出拍摄所需要的影视剧本，最终拍摄成影视作品。

在美国好莱坞，许多作家的梦想之一就是他们的剧本或是创意能被电影公司所看中并拍摄成影视作品，从而名利双收。然而，这里面却涉及一个很有趣的法律问题——如何保护影视作品的“创意”或是“素材”。

在第二章“娱乐产业的著作权”中已经讲过，著作权并不保护思想（创意），而只保护思想的表达方式。一般而言，思想的表达方式越具体越独特，它受著作权保护的可能性也就越大。如果我们将一个影视剧本的发展简单归纳为：创意（idea）——剧本梗概（outline/synopsis）——脚本（treatment）——剧本（script）的话，那么每部分受著作权保护的程度也是不一样的。

具体而言，一个简单的关于“时空穿越、后宫争宠、王朝更替”的创意是不受著作权保护的。对于这点，大家都毫无争议。毕竟一个简单的创意落到不同的作家手里，就可能形成截然不同的作品。正如美国最高法院大法官布兰迪（Justice Brandeis）所称："思想正如空气般是免费的"。[①] 著作权法发展至今，思想不受著作权保护，已成为著作权法立法宗旨的基本原则之一。

那么，一份不到两页的"剧本梗概"是否受到著作权的保护呢？对于这个问题，实践中则是具体案例具体分析。一般而言，要根据剧本梗概的独特性来决定其是否受著作权的保护。如果剧本的梗概构思十分奇妙，具备了很强的独创性，那么它也有可能受到著作权的保护。同理，当一个不到两页的"剧本梗概或创意"发展为一个篇幅更长的"脚本"时，作品的独创性便能在其中得到更好的体现，脚本因此受到著作权保护的可能性也随之增加。最终，当一个"创意"演变为一本完整的小说或剧本——如《步步惊心》时，这本小说无疑就已经成为一部受保护的文学作品。

由此可见，在一部影视剧本的诞生过程中：从"创意"（idea）到"剧本梗概"（outline/synopsis），再到"脚本"（treatment），直至最终的"剧本"（script），其创造性是逐渐提升的，而受著作权保护的程度也在不断增强。

由于著作权不保护"创意（思想）"，只保护思想的表达方式，那么作家在向影视公司推销其剧本创意时，应如何保护自己的创意不被"剽窃"呢？下面我们将要谈到另一种法律手段——即通过合同法来保护剧本的"创意"。

---

① Justice Brandeis，"Ideas are as free as the air."Quoted from *Int'l News Serv. v. Associated Press*，248 U. S. 215，250（1918）.

第一节 以合同保护创意

创意往往是一部影视作品的起点，尤其对于电影公司而言具有很大的商业价值。虽然创意无法以著作权的形式进行保护，却可以通过合同的形式进行保护。

美国加州上诉法院在1970年审理的“布劳斯顿诉伯顿”(*Blaustein v. Burton*)一案中就涉及到影视作品“创意保护”的问题。[①] 法院在该案的裁判文书中指出：“正如律师和医生通过其专业知识向前来寻求帮助的客户提供建议一样，他们所提供的建议也是一种‘思想’，这种思想并不受财产权的保护。但是，这并不妨碍律师或医生为提供上述建议而收取费用——只要他们的客户主动寻求这种建议(思想)，并通过合同方式，表示愿意为此支付费用”。在本案中，法院特别强调，制片、作家与电影公司可以自由通过合同方式决定是否出售(购买)某作品的创意。

保护创意的合同一般有两种形式，一是明示合同，一是默示合同。下面就结合具体案例对这两种合同形式做一介绍。

一、明示合同(Express Contract)

合同的成立包括要约(offer)与承诺(acceptance)这两个步骤。其中，要约是指当事人一方向另一方发出的、希望与对方订立合同的意思表示。发出要约的一方为要约人(offeror)，接收要约的一方为受要

---

① *Blaustein v. Burton*, 9 Cal. App. 3d 161(2d App. Dist. 1970). 被告理查德·伯顿是美国好莱坞最著名的男演员之一，其前妻为伊丽莎白·泰勒。两人曾共同主演过以莎士比亚同名作品改编的电影《驯悍记》。本案中涉及的作品就是这部电影。

约人(offeree)。而承诺,是指受要约人同意要约的意思表示,即受约人同意接受要约的全部条件,并与要约人订立合同。

明示合同,是指合同的双方(要约人与受要约人)通过书面或者口头的形式,就合同的条款明确做出意思表示的情形。

在1990年美国加州法院审理的布瓦德诉派拉蒙电影公司(*Buchwald v. Paramount Pictures, Corp.*)一案中,①原告布瓦德是位职业剧作家,于1982年写了一个长达八页的名为《国王的一天》(*King for a Day*)的电影脚本。布瓦德称其脚本的灵感来自于当时伊朗国王访问美国的事件。随后,布瓦德与派拉蒙电影公司联系,兜售其脚本,并签订了电影期权协议,授权派拉蒙使用该脚本进行电影的拍摄工作。期权协议中规定:约定的期限,如果派拉蒙电影公司根据布瓦德的脚本拍摄了电影,那么布瓦德则有权获得报酬。该期权协议在随后的电影剧本创作的过程中续签了三次。我们将在之后的章节详细介绍何谓电影期权协议。

数年之后,派拉蒙电影公司拍摄并发行了喜剧电影《来到美国》(*Coming to America*),由美国黑人喜剧演员 Eddie Murphy(艾迪·莫非)主演。布瓦德声称,这部电影是根据他提供的脚本《国王的一天》进行改编并拍摄的,但影片未提及布瓦德的贡献,派拉蒙电影公司也未向其支付报酬。布瓦德随之提起诉讼。

美国加州法院在判断此案的性质时,认为这是一个十分清楚的"合同违约案件"。针对双方争议的焦点,派拉蒙公司制作的电影《来到美国》是否是基于布瓦德的电影脚本《国王的一天》而创作完成,法院认为:

---

① *Buchwald v. Paramount Pictures, Corp.*, No. C 706083, 1990 Cal. App. LEXIS 634, 13 U. S. P. Q. 2d(BNA) 1497. (Sup. Ct. Cal. Jan. 31, 1990).

最终完成的电影与布瓦德的电影脚本在故事梗概及人物角色方面十分近似，且派拉蒙电影公司有足够的时间和机会去研究布瓦德的脚本，因此判定派拉蒙之后拍摄的电影是基于布瓦德的电影脚本改编而成。鉴于派拉蒙未按照期权合同的规定向布瓦德支付酬劳，其行为构成违约。

上述案例说明即使著作权法未必能够保护只有数页之长的电影脚本或创意，但是谈判双方若同意以合同的形式对此创意进行保护，那么该合同依然有效，合同双方也应依照合同条款履行其义务。

二、默示合同(Implied Contract)

默示合同，是指当事人不以口头或书面形式，而是通过实施某种消极行为进行意思表示的情形。举例说明，要约人如在要约中规定："如不同意，请予回答；否则视为同意"，那么该合同就是一种默示合同。此时，若受要约人在约定期限内未作答复，则可视为同意该要约，由此合同形成。

在美国娱乐产业里，由"默示合同"而引起的"创意窃取"纠纷常被形容为"戴斯尼纠纷"(Desny Claims)。这个名称来源于 1956 年美国加州法院审理的"戴斯尼诉怀德案"(*Desny* v. *Wilder*)。[①] 本案中的原告戴斯尼是一位职业作家，被告怀德(Billy Wilder)是美国著名的导演，曾两次获得奥斯卡最佳导演奖。本案中，原告戴斯尼基于多年前发生的"美国探险家科林受困洞窟 14 天，最终救援不及而遇难"的新闻报道，自行创作了一个长达六十页的电影脚本，讲述了探险家科林受困并遇难的故事。戴斯尼创作的这个电影脚本中既包含了基于新闻报道的真实内容，也不乏大量虚构的情节。

---

① *Desny v. Wilder*. 299 P. 2d 257. (Cal. 1956)

在完成电影脚本之后，戴斯尼致电派拉蒙电影公司，试图向该公司导演怀德兜售其电影脚本。怀德的秘书接听了戴斯尼的电话，在了解了戴斯尼的来电意图及其脚本的大致情况后，她向戴斯尼提出需要先压缩脚本长度再进行洽谈的要求。戴斯尼按照要求将脚本压缩至三页，并在接下来的与怀德秘书的电话商谈中将压缩后的脚本一字一句地念给对方听，同时明确告知对方"希望被聘用为电影的编剧"。怀德的秘书表示知晓，并承诺"如果我们采纳你的脚本的话，自然是会支付酬劳的"。

事情后来的发展却是一波三折：导演怀德很喜欢这个创意，并将之拍摄为电影《倒扣的王牌》(*Ace in the Hole*，又译为《洞里乾坤》)。电影中有部分情节明显是按照戴斯尼的脚本中虚构的创作部分拍摄的。[①] 然而，怀德却并没有聘请戴斯尼作为电影的编剧，也没有向他支付任何费用。戴斯尼随之提起诉讼。

美国加州法院在审理这个案子时，认为戴斯尼与怀德之间已经形成了一个"默示口头合同"。法官认为：戴斯尼在推销他的脚本时，明确提出"希望获得报酬并被聘用为电影编剧"的意思表示，而怀德的秘书也同样作出了"若脚本被采纳，公司会付酬"的承诺。双方虽然没有签订书面的合同，但怀德根据戴斯尼创作的脚本而拍摄电影的行为，实际就是以"实际行动"表达了对戴斯尼要约的接受。因此，法院认定默示合同成立，导演怀德构成违约，作家戴斯尼胜诉。

继"戴斯尼诉怀德"案之后，美国加州法院和纽约法院先后又审理过不少类似的"创意剽窃案"。[②] 其中，原告的诉求基本都是以"合同

---

① 该电影后被题名为奥斯卡最佳改编剧本奖。

② *Blaustein v. Burton*, 9 Cal. App. 3d 161(1970); *Mann* v. *Columbia Pictures*, *Inc.* (1982), 128 Cal. App. 3d 628[180 Cal. Rptr. 522]; *Gross* v. *Miramax Film Corp.*, 383 F. 3d 965(9th Cir. 2003).

法”及“著作权法”为基础。综合此类案例中法院的审理思路,可以归结出以下几方面要点。

第一,默示合同的双方应为业界专业人员,双方的意思表示应属于行业惯例。在“戴斯尼诉怀德”案中,原告戴斯尼是位职业作家,以兜售脚本为生。他打电话到怀德办公室的目的十分明确,是为了兜售他的脚本,希望怀德能够采用并支付报酬。而怀德的秘书对戴斯尼的背景和期待值也十分清楚。

假设本案的原告不是一位职业作家,而是一位餐厅的服务生;双方的交谈也不是在正式的会议场合,而是发生在服务生端盘上菜的过程中;如果这位服务生一时兴起向导演毛遂自荐所谓的“剧本创意”,随后又声称他的创意被怀德盗取拍摄成了电影,那么法院未必会支持服务生的诉求。

第二,原告剧本的创意应该是十分具体独特的,并且独特到“原告能够证明被告所采纳的创意与其创意是相同”的程度。如果原告的剧本创意十分概括,只是一个关于“探险家受困遇难”的故事,那么法院是很难判定被告的“窃取行为”成立的。

值得一提的是,在近几年的关于“创意剽窃”的相关案例中,美国加州和纽约州地区法院正在逐渐放宽对于创意新颖性的要求。[①] 法院认为,如果争议双方签有明确的合同条款,那么法院将不审查涉及的创意是否具体独特。毕竟按照合同自治的原则,在不违背相关法律法规的前提下,合同双方享有充分自由谈判、签署合同条款的权利。只有当争议双方没有签订明确的合同时,法院才需要根据争议脚本的独

---

① *See Stanley v. Columbia Broad. Sys. Inc.*,35 Cal. 2d 653,674—5 (1950);*Apfel* v. *Prudential-Bache Sec.*,*Inc.*,81 N. Y. 2d 470,473(1993).

特性进而判断被告是否构成剽窃。

第三，原告在提起以创意被剽窃为案由的诉讼时，负有举证责任。在“戴斯尼诉怀德”案中，原告戴斯尼保留了他长达六十五页的电影脚本，也保留了后来压缩过的三页创意梗概。最重要的是，戴斯尼有写日记的习惯。在与怀德秘书的两次通话之后，戴斯尼都忠实地记录了通话发生的日期、时间及内容。上述证据在诉讼中成为原告最强有力的证据，也决定了戴斯尼的最终胜诉。

第二节　电影公司的相应对策

为应对日益增多的作家提起的“创意窃取”诉讼案，电影公司也相应采取了更为谨慎的策略。

一、拒绝接受“未经邀请主动提供的创意”(unsolicited ideas)

按照目前大多数美国电影公司奉行的政策，电影公司一般拒绝接受“未经邀请主动提供的创意”。电影公司的内部员工守则中一般规定，对于所有未经邀请主动提交的创意，公司内部员工一律不许打开信封或阅读其中资料，以免因创意剽窃引来纠纷。

二、由经纪代理出面提交

若电影公司的员工无意之中打开了信封并阅读了其中的创意材料，或通过其他渠道阅读了作家提交的创意，电影公司的法务部将介入，集中处理上述情形。一般而言，电影公司的法务部会将作家提交的所有材料一并寄回，并附信一封，说明“公司不接受未经邀请主动提交创意"的原则,并建议作家通过专业的经纪代理联系电影公司提交创意。

三、提交协议(Submission Agreement)

前面讲到电影公司拒绝接受"未经邀请主动提供的创意",但这并不意味着未经邀请,作家就完全没有机会推销他的创意或脚本。作家还是可以不经过代理公司,自行与电影公司进行交涉的。但上述做法的前提是——作家必须在提交创意、梗概或剧本时签署《提交协议》,同意放弃对电影公司的追诉权。

《提交协议》并无统一的格式,一般由电影公司起草,提交者并无讨价还价的余地。当然,《提交协议》的条款也不能过于霸道,否则日后双方就合同条款发生纠纷时,法院有可能以"合同条款违背公共政策"为由,判定合同条款无效。

一般常见的《提交协议》主要包括以下条款:第一,作家希望电影公司考虑其提交的创意或剧本材料。第二,作家承诺本人是提交的创意或剧本的唯一合法作者,对提交的创意或剧本享有知识产权,且创意或剧本中没有任何侵犯他人知识产权的内容。第三,作家认同电影公司可能已接触过类似的创意或剧本,故同意电影公司无需承担对创意或剧本的保密义务。第四,作家了解电影公司有接受或拒绝所提交的创意或剧本的权利。

第六章　如何取得影视作品的剧本

一部影视作品成功卖座的原因有很多,但关键之一是要有一个好剧本,有一个引人入胜的好故事。获得的剧本方式有几种,最常见的是由制片公司直接挖掘到一部现成的作品(如小说或戏剧作品),继而同该作品的权利人洽购作品的版权,尤其是基于该作品拍摄影视作品的权利。近年来较为卖座的国际大片,如《哈利波特》、《指环王》、《饥饿游戏》都是出自现有的小说文学作品。同样,国内热播的很多电视连续剧,如《暗算》、《蜗居》、《步步惊心》也是出自畅销作家的小说作品。在上述情形下,影视公司在阅读现成的小说作品并发生兴趣之后,与小说的权利人进行购买版权的谈判,进而获得作品的全部版权或部分版权,如将小说改编并拍摄为电影或电视的权利。

当然,影视公司也可以通过雇佣专业作家,为某部电影或电视作品量身定做的方式获得影视剧本。本章将专门介绍这两种取得剧本所有权的常用模式。

第一节　购买已有的文学作品

在第二章娱乐产业的著作权部分,我们已经简单介绍过著作权(版权)是可以分割的权利(separation of rights)。换而言之,一部小说作品的版权可以具体划分为:书籍出版权(纸质书或电子版)、电影权、电视权、舞台剧权、主题乐园权、电子游戏权等。作家在兜售自己的作品时，不需要将所有的权利转让给一家公司，而是可以根据具体情况（如公司所擅长的领域及出价情况）将作品的各种权利转让给不同的公司。举例而言，《哈利波特》的作者罗琳女士可以将其小说的各种语言版本的出版发表权授予全球不同地区的出版商，甚至书籍出版权也可以细分为纸质书籍出版权、电子书籍出版权（如亚马逊的电子书阅读器 Kindle）以及有声书籍（audio-book）出版权；将小说作品的电影权授予华纳兄弟电影公司；将作品的主题乐园权授予环球电影公司。这个过程中，就出现了涉及同一个作品的不同权利的许可与转让，并可能涉及不同的地域。

美国电影公司在洽购已有作品的权利时，首要任务是要取得基于原作品拍摄电影的权利，并根据需要一并取得拍摄电影续集或前传的权利。有时，制片公司也会要求获得其他的权利，譬如制作电视连续剧的权利、开发电子游戏的权利、将作品中的角色造型纳入主题乐园或是根据角色造型生产衍生商品的权利。当然，在这种情况下，电影公司无疑要支付更多的费用来购买更多的权利。

一、期权协议（Option Agreement）

鉴于直接购买现有作品电影权的价格不菲，电影公司在购买剧本时，往往并不是直接购买其电影权，而是通过“期权协议”获得在未来一段时间内独家开发该剧本的“选择权”，从而确保其在一段时间内对该剧本享有独家开发权，但同时又可以避免一次性支付一大笔购买费用。

期权（option），是一种选择权，原指一种能在未来特定期限内以特定价格买入或卖出一定数量的某种特定商品的权利。期权的持有者可以在该项期权规定的期限内享有买或不买、卖或不卖的选择权利。他可以实施该权利，也可以放弃该权利，而期权的出卖者则只负有期权合约规定的义务。

在影视领域，期权是指影视公司通过支付一笔“期权费用”（option fee），获得在未来特定期限内（option period）独家开发拍摄该剧本的权利。制片公司在期权协议所规定的期限内，需要进行影片融资、雇佣导演及主要演员、开发剧本及其他拍摄的前期工作。在期权期限到期时，如果制片公司仍无法找到足够的投资或者已经失去拍摄的兴趣，那么制片公司可以选择放弃拍摄该作品的期权。此时，作品的电影权或电视权就回到了作品的权利人手里。若制片公司在期权到期时已经充分做好了所有的拍摄准备（包括融资、雇佣拍摄班底等），那么便可按照期权协议的规定行使购买权，支付全额的“购买价格”（purchase price），从而获得完整的作品的电影权或电视权。

鉴于电影制片公司通过签订期权协议的方式，得以凭较少的期权费用换取在未来一定期限内获得独家开发该剧本的权利，因此期权协议是美国电影制片公司在获得剧本时最常用的法律协议之一。有鉴于此，我们将重点介绍一下期权协议中的部分重要条款及含义。

二、期权协议的主要条款

1. 期权费用

期权费用是期权协议中的一个谈判要点。无论电影公司最终决定是否拍摄该部作品，期权费用都是不予退还的，因此它是作品权利人可以确定收取的最低费用。

期权费用并无固定的价码，一般是作品最终购买价格的十分之一。如果在期权协议到期时，电影公司决定不拍摄该作品，那么作品的电影权就回归到作品权利人处，且权利人可以保留电影公司已支付的期权费用。

期权费用一般由以下几个因素决定：(1)该作品的热门程度。若同时有几家电影公司都表示对这个剧本感兴趣，那么作品的期权费用往往会被抬高。(2)作者的知名度。如作者是已成名的畅销小说作家，那么期权费用也会升高。(3)作者与制片公司之间的关系。若双方曾经有过良好的合作，那么这点对谈判也会有影响(往往是正面影响)。(4)制片公司的经济实力。美国六大电影公司由于享有雄厚的财力背景，支付剧本期权费对他们来说根本不在话下。但是，独立制片公司则因为缺少强大的财力支持，在支付期权费用时往往出价偏低，甚至有时会仅以象征性的"1 美元"作为期权费用。(5)期权期限。一般而言，期权协议中规定的期权期限越长，所支付的期权费用越高，反之亦然。(6)拍摄作品的表现形式。通常而言，电影作品的期权费用会高于电视剧的期权费用。

2. 期权期限

期权期限，是指制片公司需要做出是否行使开发拍摄该作品的权利期限。制片公司需要在期权协议所规定的期权期限内，做出拍摄电影或是不拍摄电影并放弃行使期权的决定。

期权期限由双方协议商定，自三个月到两年不等。当期权费用很低的时候(如支付象征性的 1 美元时)，期权期限也会很短，多为 3 到 9 个月。最常见的期权期限为 12 到 18 个月。

作为影视制片公司，自然是希望期权期限越长越好。但作为作品的权利人，则是希望期权期限越短越好。若签订期权协议的制片公司最终没有能力或者缺乏兴趣将该作品拍摄为影视作品，那么权利人(如作家)至少可以尽快重新寻找其他有兴趣的买方。

3. **期权延期**(Option Extension)

期权期限是可以延长的。制片公司在期权期限快到期时,倘若仍需更多的时间来融资或是寻找拍摄班底,那么可以通过支付额外延期费的方式延长原有的期权期限。

4. **购买价格**

购买价格,是指制片公司在期权期限到期并决定行使期权时,同意支付购买作品电影权的最终价格。购买价格与期权价格一样,在期权协议的谈判时就已决定,并明确写在协议中。

美国作家协会通过集体谈判所制定的《最低基本协议》中规定,制片公司在购买原创剧本时,支付作品电影权的价格不得低于＄45,000—＄90,000 的范畴。当然,美国作家协会只是规定了购买价格的最低范畴,其具体成交价只要不低于最低价格,皆可由作家与制片公司双方协商决定。

通常,作家会要求将作品电影权的最终购买价格与影视作品的总预算挂钩,譬如约定购买价格为影片总预算的 1%到 3%左右。当然,为了保证作家能够获得一定的最低报酬,作家往往会在期权协议中增加一条“购买最低价”(floor)的条款。譬如“作品权利人所收取的购买价格应为电影预算的 2%,但最低不得低于 20 万美元”。另一方面,由于拍摄电影常常会发生预算超支的情形,因此制片公司也会要求在协议中加上一条“购买最高价”(ceiling)的条款,从而控制其所需支付的购买价格。

5. **奖金红利**(Contingent Compensation)

通常,期权协议中会包括一条关于“奖金红利”的条款,主要是指若基于该作品拍摄的电影或电视剧日后获得奥斯卡奖或国际奖项时,作家可分得奖金红利。该条款有时也与电影的票房挂钩,譬如若电影票房超过多少数额时，电影公司承诺向作品的权利人支付一定比例或数额的奖金红利。

6. **编剧署名**(Credit)

编剧署名一直是个颇为棘手的问题。制片公司在将小说改编拍摄为电影或电视剧时，不一定会请该小说的原作者来改编，往往会另外聘请编剧，将原小说作品改编为适合拍摄的剧本。此时所聘请的编剧作家未必是小说作品的原作者，这就出现了最后的影视作品应该署谁的名字的问题。同时，某些制片人、导演甚至演员，在拍摄过程中也会忍不住要将自己的“创作火花”临时添加到电影剧本中。此时，电影作品的最终编剧署名究竟应是原小说的作者呢，还是制片公司专门聘请的编剧呢，或是所有参与剧本构思与创作的人员呢？如何处理编剧的署名，这无论在中国或是美国都是一个颇有争议的话题。

为了解决上述争议，美国作家协会在《最低基本协议》中专门制定了有关确定影视作品“编剧署名”(screenplay credit)的制度，规定了何种编剧基于何种贡献，方可享有最终影视作品的署名权。同时，《最低基本协议》还规定了由影视作品的编剧署名所产生的争议应交由其内部的仲裁争议机制解决。

一般而言，若某部电影是根据同名的小说或故事改编，那么电影的片名上需注明：“基于 XXX 的同名小说改编”。若电影的名称已不同于原先的小说或故事，则需在片头注明“基于 XXX 著的 XXX 小说改编”的类似字样。

7. **授权范围**(Grant of Rights)

授权范围是期权协议中最重要的条款之一。实际上，授权范围(grant)是所有涉及知识产权许可(IP License)以及知识产权转让协议(IP Assignment)中最核心最重要的条款。该条款决定了作品转让或许可的授权范围，直接决定了授权人与被授权人双方之间权利支配与利益分享的关系。简单地说，这个条款谈的就是买方花钱到底买了什么东西，拥有什么权利。

授权范围所覆盖的内容很广，一般包括授权作品的定义、授权的权利内容、地域范围、独家授权或是非独家授权、授权是否收费、被授权人是否有权进行再授权等。此处就最常见的几项授权做一介绍。

(1)授权作品(Work)。这一点比较容易理解，即明确买方(电影公司、被许可人或受让人)付钱购买的作品为何。在娱乐产业，购买的标的物可能是一部小说作品，也可能是一部戏剧作品或是漫画作品。在知识产权的大框架里，标的物则可能是某个专利发明、某个商业秘密(如化学配方)、计算机软件、商标或其他。

(2)授权的权利内容(Rights)。在期权协议涉及一部小说作品时，授权的权利内容可以包括作品的书籍出版权、电影权、电视权、舞台剧权、主题乐园权、衍生商品权等。上述权利的分割方法是影视产业根据其衍生作品的不同属性所决定的。

当然，合同双方也可以按照其他的分类方法来决定权利内容。在第二章“娱乐产业的著作权”一章中，我们谈到过著作权可分为“复制权、演绎权、传播表演权”等，因此，授权的权利内容也可以根据著作权本身的属性进行分类许可。例如可在条款中约定，“权利人兹授权期权购买人(被许可人或受让人)享有复制、发表、出版该作品的权利”，即根据著作权的权利分类来决定所授予的权利。

实践中，最常见的是将以上两者——“娱乐产业的权利分类”与“著作权的权利分类”相结合的做法。比如，“权利人(作家)兹授予××影片公司享有根据题述小说改编、制作、发行电影作品(演绎作品)的权利”。上述条款，就是结合了两种权利分类的授权条款。它既明确了授权的权利内容只限于“电影权”，不包括“书籍发表权、电视权等”，又同时指明其享有的著作权属性为“改编权、演绎权及发表权”。

这里值得一提的是，如果期权协议中的授权范围是指作品的“电影权”，那么协议中最好同时规定该电影权是否包括拍摄电影续集、前传或重拍的权利。同时，影片中角色人物的权利归属也应做一规定。

(3)授权的地理范围(Geographic scope)。授权范围是在哪些国家，中国、美国、亚洲或其他国家地区。在这里要做到定义准确，尽量避免歧义。譬如，“中国”需详细定义为仅指“中国大陆地区”，还是指广义的“大中华”地区，如包括大陆、台湾、香港、澳门等华语地区。再比如“欧洲”也是一个很广泛的概念，需具体定义为仅指“欧盟国家(即不包括瑞士)”，或是泛指“欧洲大陆地区”？若为后者，又需说明是否包括“英国”(非欧洲大陆地区)或其他与亚非接壤的国家，如“俄国”、“乌克兰”、“土耳其”等。

(4)授权所包括的媒体或媒介(Medium)。随着新科技的不断发展与涌现，授权的媒体与媒介也变得十分重要。譬如，作品电影权的传播媒介是仅限于传统的院线(Theatrical Release)，抑或同时包括蓝光光碟、DVD、家庭影院(VOD)、收费电视(Pay TV)、互联网以及飞机等交通工具上配备的移动电视？同样，小说的出版权除了纸质出版权之外，是否还包括电子书出版权、甚至有声读物出版权(audio-book rights)呢？为了应对不断涌现的新技术，越来越多的合同在规定授权的媒介时，倾向于使用下述文字：“授权媒介包括所有已知，或未来出现的媒介……”。

当然，值得注意的是，如上所说的广泛许可(转让)条款对于被许可人(受让人)显然是有益的，但对于权利人却未必如此。作为购买方(被许可人或受让人)，他们显然希望在同等价格下获得的权利越多越好。但是对于权利人而言，则恰恰相反。他会希望将授权范围规定的窄一点，为日后继续许可其他权利及作品媒介留下余地与空间。

(5)协议的排他性：如果涉及的合同是一份许可协议，还需声明该授权是“排他性许可”(exclusive license)或是“非排他性许可”(non-exclusive license)。一般而言，“非排他性许可”可以是书面协议，也可以是口头形式，甚至是默示形式。但是“排他性许可”则必须以书面的形式存在，并由双方签署方可生效。

8. 权利保留(Reserved Rights)

与第七条“授权范围”相对应的条款是“权利保留条款”。在该条款中，授权人(如作家)可明确规定哪些权利不在授权的范围之内，属于权利人特别保留的权利，以避免因可能的歧义造成日后的纠纷。譬如，小说作品的作家在授予制片公司剧本的电影权时，往往会明确表示要保留作品的“书籍出版权、电视权、电子游戏权、舞台剧权等”。除非制片公司愿意支付高价购买作品的所有版权，作品的权利人一般都会声明保留作品的部分权利，以期日后通过这些权利进行再许可或转让从而获利。

9. 第一谈判权与最终否决权(First Negotiation and Last Refusal Right)

对于电影制片公司而言，拥有剧本的“第一谈判权”(The First Negotiation Right，又称为“优先购买权”)以及“最终否决权”(The Last Refusal Right)是十分重要的。举例说明，若华纳电影公司拥有了《哈利波特》作品的第一谈判权，那么作家罗琳女士在完成写作并决定兜售该作品时，必须首先给享有“第一购买权”的华纳电影公司过目。只有在华纳审阅了作品并明确拒绝购买其小说的电影权之后，罗琳女士才可以将该作品给其他的电影公司过目。“第一谈判权”的条款保证了电影公司能够优先审阅作家的新作品，同时对是否购买该作品电影权及其他权利也享有优先决定权。

与“第一谈判权”紧密相关的另一法律概念为“最终否决权”。实践中，“优先购买权”与“最终否决权”有时是同时存在的两个条款。同样以《哈利波特》为例：假设罗琳女士根据与华纳签订的“第一谈判权”的条款，首先向华纳兄弟展示了其《哈利波特》的小说作品，而华纳在审阅该作品后，因为缺乏兴趣，或者虽有兴趣但条件无法谈拢，从而决定放弃剧本的购买权时，罗琳女士可以转身与其他的电影公司进行作品电影权的兜售谈判。假设罗琳女士与第三方电影公司达成了作品电影权转让的共识，这时按照“最终否决权”的规定，罗琳女士必须将与第三方电影公司达成的协议条款再向华纳兄弟出示，询问华纳兄弟是否愿意以相同的条件购买剧本的电影权——这就被称为“最终否决权”。此时，华纳兄弟就有了再次评估作品的机会，且要在很短的时间内做出是否愿意以与第三方电影公司承诺的相同条款购买作品电影权的决定。

由此可见，第一谈判权与最终否决权对于制片公司是十分重要的。前者保证了制片公司有优先审阅新作品的权利，而后者则保证了作者与第三方制片公司最终达成的条款同样适用于参与首轮谈判的制片公司，从而避免了作者在与第一家制片公司首轮谈判时要价过高导致谈判失败，但作者转身与第三方电影公司谈判时条件优惠而达成协议，使得首轮谈判的制片公司错失良机的情形。

当然，作为第三方电影公司，它是非常不希望看到与其谈判的作家签署了授予其他电影公司“最终否决权”的。这就意味着无论该电影公司与作家为谈判付出了多大的努力，最后的谈判结果都面临着被享有“最终否决权”的电影公司临门一脚“夺走胜利果实”的可能性。

因此实践中，若第三方电影公司得知作家已经与其他电影公司签署了“最终否决权”的条款，那么对于是否要与作家谈判，态度会十分谨慎。第三方电影公司通常会在做了充分的调查工作之后，才会开启谈判。毕竟任何一家公司都不希望自己投入大量精力而得来的谈判成果到头来只是“为他人作嫁衣裳”。

10. **声明与保证条款**(Representation and Warranties)

在影视作品的期权协议、知识产权许可与转让协议中，“声明与保证”条款通常是双方谈判的重点。① 购买权利的一方(被许可人或受让人)需要清楚地知道其花钱购买的权利是完整的、无瑕疵的。特别是在行使该权利时，不会被突然冒出来的第三方诉为侵权。因此，“声明与保证”条款常常是谈判中最耗时、争议最大、最僵持不下的条款。其主要内容包括：

(1)作者声明并保证本人是题述作品唯一的、真正的权利所有人，且有全权处置、转让或许可与题述作品相关的利益与权利。此处的“唯一”，是指该作品除作者本人之外，无其他共同作者。换而言之，该作品不是我们第二章讲到的“合作作品”。而“真正的权利所有人”，是指作家对该作品享有完整的权利，且权利没有瑕疵。

(2)作者声明并保证题述作品无抄袭或其他侵犯第三方知识产权的情形。对于影视公司而言，如果花大价钱购得的作品存在抄袭的情形，那么很可能会导致采用该剧本的电影公司成为侵权诉讼的被告之一。情形严重时，甚至会引发法院禁令的颁布，导致电影无法继续拍摄或发行。届时，电影公司的选择就变得十分有限与被动。如果电影

---

① 笔者在美国律师事务所及迪士尼公司(亚太区资深顾问)任职期间，对于这点的印象十分深刻。但遗憾的是，国内的多数律师对此尚缺乏了解，往往只是接受美方起草的协议，将该条款视为格式条款，而不了解这个条款对于保证其客户利益的重要性。

公司决定放弃影片的拍摄与发行，那就意味着此电影项目的投资完全失败；若电影公司决定与宣称享有权利的一方进行谈判，购买完整的权利，此时由于电影的拍摄与发行迫在眉睫，电影公司只能任由对方开价，从而处于十分被动的谈判地位。因此，影视公司在购买作品版权时，需要确保购买的作品无侵犯第三方知识产权的情形。

(3)作者转让(或许可)给受让人(被许可人)的权利未曾进行过抵押、质押、转让或许可给第三方的情形。这一条款是用来保证作品权利的完整性，即该作品未曾进行过融资抵押，未曾成为诉讼标的，其权利未曾部分或全部地转让给其他人。可以想见，作为受让人或被许可人，想要全面调查了解作者或权利人的财务抵押状况或是在先的转让与许可状况是存在一定难度的。因此，在购买方做了尽职调查之后，在合同里要求权利人明确声明及保证该作品无任何抵押、质押、转让或许可的情形，就变得十分重要。

当然，可以包括在"声明与保证"条款里的内容是很多的，需要双方根据具体情况进行谈判与起草。尤其作为作品的购买方(受让人、被许可人或行使期权的公司)，需要在该条款里充分考虑到题述作品及其权利可能存在的种种隐患及风险，并通过相应的"赔偿"条款(Indemnity)来降低其整体风险。

11. 损害赔偿条款

损害赔偿条款，是上述"声明与保证"条款的姐妹条款。当权利人做了一系列声明与保证之后，但是最坏的情形依然不幸出现了——购买的作品存在权利瑕疵，第三方冒出来声称对该作品享有权利，并起诉被授权人(如电影公司、被许可人或受让人)。——此时根据"损害赔偿条款"，授权人有义务赔偿被授权人因此而遭受的所有损失。当然，双方可以就损失问题进行更具体的定义与限制(limitation of liability)。比如,赔偿的损失是否只包括直接损失(direct damages),或是连同间接损失(indirect damages)等。

如上所述,损害赔偿条款应该是“声明与保证条款”的姐妹条款,即双方相辅相成,是一个硬币的两面,应该同时存在。但实践中,却未必如此。笔者目睹的大量涉及权利转让与许可的合同中,若其中一方代表缺乏法律与谈判经验,则可能出现合同中只有“声明与保证条款”但无“损失赔偿条款”的情形。这就等于一方做出了若干保证,但合同中却没有规定若保证无法实现时应该如何处理。因此笔者的个人建议是:若涉及的交易金额数目巨大,且权利复杂难以确定时,作为购买方(投资人、制片公司、被许可人、受让人)应考虑加入“权利的声明与保证条款”以及“损害赔偿条款”,以将风险降至最低。

第二节　聘请作家创作剧本

制片公司获得剧本的第二种方式是请专人来写剧本。假如某制片公司、某位导演或是演员有很好的创意,但写剧本不是他们的专长,或是没有时间或精力来完成剧本的创作,此时另一种办法则是聘请专业的剧作家来完成剧本的创作。

在第二章著作权中,我们已经提到过“雇佣作品”(work for hire)的著作权归属有其特殊属性。特别在以欧洲大陆法系为基础的中国与以普通法系为基础的美国,两国版权法对于“雇佣作品”的权属规定可以说是完全相反的。根据中国著作权法的规定,除非双方有明确的合同规定或其他特殊情形之外,“雇佣作品”的作者即为权利人。但在美国却恰恰相反,除双方有明确合同规定或其他特殊情形之外,“雇佣作品”的权利人为“雇主”(即花钱请人的公司或个人),而不是创作作品的作者本人。因此，制片公司在聘请专人写剧本时，需要清楚了解不同国家的著作权法对雇佣作品权属的不同规定，以免日后为剧本的归属产生纠纷。

当然，避免纠纷的最佳方式莫过于双方以书面合同的形式明确规定该雇佣作品的权属，即谁享有作品的版权，同时该合同由双方正式签署。双方若以书面合同的形式将各自的权利与义务都落实到纸面上，无疑会减少日后可能产生的纠纷。这也就是为什么在美国好莱坞，电影公司在拍摄前的招兵买马时，会要求所聘请的所有人员，包括导演、制片、演员、剧作家、作曲家、摄影、灯光、特效、化妆等在内的全部剧组人员，在接受工作时需要首先签订一系列合同的原因。其中，合同中必不可少的一个条款就是对于该电影作品权属的规定。可想而知，该条款必然是要求所有参与该电影拍摄的人员同意将其所有的权利转让给制片公司，以避免日后可能产生的纠纷。

第七章　电视真人秀节目

近几年，最火爆的电视节目之一要数电视真人秀节目了。无论是几年前捧红若干新秀歌手的《超级女声》，或是颇有争议的相亲节目《非诚勿扰》，还是最近媒体炒得沸沸扬扬的《爸爸去哪儿》，这些节目都属于一种新的电视节目模式——真人秀节目。本章就电视真人秀节目的历史发展、定义及其存在的法律问题做一介绍。

第一节　电视真人秀节目之概述

一、真人秀节目之定义

电视真人秀节目（Reality TV），又称为“无剧本的娱乐”（non-scripted entertainment），是指以电视传媒为介质，通过举办某一类活动，从多名参赛者中选取最终获胜者为目的的节目。

电视真人秀的节目形式多样广泛，可包括各种类型的节目，以下举例概述。

1. 纪录片形式的真人秀节目

纪录片形式的真人秀节目，包括美国哥伦比亚广播公司制作的真人秀节目《幸存者》(*Survivor*)[①]以及湖南卫视最新推出的真人秀节目《爸爸去哪儿》[②]。在上述节目中,节目的参与者可以是明星,但多为不知名的草根人物。而制作公司通过忠实完整地记录参与者参与整个节目的过程,完成节目的录制。

2. 才艺类的真人秀节目

才艺类的真人秀节目包括《美国偶像》(*American Idol*)[③]、《英国达人秀》(*Britain's Got Talent*)以及中国湖南卫视播出的《超级女声》[④]等节目。在此类节目中,参与者通过参赛的形式展现他们的才华,进而争取比赛名次、进阶和最终的奖金。譬如,在2009年《英国达人秀》第三季的竞赛中,来自英国苏格兰偏远地区的苏珊大妈(Susan Boyle)凭一曲震撼心灵的《我曾有梦》(*I dreamed a dream*)一夜成名,一举成为全球瞩目的人物。

---

① 美国的哥伦比亚广播公司制作的《幸存者》真人秀节目中,十几个来自美国的参与者被送到世界各地荒凉的岛屿野外,依靠基本的工具维持生存。参与者必须自己寻找食物,并参与各种测量智商、体力的竞技竞赛。最终胜出者将赢得100万美元的奖金。来源:百度百科,http://baike.baidu.com/subview/528880/10990732.htm? fr=aladdin.

② 《爸爸去哪儿》是湖南卫视从韩国MBC电视台引进的亲子户外真人秀节目。节目中,五位明星爸爸在72小时的户外体验中,单独照顾子女的饮食起居,共同完成节目组设置的一系列任务。

③ 《美国偶像》的原型是英国电视真人秀节目《流行偶像》(*Pop Idol*)。2001年英国电视台推出选秀鼻祖节目《流行偶像》,首届落幕便挖掘出了三名歌坛优质偶像:威尔·扬(Will Young)、葛瑞·盖斯(Gareth Gates)和达拉斯(Darius)。一时间偶像旋风席卷全球。美国福克斯广播公司慧眼识珠,以7000多万美元买下了节目权利,并加以适当改编,自2002年起每年主办一届,目的是发掘新一代的美国歌手。根据节目规则,获得当季冠军的选手即为当年度的美国偶像,并可获得一纸价值百万美元的唱片合约。来源:百度百科,http://baike.baidu.com/view/457933.htm? fr=wordsearch.

④ 《超级女声》,简称"超女",是中国湖南卫视在2004年至2006年间举办的针对女性的大众歌手选秀赛,每年一届。此项赛事接受任何喜欢唱歌的女性个人或组合的报名。来源:百度百科,http://baike.baidu.com/subview/2600/5091189.htm? fromId=2600&from=rdtself&fr=wordsearch.

3. 益智类的真人秀节目

益智类的真人秀节目，包括英国独立电视台制作的《谁想成为百万富翁》(*Who Wants to Be A Millionaire*)[①]和中央电视台制作的《开心辞典》[②]等节目。其中，《谁想成为百万富翁》节目已经发展成为多个国际版本，参赛者只要能连续正确回答 15 道选择题，便可获得一笔巨额奖金，通常是以当地货币为单位的价值 100 万的奖金。

4. 竞争类的真人秀节目

竞争类的真人秀节目，包括美国著名真人秀节目制片人马克·伯纳特(Mark Burnett)制作的《学徒》(*The Apprentice*)[③]、美国广播公司制作的相亲类节目《单身汉》(*Bachelor*)[④]以及江苏卫视制作的《非诚勿扰》[⑤]等。在此类节目中，竞赛者为了获得更好的工作机会、约会机会而相互竞争。

5. 房屋租赁、购买以及装修类的真人秀节目

此类节目包括美国 HGTV 电视台制作的《地产兄弟》(*Property*

---

① 《谁想成为百万富翁》是源自英国独立电视台的电视游戏节目，现于世界多处地方均有制作当地版本。参赛者需要正确回答连续 15 道“四选一”的选择题。若能全部答对，将可以获得一笔巨额奖金，通常是 100 万当地货币。以英国版《谁会成为百万富翁》为例，最高奖金为一百万英镑。来源：维基百科，http://zh.wikipedia.org/zh-cn/%E7%99%BE%E8%90%AC%E5%AF%8C%E7%BF%81.

② 《开心辞典》是中国中央电视台制作的真人秀节目。它是一台面向大众的益智节目，集齐趣味、益智、知识、紧张、惊险、幽默于一身的有奖问答节目。来源：百度百科，http://baike.baidu.com/link?url=BWokmEAHjX3BHKZQb1cakkH7ljDEhf1B4IKFPA8DPlRgiySUEjlHW-x51sZFTyqa.

③ 《学徒》(The Apprentice)2004 年 1 月首播，由马克·伯奈特制片公司与特兰普制片公司联合出品，是一个将商业运作技巧作为真人秀竞赛主题的节目。参与者一般为十六名雄心勃勃、拥有高学位且小有成就的年轻人。这些人一起竞争一份年薪二十五万美元的工作。来源：百度百科，http://baike.baidu.com/subview/231477/11200865.htm.

④ 《单身汉》是美国电视相亲真人秀节目，由 ABC 电视台于 2002 年开始首播。节目设计围绕一位单身汉，并从一组女性候选人(通常为 25 位)中选出一位女性。来源：Wikipedia，http://en.wikipedia.org/wiki/The_Bachelor_(U.S._TV_series).

⑤ 《非诚勿扰》是江苏卫视的大型婚恋交友节目，为广大单身男女提供公开的婚恋交友平台。来源：百度百科，http://baike.baidu.com/subview/1664023/5119243.htm?fromId=1664023&from=rdtself&fr=wordsearch.

Brothers）以及中央电视台制作的《交换空间》①等。

6. 隐藏镜头类的真人秀节目

在众多隐藏镜头类的真人秀节目中，华纳兄弟广播公司播放的《吉米·肯尼迪的恶搞实验》（*The Jamie Kennedy Experiment*）②是其中最具代表性的一档节目。在上述节目中，喜剧演员杰米·肯尼迪将隐藏的摄像头和喜剧恶搞结合在一起，在美国街头随机性地邀请路人参加他的恶搞试验节目，并拍摄路人的真实反应，从而制作成真人秀节目。

二、真人秀节目的历史发展

电视真人秀节目最早可以追溯到 1948 年美国的偷拍节目《坦诚的相机》（*Candid Camera*）③。到了 2000 年左右，真人秀节目迎来了爆炸性的发展。④《美国偶像》以及《幸存者》等真人秀节目迅速占据了

---

① 《交换空间》是 CCTV2 经济频道的一台真人秀节目。每期节目都将会有两个家庭出现，他们将提供自己房屋中的某一房间，在装修团队的帮助下，互换空间进行装修。如何在规定的时间及有限的预算内完成装修任务，是本节目的最大看点。来源：百度百科 http://baike.baidu.com/subview/105821/6826973.htm? fromId=105821&from=rdtself&fr=wordsearch.

② 《杰米·肯尼迪的恶搞实验》是一个关于隐藏镜头及恶作剧的真人秀电视节目。该节目的主持人是杰米·肯尼迪，他把隐藏的摄像头和喜剧小品组合在一起。在节目中，肯尼迪在美国各地旅行，寻找人来参加他的恶作剧，并加以拍摄（“实验”）。来源：Wikipedia，http://en.wikipedia.org/wiki/The_Jamie_Kennedy_Experiment.

③ 《坦诚的相机》是一台美国制作的关于隐藏镜头及恶作剧的电视真人秀节目，由艾伦·凡特创作及制作。来源：Wikipedia，http://en.wikipedia.org/wiki/Candid_Camera.

④ 美国真人秀节目于本世纪初突然兴起的原因与美国作家协会组织的几次大规模罢工有关。当时，美国作家协会与美国制片联盟在谈判《最低基础协议》的几个问题上（尤其是作家的再次获酬权）存在巨大争议，导致美国作家协会于 2007 年到 2008 年期间组织了一场长达 100 天的罢工。罢工期间，所有从属美国作家协会的作家都停止写作，制片公司不得不采取重播之前已播放过的节目（rerun）及制作“无剧本”的真人秀节目的办法来应对此次作家协会的罢工。（当时，真人秀节目尚不属美国作家协会的管辖范畴）这也是为何美国真人秀节目在同时期突然崛起的重要原因之一。关于 2007—2008 年美国作家协会罢工的详情，可参考链接：http://en.wikipedia.org/wiki/2007%E2%80%9308_Writers_Guild_of_America_strike.

电视的黄金时段，创下了一个又一个的收视纪录。

在分析真人秀节目的特殊魅力时，行内专家指出：真人秀节目成功的部分原因在于它是一种接近真实的、百分之百原汁原味的、没有演员、编导或设定台词的电视节目。虽然真人秀节目中存在前期的策划和后期的剪辑，节目中也偶尔会出现几张明星面孔担任主持人或裁判嘉宾，但摄像机记录的是真实现场的即兴事件，参演人员多是普通的选手与草根阶层。即便节目中有部分的职业选秀选手，但其角色发挥有限，公众人物与明星也只是草根选手的陪衬；节目里即便有与体育竞技中的黑哨假球一样的暗箱操作的传闻，但节目的结局依然令人无法预测。很多观众可能都已厌倦了虚构的电视剧中千篇一律的剧情或是雷人无比的台词，此时真人秀节目受到观众的热捧也就不足为奇了。

中国的真人秀节目在过去的十年间也取得了蓬勃的发展。2004年，湖南卫视制作的《超级女声》席卷大江南北，在中国第一次展现出真人秀的巨大魅力。这是一档不设门槛的为大众歌手而准备的选秀节目。任何喜欢唱歌的女性个人或组合都可以报名参加。它借助着颠覆传统的规则，例如引入专家评委、大众评委、短信投票、PK赛、复活赛等机制，令人耳目一新，深受大众的喜爱，创造了单场手机短信收入超过1500万元、高峰时有4亿观众收看等惊人的成绩。①

然而，也有批评者认为，《超级女声》其实是对英国同类节目《流行偶像》的抄袭与翻版。譬如，《超级女声》在节目设置上与《流行偶像》

---

① 张颖，“超级女声一档节目观众4亿，三大项收入数以亿计”，《国际金融报》，2005年08月19日，http://news.xinhuanet.com/fortune/2005—08/19/content_3375003.htm.

十分相似，但中国的制作方却并未向《流行偶像》的制作方英国弗里曼特尔传媒公司(Fremantle Media)购买过许可权。与其形成鲜明对比的是，《流行偶像》的美国版《美国偶像》的制作方为获得该节目的许可权，向英国 Fremantle Media 公司支付了超过七千五百万美元的许可费。[①] 在《超级女声》大获成功之后，英国 Fremantle Media 公司曾声称《超级女声》节目抄袭了其拥有版权的《流行偶像》节目模式，并一度准备采取法律行动。[②]

在国内，《超级女声》节目的成功也很快引起了竞争对手的跟风模仿。然而，之后推出的《超级星光大道》及《超级巨声》等类似节目又渐渐让观众和广告商产生厌倦感，以“超女”、“快男”为代表的同质性娱乐节目的发展，很快遭遇了瓶颈期。

为了规避法律上的侵权风险，也为了独占享有节目模式，国内制作方也开始尝试从国外购买节目模式的许可权。2008 年湖南卫视引进了《以一敌百》(*1 vs. 100*)[③]的节目模式，但该节目在中国制作播出后，反映并不是很热烈，因此并未引起业内更多的重视。

2010 年的《中国达人秀》节目改变了这种情况。《中国达人秀》的制作方东方卫视从英国公司 Fremantle Media 购买了《达人秀》(*Got Talent*)[④]节目模式的许可权。该节目自 2010 年 7 月播出起，当年即以黑马之姿傲视国内其他众多选秀节目。第二季尚未播出，广告销售

---

① 来源：百度百科对《美国偶像》的解释，http://baike.baidu.com/view/457933.htm?fr=wordsearch.

② 程悠悠，“超级女声树大招风英公司称涉嫌盗版可能起诉”，《第一财经日报》，2005 年 07 月 29 日。

③ 《以一敌百》节目的制作方湖南卫视是从荷兰 Endmol 公司购买的节目模式许可权。

④ 《达人秀》是蒙考威尔的 Syco TV 公司创作并享有节目模式权的才艺表演真人秀节目，来源：Wikipedia：http://en.wikipedia.org/wiki/Got_Talent.

就已经十分火爆，冠名费加上插入广告，收益接近3亿人民币。[①] 此外，由于该节目获得了原始制作方的授权，法律风险大大降低，很多跨国公司也更愿意向节目的制作方提供高额赞助。譬如，宝洁公司(P&G)便同意为《中国达人秀》节目提供高达千万级人民币的赞助。当然，宝洁公司自己的宣传体系及渠道也为节目的推广出了很多力，譬如，请来蔡依林为《中国达人秀》做代言、录制广告以及参演总决赛。[②]

《中国达人秀》节目的成功，让中国各大电视台纷纷注意到购买优秀的节目模式许可权所带来的巨大商机。随后，各大电视台相继效仿。2012年浙江卫视开播的音乐真人秀节目《中国好声音》以及2013年湖南卫视播出的亲子类真人秀节目《爸爸去哪儿》，都是先从国外购买节目模式的许可权，再进行本土化制作而推出的节目。这些节目无一例外地都取得了巨大的商业成功。

"真人秀"电视节目发展至今，已成为极具商业价值的全球性新兴娱乐产业。根据2009年"国际电视节目模式认证和保护协会"(FRAPA)发布的题为《电视模式走向世界》(TV Formats to the World)的报告，从2006年到2008年期间，全球共计有445个原版电视节目模式远销海外，其中的众多节目模式无不是在跨国交易的过程中身价倍增。据统计，因电视节目模式而产生的授权许可费、顾问费以及其他辅助收入已高达93亿欧元，比2002—2004年的64亿欧元增加了45%。[③]

---

① 来源：百度百科对"中国达人秀"的解释，http://baike.baidu.com/link?url=6bHVOV3AMv3ynBXeEATEQtoUOnvaZq_M18SIrWbZNkDBmL8lcV_jVLEja0jZ6UYHNbKGkAoH40WZitp_eHcku_#1_6.

② 艺人蔡依林当时为宝洁公司旗下品牌"海飞丝"的代言人。

③ *TV Formats to the world*，http://www.frapa.org/wp-content/uploads/2010/12/extract_frapa_report_2009.pdf.

第二节 电视节目模式的法律保护

鉴于电视真人秀节目所蕴含的巨大商业价值,对此类节目的模仿和抄袭也在所难免。那么,电视真人秀节目是否受法律保护呢？如果受法律保护,保护的法律依据又是什么呢？这些问题正是世界各国法律界所共同面临的重要议题。

一套电视真人秀节目的成功,其电视节目模式起到了至关重要的作用。故本节就首先介绍何谓"电视节目模式",再具体探讨如何对电视节目模式进行保护。

一、何谓"电视节目模式"

电视节目模式(format),是指电视节目在开发创意以及制作过程中所涉及的各种元素及其组合,包括节目的描述、拟定的目标观众、舞台设计、灯光设计等。电视节目模式从最初的创意,发展到最后成形的节目模式,一般要经过两个步骤:纸上节目模式与电视节目模式。①

1. 纸上节目模式(Paper Format)

纸上节目模式,是指对电视节目原始创意的书面描述。在绝大部分电视真人秀节目的制作过程中,纸上节目模式是形成节目模式的第一步。纸上节目模式将节目的创意以文字的形式表达出来。

纸上节目模式的长短不定,但通常不超过十页纸。其内容主要包括:节目名称、目标观众、拟定的播放时间段、节目长度、简要提纲、节

---

① 详见英国电视节目顾问 David J. Bodycombe 关于"电视节目模式提问"环节中的回答,http://www.tvformats.com/formats.html.

目的详细描述、游戏提问的样本、拟定的主持人、舞台布景设计、节目预算、商业化的机会等。纸上节目模式也可以很短，例如一到两页纸。这时，它往往是作为推销该电视节目的工具，为的是引起制片公司或电视台的兴趣。简版的纸上节目模式一般只包括节目名称、基本游戏规则、目标观众、拟定的主持人、游戏过程概述等简短的文字描述。

2. **电视节目模式**(TV program format)

根据纸上电视模式的描述，制作方开始电视节目的制作、摄制以及播放，这就形成了“电视节目模式”，即通常意义的“节目模式”(Format)。

电视节目模式通常包括：主持人的台词脚本、情节设计、制作规范、灯光设计、音乐、流程、舞台设计等要素。电视节目模式的组成并不是固定不变的，而是随着不同的节目而变化。

美国作家协会在1960年的《影视基本协议》(Television Film Basic Agreement)中将“节目模式”定义如下：“节目模式，是一种书面的表达形式。在设定的连续剧或系列剧的框架下，每一集重复出现已设定的故事情景、主题、大纲以及具备显著性可识别的中心人物，包括角色的特定刻画以及角色之间的互动等”。①

由上述定义可知，电视节目模式有别于常规意义上的文学作品。

---

① 美国作家协会1960年签署的《电影电视基本协议》中对于“电视节目模式”的定义如下。Writers Guild of America, *Television Film Basic Agreement*, 1960:“The term ‘Format’ means a written presentation which sets forth the framework of the serial or episodic series within which the central running characters will operate and which framework is intended to be repeated in each episode, the setting, theme, premise, or general story line of the proposed serial or episodic series and the central running characters which are distinct and identifiable including detailed characterizations and the interplay of such characters. It may also include one or more suggested story lines for individual episodes.”值得一提的是，虽然美国作家协会在1960年的《基本协议中》将“电视节目模式”做了定义，但是“真人秀节目”却未明确归纳在美国作家协会与制片联盟签订的《基本协议》中。这也是2007—2008年美国作家协会发起罢工的争议缘由之一。

它既不同于小说作品——不是供读者阅读之用的；也有别于戏剧作品——它没有剧本，因此不能被表演。位于洛杉矶的电视节目模式独立制片人 Michel Rodrigue（米歇尔罗德里格）曾将“电视节目模式”做了一个很形象的比喻。他认为，电视节目模式就像是一个配方（recipe），可以使节目的概念和想法超越地域及语言的限制而被广泛传播。要做到这一点，这个配方要带有一整套素材（ingredients），从而使世界各地的制作方都能够基于该引进的节目模式，将之改造为适合本土播放的电视节目，且完全适应本土的文化氛围，迎合本土的观众需求。①

二、电视节目模式的法律保护

电视节目模式的商业价值是毋庸置疑的，该模式的国际许可也很常见，那么电视节目模式受保护的法律基础是什么呢？在发生节目模式的抄袭与模仿时，权利人应如何保护自己的权益呢？

法学界的一种观点认为：电视节目模式属于著作权保护的作品，电视真人秀节目同其他影视作品一样，应该受到著作权的保护。而反对者则认为：著作权只保护思想的表达方式，并不保护思想或创意本身。由于电视真人秀节目并无固定的台词与剧本，其节目模式只是一种思想，并不是思想的表达方式，因此不应受到著作权法的保护。

① Michel Rodrigue explained that, "A TV programme format is a recipe which allows television concepts and ideas to travel without being stopped by either geographical or linguistic boundaries. To achieve this, the recipe comes with a whole range of ingredients making it possible for producers throughout the world to locally produce a television programme based on a foreign format, and to present it as a local television show perfectly adapted to their respective countries and cultures," http://www.tvformats.com/formats.html.

电视节目模式,究竟是"思想"抑或是"思想的表达方式"呢?世界各国法院对于该问题又是如何看待的呢?

1983年新西兰高等法院审理的"格林诉新西兰广播公司"案(*Green v. Broadcasting Corporation of New Zealand*)是法院首次审理关于电视节目模式侵权的案件。[①] 在本案中,原告格林(Hughie Green)是英国电视真人秀节目《机会在敲门》(*Opportunity Knocks*)的原创者兼节目主持人。格林认为被告新西兰广播公司播出的同名节目侵犯了其节目剧本及节目模式的版权。格林指出:新西兰广播公司播出的真人秀节目不仅在名称上同其节目完全相同,且节目所使用的广告语、选手出场方式以及衡量观众反应的掌声测量仪都一模一样,因此提出了版权侵权之诉。

新西兰高等法院在审理此案时认为,原告的节目模式《机会在敲门》缺乏戏剧作品所需要的稳定性以及连续性,故认为原告的节目模式不属于版权保护的作品,从而驳回了原告的诉求。原告对此不服,随后于1989年向英国枢密院(Privy Council in the UK)提出上诉。[②]

英国枢密院在审理此案时,支持了新西兰高等法院的观点,认为原告的作品缺乏戏剧作品所需要的统一完整性(unity),故不属于版权保护的作品,从而驳回了格林的诉讼请求。[③]

在上述案例中,英国法院以及新西兰法院都认为"电视节目模式"不满足版权法对于受保护作品的要求,因此拒绝将原告的作品作为版权法的客体进行保护。然而,荷兰法院和巴西法院在"电视节目模式"是否享有版权保护这一问题上却持不同意见。

---

① *Green* v. *Broadcasting Corporation of New Zealand*,[(1988) 2 NZLR 490].

② *Green* v. *Broadcasting Corporation of New Zealand*,[(1989) 2 All ER 1046].

③ 同上。

在2004年荷兰最高法院审理的"卡斯特威电视制作公司诉恩德莫公司"(*Castaway Television Productions Ltd & Planet 24 Productions Limited v. Endemol*)①一案中,法院对于如何认定电视节目模式的侵权做出了具体的分析。在本案中,原告卡斯特威电视台诉称,其原创的电视真人秀节目《生存》(*Survive*)的节目模式包括十二个元素,具有独创性,属于版权法保护的作品。被告恩德莫公司的真人秀节目《老大哥》(*Big Brother*)抄袭了其《生存》的节目模式,因此构成版权侵权。

本案的争议焦点包括两点:第一,原告《生存》的节目模式是否受版权保护?第二,被告《老大哥》的真人秀节目是否侵犯了原告真人秀节目《生存》的版权?

荷兰最高法院在审理此案时,采用了"组成元素"判断法,认为:"节目格式是由不受版权保护的多个元素组合构成的……只有当上述元素的组合方式以可辨别的形式被复制时,才构成侵权行为。如果所有的元素都被复制了,那么侵权行为是毫无疑问的;如果只有一个(不受保护的)元素被复制,那么情况也很清楚:即(被告的行为)不构成侵权。至于多少元素必须被复制才构成侵权,这个问题并没有规定的答案,必须按照个案处理的原则分别判断"。② 荷兰最高法院在分析了该案的具体事实后认定:原告的电视真人秀节目《生存》的节目模式是享有版权保护的作品,但是鉴于被告所创作的真人秀节目《老大哥》的节目模式与其有所区别,故版权侵权不成立。

---

① Jonathan Coad, Dutch Supreme Court confirms format rights. Decision: *Castaway* v. *Endemol*, Swan turton, June 22, 2004.

② Ben Challis & Jonathan Coad, "Format Fortunes-Is There Now Legal Recognition for the Television Format Right?" http://www.ifla.tv/uk-format-fortunes.html.

2004年巴西法院审理的“荷兰恩德莫公司诉巴西SBT电视台”(*Endemol v. TV SBT of Brazil*)[①]一案也涉及电视节目模式版权保护的问题。在本案中，原告荷兰恩德莫电视公司是电视真人秀节目《老大哥》的权利人。恩德莫公司在与巴西SBT电视台关于节目模式的许可谈判期间，向SBT电视台提供了关于其节目模式的大量信息，包括节目模式的圣经(the Bible)。但是，巴西SBT电视台最终做出了不购买原告节目模式的决定，而是自行制作了另一部真人秀节目——《艺术者之家》(*Casa Dos Artistas*)。恩德莫公司认为该节目抄袭自《老大哥》，随即提起诉讼，认为被告侵权。

被告巴西SBT电视台辩称，电视真人秀节目不过是一个创意，没有台词和剧本，不属于版权保护的客体。而原告所提供的“节目模式圣经”(Format Bible)也不过是一本简单的手册，描述了一些方法和程序，譬如将人锁在房间里面进行观察的想法。被告认为上述创意并没有新颖性，因为作家乔治·奥威尔(George Orwell)早在作品《一九八四》中就描述过类似的主题，因此被告认为原告的节目模式不应受到版权的保护。[②]

巴西法院在认定电视节目模式是否受版权保护时，采纳了专家对于该问题的看法——“电视节目模式，从电视媒体产业的观点来看，是一个更为广泛的概念。它不仅包括节目的核心创意，同时包括大量的技术、艺术、经济以及商业等信息。电视节目模式不仅仅是节目的创意，它包含创意和很多其他内容”。

巴西法院认为：原告的真人秀节目《老大哥》并不仅仅是窥探锁在

---

① Jonathan Coad,“Endemol Wins Copyright Protection for Big Brother in Brazil”,http://www.swanturton.com/ebulletins/archive/JKCBigBrotherFormat.aspx.

② 同上。

房子里的参与者在一段时间内表现出的反应；该节目还详细描述了节目如何开始、过程发展以及结局，讲述了参与者在何种氛围下生活，介绍了摄像机应被固定的具体位置，以及其他制作节目的各种细节——譬如麦克风要一天 24 小时绑在参与者的身上，节目的音乐风格，以及参与者如何与外部世界接触等。① 综上，巴西法院的法官认为，被告节目与原告节目之间的惊人性相似并不是偶然的，而是对原告享有版权节目的悍然抄袭。故法院判决被告侵权成立。

美国作为娱乐产业最发达的国家，在电视节目模式的保护方面也提供了些许案例指引。2003 年美国纽约地区法院审理的“哥伦比亚广播公司诉美国广播公司”（*CBS Broadcasting Inc. v. ABC, Inc.*）案可以说是美国法院审理电视节目模式侵权争议最重要的案例之一。② 在本案中，原告哥伦比亚广播公司是电视真人秀节目《幸存者》（*Survivor*）的权利人，它认为被告美国广播公司制作的真人秀节目《我是名人——救我出来》（*I'm a Celebrity-Get Me out of Here*）侵犯了其节目《幸存者》的版权及其节目的“独特风格与整体感觉”，尤其是“篝火边的闲聊、淘汰环节，森林全景的空中鸟瞰拍摄，以及参赛者讨论选票的采访”等细节，遂提起侵权诉讼，并要求法院向被告发出临时禁令。

美国纽约地区法院在审理此案时，认为原告与被告节目的思想创意是相同的（两者皆以“生存”为主题），但节目的具体“表达方式”有所不同，尤其是在节目的“整体感觉、主题、角色、情节、发展过程、速度及场景之后”并不相同。譬如，在原告节目《幸存者》的选手淘汰环节，制作方将场景安排在傍晚、篝火边，背景音乐是具有强烈震撼效果的部

① Jonathan Coad, “Endemol Wins Copyright Protection for Big Brother in Brazil,” http://www.swanturton.com/ebulletins/archive/JKCBigBrotherFormat.aspx.

② *CBS Broadcasting Inc. v. ABC, Inc.*, 2003 U.S. Dist.

落族音乐。然而，在被告制作的《我是名人——救我出来》节目中，淘汰环节却被安排在早晨，大家边轻松悠闲地喝着咖啡，享用着早餐，边聆听淘汰的结果。又比如，原告的《幸存者》是一台经过编辑、加工录制好的电视真人秀节目，而被告的《我是名人——救我出来》却是一台现场直播的真人秀节目，观众可以通过投票的方式，选出他们喜欢或希望淘汰的选手。因此，在比较了原告与被告节目两者之间的各种差异之后，法院作出被告的真人秀节目不构成侵权的决定。

通过对上述案例的介绍，我们知道世界各国对于电视节目模式是否受版权保护的问题并无定论。有些国家（如新西兰及英国）认为电视节目模式缺乏作品所必须的固定性及连贯性，因此属于不受版权保护的思想。也有的国家（如荷兰和巴西）认为电视节目模式中尽管可能存在某些不受版权保护的要素，但若其组合方式具有独创性，也可能受到版权保护。美国的案例法在节目模式是否受版权保护的问题上未作出明确的答复。但根据“哥伦比亚广播公司诉美国广播公司”的案例判决，我们注意到美国的法院在审理被告的电视节目是否侵犯版权时，采用了版权侵权分析的思路，故可推理出美国也并不排除以版权法保护节目模式的可能性。

中国在这方面尚无相关的案例，而笔者则倾向于参考荷兰最高法院的判定原则来审理电视节目模式的版权侵权案件。换而言之，法院在审理此类案件时应考虑两个问题。第一，原告的电视节目模式是否属于受著作权保护的作品；若答案是肯定的话，再考虑第二个问题——被告作品是否侵犯了原告作品的著作权。在判断第一个要素“原告的节目模式是否受著作权保护”时，可考虑原告节目模式的构成要素以及这些构成要素的组合方式。换而言之，即使原告节目模式中包括不受著作权保护的要素，但若各要素之间的选择、编排以及组合的方式具有独创性，那么该节目模式也可被视为“汇编作品”受到著作权保护。在判定第二个要素“被告的节目模式是否侵犯著作权”时，则应采取“过滤—比较”(filter-compare)的方法，即将原告节目模式中不受著作权保护的要素先过滤排除，再与被告的节目模式进行比较。只有在被告抄袭了原告节目模式中受著作权保护的要素时，才能认定被告侵犯著作权成立。若被告的节目模式虽与原告有所类似，但类似部分并不属于节目模式的核心要素，或不属于著作权保护的要素，那么被告也不构成著作权侵权。

三、节目模式权利人的自我保护措施

鉴于世界各国对于电视节目模式是否受版权保护并无定论，节目模式的权利人在进行国际许可时，应采取一定的适当措施来保护自己的权益。

首先，权利人在与节目模式的被许可人(买方)进行许可谈判时，应要求对方签订“保密协议”，承诺遵守相应的保密条款。这样，即使在谈判不成的情形下，若对方违反了保密协议，擅自使用了谈判中获得的商业秘密——如节目模式的圣经等，权利人也可以违约之名(breach of contract)、甚至反不正当竞争法提起诉讼。

第二，电视节目模式的原创人在介绍推销其节目创意时，可考虑将宣传材料写得尽可能的详尽、具体。要铭记——著作权法不保护思想，却保护思想的表达方式。因此，当某个创意表现得越详细越具体时，就越容易被视为“思想的表达方式”，从而受到著作权的保护。

第三，在出现电视节目模式的相关纠纷时，可考虑向世界知识产权组织仲裁与调解中心(WIPO Arbitration and Mediation Center)提起争议纠纷。2010 年 7 月，该中心与“节目模式认可及保护协会”

(Format Recognition and Protection Association)共同宣布:将合作提供涉及电视真人秀节目模式的争议解决服务。[①] 权利人可考虑将上述争议解决途径作为诉讼的替代选择,为维护自身权益创造更多的选择手段。

---

① "WIPO to Provide Dispute Resolution Services for TV Show Format Industry," (2010) http://www.wipo.int/pressroom/en/articles/2010/article_0009.html.

第八章　电影产业的融资

第六章谈到电影公司如何获得作品的剧本，并通过期权方式在一定的时间内获得拍摄前期筹备工作的独家权利。其实，在电影拍摄前期（pre-production），电影公司除了要找到剧作家完成剧本的撰写与修改、聘请导演和演员、搭建剧组成员班底的准备工作之外，另外一项重要任务就是完成电影的融资（movie financing）。

电影产业是一个风险极高的行业。美国著名剧作家威廉姆·戈德曼（William Goldman）对此曾经有过很精辟的评价："在好莱坞，没有人真正知道什么"。（In Hollywood，nobody really knows anything.）① 换而言之，没有人能预测到哪部影片会卖座，而哪部影片又会成为票房毒药。每年好莱坞试图开发的故事脚本成千上万，只有其中的极少数被搬上大屏幕。而其中能挣钱卖座的影片更是少之又少。这也就是为什么近年来美国六大电影公司十分热衷于拍摄系列式电影（franchise movie）的原因之一。无论是《蜘蛛侠》（*Spiderman*）系列、《谍影重重》三部曲（*The Bourne Identity*）、《钢铁侠》（*Iron Man*）或是《变形金刚》（*Transformer*）系列电影，他们的主人公都是相对固定的，故事情节也都大同小异。通常来说，如果第一部电影获得了观众的认可，那么之后几部系列电影的收益也更易计算评估，投资风险也更

---

① William Goldman，scriptwriter：http://en.wikipedia.org/wiki/William_Goldman.

易掌控。这就是为什么近年来大的电影公司如此青睐系列电影的缘由之一。

当然,一部影片的票房收入并不是衡量电影是否成功的唯一标准。事实上,很多大制作、高票房的电影在艺术价值方面未必能得到同行的认可。看看历年的奥斯卡最佳影片奖得主就会发现:多数得奖影片并不是出自六大电影公司之手,且票房收入也未必可观。事实上在好莱坞,同一年度里获奖的影片与高票房的影片常常是两份不一样的名单,因此前者常被称为“艺术片”(art film),而后者则被称为“商业片”(commercial film)。真正能做到兼顾艺术价值与商业利润的影片十分罕见。

然而,电影行业的高风险并未能阻挡人们对于电影产业难以言述的迷恋与憧憬之情。因此,对于有志于从事娱乐产业的律师来说,了解这个产业的融资规则就变得十分必要。

第一节 电影融资概述

电影融资发生在电影拍摄前期,是决定电影项目能否顺利开展的关键因素之一。从理论上讲,电影融资的规模应由电影的预估价值决定,而电影的预估价值则基于对电影收益(gross proceeds)的评估,包括影片在院线放映(theatrical release)的收益、家庭影院收益(home video)、电视收益(television sales)、飞机(airline)及游轮(cruise ship)许可播放的收益、互联网播放(internet)收益以及由电影作品产生的其他衍生品的收益(merchandising)等。本书第九章“影视产业的经济学”将具体介绍上述经济术语的概念和含义。

现实中,美国好莱坞的电影预算越来越高,近年来更是连创新高。

一部由六大电影公司拍摄的影片平均预算约为七千万美金，若再加上电影的宣传与发行费用，很可能会过亿。[①] 事实上，2005 年环球电影公司拍摄的电影《金刚》(*King Kong*)的预算就高达两亿美金，而 2009 年卡梅隆导演的《阿凡达》(*Avatar*)的影片预算也高达两亿五千万美金。[②]

由于美国六大电影公司(studios)与独立制片公司(independent producer)之间的规模与经济实力差距很大，两者采用的融资方法也自然不同。简单而言，六大电影公司因其雄厚的资本，自是可以自掏腰包投资制作影片；但独立制片公司却需要动用各种融资方法，如通过海外预售(foreign pre-sales)、银行贷款(bank loans)、完片担保(completion guarantee)、底片采购(negative pickup)及私募融资(private offering)等方式来完成影片的融资。下面就分别介绍美国六大电影公司和独立制片公司所选用的融资模式。

第二节 美国六大电影公司的融资模式

传统上而言，美国六大电影公司由于具有雄厚的经济实力，从出资、拍摄、宣传到发行各环节，均可由电影公司自行独立完成。后来随着影片开发项目的不断增加以及融资手段的日益更新，六大电影公司也开始采用其他的融资模式。本节就介绍几种电影公司常用的融资模式。

---

① See Jeffrey C. Ulin, *The Business of Media Distribution, Monetizing Film, TV and Video Content*, Elsevier Inc, 2010.

② 截止到 2013 年底的好莱坞历史上电影预算最高的十大电影排行榜，详见 http://toptenfilmz.com/top-ten-most-expensive-films-of-all-time/.

一、自产自销(Studio-Financing)

美国电影公司拍摄电影最传统的模式是由电影公司自行开发剧本、制定预算、内部融资，同时招兵买马，搭建导演、制片与演员的班底。无论是从电影拍摄前的准备工作，还是电影的拍摄乃至电影的宣传与发行，全部是自产自销，自行解决。

这种运作方式当然有其优越性。一方面，由于大家都为同一个公司服务，沟通顺畅，不易发生冲突。即使存在矛盾，也都是“人民内部矛盾”，解决起来也相对容易。但另一方面，这种运作模式占用资金过大，不利于同时开发多个项目，财政风险过高。因此，为降低风险，各大电影公司除自产自销外，也陆续开始尝试其他的融资方法。

二、制作—融资—发行模式 (Production-Financing-Distribution Deal)

制作—融资—发行模式，与上述自产自销的模式十分类似，也是由电影公司自行负责影片的融资、拍摄、宣传以及发行。其唯一的不同点是拍摄的剧本不是电影公司自己开发的，制片和演员也未必由电影公司亲自挑选，而是直接采用一个已经确定了剧本、制片及主要演员阵容的“打包项目”(turnkey project)。

具体而言，如果某位制片已经收购了一个好剧本，且谈妥了主要的演员阵容，唯一缺少的就是资金，那么该制片可以向实力雄厚的电影公司推荐这个已经颇具雏形的“打包项目”。电影公司在审阅了剧本、导演、制片及主要演员的班底之后，如果有兴趣对该影片进行投资、制作与发行，那么双方就会签署影片的“制作融资发行”(Production-Financing-Distribution Agreement)协议。协议中通常约定,电影公司获得该作品在全球的所有权利及利益,成为电影作品的新权利人;而制片人则获得拍摄这部电影的机会,同时收取权利转让的费用以及享受日后净利润分红的机会。

三、合拍(Co-Productions)

若某部电影的预算过大,或者拟定的导演与主要演员分属不同的电影公司,那么电影公司之间也存在合作的可能性。在影片《世界之战》(*War of Worlds*,2005 年)中,导演史蒂芬·斯皮尔伯格(Steven Spielberg)拥有自己的电影公司"梦工厂"(DreamWorks),而男主角汤姆·克鲁斯(Tom Cruise)所在的公司是派拉蒙电影公司。因此这部电影就变成了派拉蒙与梦工厂的合拍片。

电影《泰坦尼克号》(*Titanic*)也是两个电影公司合作拍摄的著名案例之一。《泰坦尼克号》原先是二十世纪福克斯电影公司的项目,但由于拍摄预算超支,二十世纪福克斯就找到了派拉蒙,建议对方出资协助完成该片的拍摄。[①] 在这个合拍协议中,派拉蒙只支付了拍摄电影的六千五百万美金的费用,却分到了 50%的电影收益分享权。迄今为止,电影《泰坦尼克号》的收益总额已高达二十亿美金(尚未包括该部影片 3D 版之后的收益)。圈内人都评论说:同意合拍《泰坦尼克号》大概是派拉蒙电影公司做的最英明的决定之一。[②]

---

① 电影《泰坦尼克号》是好莱坞历史上拍摄最贵的电影之一,共耗资两亿七千万美金,http://toptenfilmz.com/top-ten-most-expensive-films-of-all-time/.

② 《〈泰坦尼克号〉背后的故事》,载《好莱坞报道》杂志,2012 年 4 月 4 日,原文见:http://www.hollywoodreporter.com/news/titanic-3D-james-cameron-kate-winslet-leonardo-dicaprio-307650? page=show.

第三节　独立制片公司的融资模式

与美国六大电影公司相比，独立制片公司的规模一般较小，未必具有独立融资影片的经济实力，因此在寻求融资时往往需要开辟多种融资模式。独立制片公司的融资模式包括以下几种：海外预售、银行贷款、完片担保、底片采购及私募融资等。值得指出的是，并不是只有独立制片公司才采用上述融资方式，大的电影公司也会通过银行贷款或其他的方式进行融资。

一、海外预售融资

海外预售融资，是指在影片制作完成之前，制片公司基于剧本、导演和演员的阵容，向海外电影发行公司预先销售影片在海外的发行权(foreign distribution rights)的融资方式。

制片公司在预售融资时，首先要准备一套关于影片基本信息的资料(film package)，其中包括剧本(script)、导演(director)及主要演员(leading cast members)的信息。随后，制片公司可通过专门代理影片海外发行的代理公司(sales agent)，委托其寻找合适的海外发行市场，以及有兴趣的海外发行方。每年一度的影片预售一般发生在法国戛纳电影节、欧洲电影节(柏林)、美国电影节(洛杉矶)、加拿大多伦多电影节前后。

对于海外发行公司而言，预售融资能够使其提前对影片的题材、导演和演员阵容有大致的了解，借此评估出该影片在海外市场(其本国市场)成功发行的可能性。若评估结果是满意的，海外发行公司可通过预购海外发行权的方式，买断该影片在其本国的发行权，而无需等到影片完成后再与其他的发行商竞争购买该影片的发行权。这就是为何海外发行公司愿意接受预售融资方式的原因。

但需注意的是,由于海外发行公司决定是否预购影片的主要因素是电影的题材、演员阵容和导演,一旦上述因素发生了变化,将会直接影响到影片海外发行的成败。因此,海外发行与融资合同(Movie Distribution and Financing Agreement)中常常包括一项重要条款——"若原定参与演出的演员或导演无法从事该影片的拍摄工作,且制片公司未能找到具有同等影响力的演员或导演进行替补时,发行方有权取消合同",从而保护自身的利益。

海外发行与融资合同中的另一项重要条款是"完片担保"。完片担保,是指保险公司提供的一种担保影片在规定预算及规定期限内拍摄完成的保险。保险公司在承保前会对影片的各方面进行严格评估,只有在确定风险为可控的情形下才会承保。保费一般为拍摄预算的2%到3%左右。

在预售融资合同签署后,电影的发行方将向制片方支付购买电影发行权总额的20%的费用,余下的80%的费用将在电影制作完成并送达发行方时支付。预售融资合同也可作为电影制作方向银行申请贷款时的抵押物。

虽然预售融资是电影融资方式中最常见的一种,但随着近年来融资难度的增加,在运作时已不如以往顺利。一方面,海外发行公司为了避免风险,更倾向于预购已经进入拍摄阶段的电影,甚至是直接购买已经制作完成的影片;同时海外发行公司在谈判时,会要求减少预售融资的支付比例,以减低风险。

二、银行贷款

银行贷款是所有行业中最常见的融资方式,电影产业也不例外。

由于电影在最终拍摄完成之前不具有商业价值，独立制片人在拍摄前期向银行申请贷款的成功率一般很小。相比而言，银行更愿意与六大电影公司或其他具有一定规模的电影公司合作。

在美国，很多银行设置专门的娱乐产业信贷部门，对电影项目的风险进行评估，且已形成一套较为完善成熟的风险评估机制。银行在评估时，会审查制片公司在拍摄中所需获得的所有相关权利（Rights Clearance）。此外，制片公司还需制作详细的制片预算（Production Budget），包括参与人员的薪酬，摄影、灯光、录音、特效等制作费用（Production cost），后期制作费用（Post-production fee），行政费用（overhead），宣传（marketing）、广告（advertisement）及发行费用（distribution expenses），以及向完片保证人预留的费用等。银行将对该制片预算进行严格审查，并以此作为审查贷款用途及提供分阶段贷款的基础。

另外，银行还要求制片方提供海外预售融资合同作为担保。同时，银行也会对电影发行方的资产状况进行审查评估。申请贷款时，海外预售合同与影片版权将一并作为贷款的质押物。

除此之外，完片担保合同（Completion Guarantee Agreement）也是申请银行贷款时需提供的重要材料之一。完片担保人（Guarantor）需要向银行保证，影片会在规定时间内、按照规定质量、在预算范围内完成制作，并如期提供给发行方。除此之外，担保人还需向银行保证，如果制片方不能在约定的时间内、以约定的影片质量向发行方提供影片，那么担保人将有责任确保制片方完成影片制作并交付影片，并且承诺为此支付所需要的一切费用。届时将由担保人接管影片，自行完成制作并提供给发行方。若担保人决定放弃影片的制作，须向银行偿还制作影片所花费的费用及其利息。

银行贷款的申请一般耗时数月，银行的审核标准也很高。一般的独立制片人在没有底片采购合同（下文将阐述）的情况下，获得银行贷款的几率很小。即使银行批准了贷款项目，由于银行会根据贷款风险决定贷款的数额和利率，独立制片人也无法获得百分之百的预算金额。

三、底片采购融资

底片采购融资，是指制片方和发行方在影片制作完成之前签订合同，约定发行方在约定日期支付约定金额，以购买影片底片的融资方式。双方商定的购买金额一旦确定，制片方应尽量控制影片的制作成本，因为超出预算的部分需由制片方自己承担。

由于发行方只有在底片制作完成并送达之后才支付款项，因此从底片采购协议（Negative Pick-up Agreement）签署到底片完成并送达的这段期间内，制片方实际上是无法拿到资金的。但是，制片方可以通过已签署的底片采购协议向银行申请贷款。

在底片采购协议的谈判过程中，由于双方关注的焦点往往并不一致，握有的谈判筹码也各有千秋，且参与谈判的人员水平也存在差异，整个谈判实际是一场双方利益博弈的过程。譬如，制片方可能更侧重影片的艺术性，而发行方则可能会更多地考虑市场与大众的品味。再例如，在决定拍摄影片的主要成员（如导演及演员）时，哪一方更具有发言权也是需要谈判决定的。同时，发行方需要审核制片方是否已取得了制作发行该影片的所有权利，以避免日后产生权利纠纷。

四、差额贷款（Gap Loan）

由于预售融资只占影片总预算20%的金额，且海外电影发行公司要等到“完片担保书”出具之后才支付预支款项（一般是电影刚启动拍摄时），因此制片方在电影拍摄的前期准备工作中仍会面临资金不够的难题。这就促使制片方转向差额贷款人，寻求更多的贷款。

差额贷款人在评估是否提供差额贷款时，主要根据销售代理公司对电影在“未售的海外市场”（unsold territories）的许可费收益预测报告，作出是否贷款的决定。销售代理公司会根据电影的特点，包括电影剧本、题材、演员、导演及制片人等信息，结合未售的海外市场的特点，如该地当前的电影流行趋势、目标观众的观影喜好等，对电影项目做出一个预估。

此外，参考已签订的海外预售融资合同也是制作预估报告的重要步骤之一。如果差额贷款人认为销售代理公司准备的预估报告是合理的，且制片方能提供完片担保，那么差额贷款人会同意提供拍摄成本的15%左右的贷款。由于差额贷款的风险较高，其贷款利率一般比同业拆借利率LIBOR利率①高出三到五个百分点。

五、广告商赞助（Advertiser Equity）

广告商对于影片的赞助也是很重要的融资方式之一。广告商的赞助条件通常是要求在影片播放前或播放中加入广告，常见的广告形式有两种：一种是“贴片广告”（pre-movie advertisement），即在影片的正片放映之前播放的广告；另一种则比较含蓄，是通过“植入广告”的形式，将产品与影片的剧情融为一体。

就第一种形式“贴片广告”而言，随着录像设备（DVR）、视频点播（VOD）以及互联网技术的发展，很多观众在观看DVD，收看已录制的

---

① LIBOR利率指伦敦同业拆借利率，是伦敦的一流银行之间短期资金借贷的利率，是国际金融市场中大多数浮动利率和基础利率。

电影节目或是从互联网下载或直接观看影片时，可通过“快进”的方法选择跳过广告部分，直接进入影片正片。如此一来，广告商通过贴片广告的形式就很难取得设想的宣传效果。于是，广告商努力探索新的广告模式，譬如采用“植入广告”的形式，将其产品与电影融为一体，使观众在观看电影的过程中潜移默化地接受其宣传的产品信息。关于电影的“植入广告”，我们在第三章第四节“娱乐产业的商标权”已经介绍过，故此处不再赘述。

值得一提的是，目前的广告商对于植入广告——即将其产品作为道具出现在电影中——所能发挥的作用也提出了质疑。首先，广告商无法决定其产品或服务是以何种形式出现在影片中，毕竟广告赞助商是不可能参与影片的制作过程的。第二，广告商对于影片的内容也缺乏控制权。如果影片中出现了过多的暴力、血腥、色情或是其他有争议的内容，植入广告与影片的联系甚至可能给广告商品的商誉带来负面效应。因此，越来越多的广告商在讨论赞助模式时，会提出各种保护自己利益的方案。比如广告商是否有权控制其产品如何出现在电影中，能否参与电影后期的剪辑过程，对其产品形象是否有决定权等。当然，并不是所有与广告商签订的赞助协议都涉及上述问题，赞助资金的数额大小与广告商的具体要求决定了赞助协议的内容。

另一种广告商赞助电影的新形式就是我们在第三章第四节提到的，由公司自己投资拍摄、以公司产品为主题的电影。2005 年著名运动品牌阿迪达斯公司（Adidas）投资拍摄了电影《进球！梦想的开始》（*Goal! The Dream Begins*）三部曲。影片讲述了一位出生于墨西哥、从小随家人偷渡到美国的男孩如何克服重重困难，追求足球梦，并最终因缘巧合成为英超纽卡斯尔联队（Newcastle）职业球员的故事。影片中，所有的体育相关产品（足球、球衣、秋裤、场地）皆由阿迪达斯公司提供，而影片中的男主人公在现实生活中也是阿迪达斯运动品牌的代言人。这种投资电影的方式无疑给予了广告商最大的控制权，能够充分把握影片的内容及其产品出现的方式，同时若影片大卖，作为投资方的广告商还可从中分得丰厚的利润。

六、税收优惠政策(Tax Credits)

税收优惠政策在电影融资中也起到了一定的作用。税收减免额度可分为可转让(assignable)与不可转让(non-assignable)两种。可转让的税收减免额度，是指能够向第三方转让，并且能够自由流通的减免额度；而不可转让的税收减免额度，是指某个国家或地区的政府以退税的方式、返还制片方税收减免额度的金额。不可转让的税收减免额度不易套现，因此，可转让的税收减免额度更加受欢迎。

虽然各国各地对影视产业的税收优惠政策各有不同，但基本的前提条件是一致的，即能够纳入税收减免额度的费用必须是产生在其境内的。因此，制片方为了满足优惠的税收政策，常常需要带领拍摄小组到当地完成拍摄。

除美国之外，英国以及加拿大政府近年来为了吸引影视制片公司在其本土拍摄电影及电视剧，不断推出影片拍摄的优惠税收政策。即使在美国本土，作为好莱坞大本营的加州也面临着来自其他各州(如纽约、路易斯安南州以及密歇根州)在影片税收优惠政策方面的激烈竞争。据《洛杉矶时报》(*Los Angeles Times*)2014 年 3 月报道，在过去的 15 年中，在加州本地拍摄的影片数量下降了一半。① 2013 年推

① Los Angeles Times,"*Film Tax Relief Bill Gets a Push*"(March 26,2014),describing the recent pending bill AB 1839,which if passed,would renew a 2009 law that has provided $ 100 million a year in credits,to big movie productions,all television series produced in California.

出的23部首播电视剧中，只有两部是在加州本土拍摄完成的，其他21部电视剧都是在加州以外拍摄完成的。由于影视作品的拍摄可以在当地创造大量的就业机会，并带来酒店业与餐饮业的繁荣，很多加州人士担心不断外流的拍摄会影响加州的就业，并可能导致人才的外流，不利于加州娱乐产业的繁荣与发展。于是，加州的娱乐产业人士正努力推动法案“AB1839”的延期。该法案于2009年通过，旨在向符合“加州当地拍摄”的制片公司提供总额达一亿美金的税收豁免额度。①

七、私募发行

中小型制片公司通常是通过私募发行的方式，向特定少数投资人进行融资。该融资方式属于美国证券交易委员会(U. S. Securities and Exchange Commission，简称SEC)规定的豁免登记注册范围。私募发行的融资能力从几十万到几千万美金不等。由于私募投资人比银行借贷人更有承担风险的意愿，因此私募发行能够帮助无法申请到银行贷款的独立制片公司获得部分的资金。

根据美国证券交易委员会的规定，低于100万美金的私募发行无需登记注册，前提是发行方披露所有关键性事实，无欺诈行为，未推销宣传，并向委员会提交相应表格。当然，私募发行的发行方应同时遵守其所在各州的证券法律。

2013年9月生效的《美国乔布斯法案》(*The Jumpstart Our Bus-*

---

① AB1839法案的修订提案是希望在加州总额高达1亿元的税务退税优惠法案中，将电影工业纳入适用范围，以让加州电影工业能吸收更多投资。关于“AB1839”法案内容，可参考链接：http://leginfo. legislature. ca. gov/faces/billNavClient. xhtml? bill _ id = 201320140AB1839.

iness Startups Act，简称“JOBS 法案”）对私募发行中不允许存在劝诱和广泛宣传行为的规定作了修改，放松了对私募发行宣传的限制。根据新的法案规定，只要私募发行方采取了合理的措施，且承购人满足“受认可投资人”（Accredited Investor）①的资格，即可进行一般的引导和宣传行为。同时 JOBS 法案提供了一种新的公众小额集资（Crowd-funding）方法，即通过网上小额融资交易的中介机构——集资门户（Funding Portal）进行集资，并且在一定条件下免除集资门户登记注册为经纪交易商，简化了私募发行的申请准备程序。为了防止不正当交易的发生及保护投资者的利益，集资门户仍然受证券交易委员会的监管，且集资门户不能持有、管理或拥有发行方基金，不能持有投资者的资金等等。JOBS 法案同时要求集资门户不能向投资人提供投资建议或推荐，不能招揽生意或交易，也不能给予雇员、代理商、招揽生意或销售证券的人补偿；集资门户须向证券交易委员会和潜在投资者发布发行者提供的所有信息，确保投资者充分了解投资风险和投资者的受教育程度等相关信息，保护投资者私人信息，并采取措施（包括对发行公司高管的背景进行调查等）防止与交易相关的欺诈行为。

JOBS 法案简化了网上小额集资交易的注册程序，减少了发行方的交易成本和融资成本，有利于促进独立制片公司的私募发行。

总之，无论是美国六大电影公司，或者是中小型的独立制片人，其融资方式都是灵活机动的。即使是拥有经济实力的六大电影公司，也会在影片融资时考虑采取银行贷款、海外预售等融资模式。

---

① 受认可投资人分为三类，包括：(1)在承购时拥有 100 万美金净资产的自然人（或夫妻）；(2)在最近的两年，个人年均收入超过 20 万美金（若已婚，30 万美金），并且在承购的当年收入有望增加的自然人；(3)拥有超过 500 万美金资产的公司。

第九章 影视产业的“经济学”

首先声明，笔者并非经济学专业人士，而这本书也是以娱乐产业的法律为出发点，旨在讨论娱乐产业常见的法律问题。但鉴于娱乐产业的合同都是由律师参与谈判并起草，因此律师有必要对合同中常见的经济术语有基本的了解，故本章仅就娱乐产业经常出现的经济术语做一简单介绍。这也是为何本章标题中的“经济学”一词打引号的缘故。

第一节 好莱坞会计学

简单而言，电影的成本(costs and expenses)主要产生于电影的拍摄(production)与发行(distribution)两个阶段。其中成本的主要构成为：电影的制作成本(production cost)、发行佣金(distribution fees)及发行费用(distribution expenses)三大部分。

电影的收益(revenue)主要来自于国内外影院(theatrical)的票房收入、家庭影院(home video)收入以及一系列的授权许可——如电视(television sales)、互联网(Internet)、电影衍生品(merchandising)、电影中的音乐作品(music licensing)、航空公司(airline)和游轮(cruise ships)、主题公园(theme park)中使用的电影元素等收益。

至于电影的净利润(net profit)应如何理解,却是个不易回答的问题。一般行业在谈到“利润”(profit)这个词时,是指收入(revenue)扣除费用(expense)之后的差额。然而在好莱坞,电影的净利润却并不是一个固定的概念,而是一个“合同概念”,是由双方通过谈判协商来决定的。——这种计算方法又被称为“好莱坞会计学”(Hollywood Accounting)。

一、虚拟案例分析:WH 电影公司拍摄发行的电影 HP

为了更好的理解何谓“好莱坞会计学”,让我们来假设,现有一部由 WH 电影公司进行拍摄及发行的影片 HP,通过分析这部电影中的各项相关数据来详细阐释好莱坞会计学所定义的“收益(revenue)”、“费用(cost)”与“利润(profit)”及其计算模式。

假设这部虚拟影片 HP 的收益与其他电影一样,包括美国国内及海外的院线票房收益、家庭影院收益、电视许可收益以及其他收益。其中,表一为影片的总收益;表二为影片的发行佣金,表三为影片的发行费用,表四为影片的制作成本。其中,表二、三、四的总和为电影的总成本。而表一的总收益扣除表二三四的总成本,即为该部影片的利润。

表一:电影收益总额(Gross Receipts-Revenue)

电影片名:HP

发行方:WH 电影公司

制片方:WH 电影公司

收益截止日:20××年 12 月 31 日

收入类别	金额($美元)
国内影院票房 Domestic theatrical release	160,000,000
国内非影院票房 Domestic non-theatrical release	2,000,000
海外影院票房/非影院票房 Foreign release	300,000,000
家庭影院 Home video	80,000,000
付费电视 Pay television	40,000,000
电视网络 Network television	20,000,000
海外电视 Foreign television	2,000,000
电影衍生产品和电影音乐 Merchandising and music	16,000,000
收益总计Total Gross Proceeds	**$ 620,000,000**

表二:发行佣金(Distribution Fees)

收入类别	收益额($美元)	佣金比例(%)	佣金($美元)
国内影院票房	160,000,000	30	48,000,000
国内非影院票房	2,000,000	30	600,000
海外影院票房及非影院票房	300,000,000	40	120,000,000
家庭影院	80,000,000	30	24,000,000
付费电视	40,000,000	30	12,000,000
电视网络	20,000,000	25	5,000,000
海外电视	2,000,000	40	800,000
电影衍生产品和电影音乐	16,000,000	30	4,800,000
发行佣金总计Total Distribution Fees			**$ 215,200,00**

表三:发行费用(Distribution Expenses)

类别	金额($美元)
拷贝费 Prints	30,000,000
配音、译制、字幕费等 Dubbing,translation and subtitles etc.	5,000,000
宣传费 Advertising	130,000,000
运费和保险费 Freight and Insurance	3,000,000
国内税费、关税等 Taxes	8,000,000
贸易协会费用 Trade Dues	4,000,000
再次获酬 Residuals	10,000,000
审核费 Checking Costs	1,500,000
发行费用总计Total Distribution Expenses	**$ 191,500,000**

表四：电影制作成本(Negative Cost)

类别	金额($美元)
拍摄成本 Production Costs	300,000,000
利息 Interests	50,000,000
总利润分红金额 Gross Participation	0
超支罚金 Over-budget Penalty	0
制片成本总计Total Negative Cost	**$350,000,000**

在上述虚拟的案例中，截至20××年12月31日，WH电影公司制作发行影片HP的净利润为：

$620,000,000－215,200,000－191,500,000－350,000,000＝－$136,700,000

换而言之，虽然影片HP的总票房收益高达6亿美金，但在扣除了发行佣金、发行费用及制片成本之后，按照好莱坞的会计学，该片其实是没有任何净利润的，甚至负债一亿多美金。如果投资者与WH制片公司所商定的协议是以分享影片“净利润”为前提的话，那么投资商对于这部影片的投资可以说是完全失败的。

在解释为何会出现这种情况之前，我们先对表格里的经济术语做一说明。

二、电影的入账收益

1. 院线票房收益(Theatrical Receipts)

首先，要理解“院线票房收益”同我们平常所说的“票房收入”(Box office receipts)并不是一个概念。“票房收入”，是指观众购票入场看电影时所支付的金额。而“影院票房收益”，则是指将入账的“票房收入”扣除向放映方支付的影院租用费(film rental receipts)之后所剩下的收益。

电影发行方(distributor)在租用电影院播放电影时要向放映方(exhibitor/theatre owner)支付费用。因此,票房收入中先有一部分归放映方所有,剩余部分才归发行方所有。发行方和放映方之间的利益分成模式有很多种,最典型的是在影片上映的第一周和第二周,放映方从票房收入中扣除相关成本后分得不超过50%的票房收入。在接下来的数周的放映中,放映方会逐周提高其分成比例。到放映的最后一周,放映方可获高达90%的票房收入。一般而言,美国电影发行方在扣除了支付放映方的费用之后,其获得的票房收益约为本国票房收入的50%,海外票房收入的40%。

从表一的数据来看,发行方获得的美国国内院线票房收益为1.6亿美元,海外票房收益为3亿美元。那么由此可以推论出,该影片在美国的"国内票房总收入"应为3.2亿美元左右,而"海外票房收入"约为8亿美元。

2. 非影院票房收益(Non-theatrical)

非影院票房收益,是指发行方将影片销售给航空公司、游轮、军事机构和教育机构(如图书馆)所取得的许可收益。这一类别的收益相对于其他类别的收益而言所占份额较少。

3. 家庭影院收益(Home Video)

在上世纪家用录像系统(VHS)刚出现的时候,制片方往往将影片许可给第三方制作录像带,并收取收益的20%作为许可费。随着录像带市场的蓬勃发展,其销售利润也变得十分可观。于是制片方决定停止外包,转由公司内部制作和销售电影录像带。然而,虽然制片方开始了自营自销的模式,但在制作财务报表时仍然沿用旧例,采用20%的比例计算录像带的收益。

从早期的VHS家用录像系统,到随后出现的DVD光盘、蓝光光碟以及今天的家庭点播(VOD)系统，来自家庭影院的收益变得极为可观，有时甚至会超过影片的院线票房收益。然而，制片方在统计家庭影院的收益时却沿袭旧例，不统计真正收取的家庭影院收益，依然只按照 20%的比例计算收益。在这种计算模式下，从账面上很难知晓制片方从家庭影院销售获得的真正收益。而对于依靠净收益分成的分红人(gross participation)而言，他们可分得的利润或许就会因低报的收益而减少。

4. **电视销售收益**(Television Sales)

在影片的院线档期及家庭影院的档期结束之后，影片的放映权就轮到电视台，以付费点播(Pay TV)、有线电视(Cable)及普通电视网免费播放(但插播广告)的形式向用户播映。制片方一般会同时联系国内及海外的电视台，洽谈影片在电视台的销售许可。这些收益均被归入影片的“电视销售”收益中。

一般而言，电视台在向制片方购买影片时很少以单部影片为购买单位，而是以一个电影包(包含若干部电影)的形式批量购买。例如，付费电视节目 Showtime 与制片方索尼签订的电影购买协议中就包含了索尼十年间制作的所有电影的电视播放权。

5. **电影衍生产品**(Merchandising)

电影衍生产品包括带有电影名称、角色人物等要素的 T 恤衫、电影海报、玩具等。这点我们在第三章第五节的“角色商品与商品化权”一节中已经谈过，故此处不再赘述。电影衍生产品的销售收益也被归入电影的总收益中。

6. **电影音乐销售收益**(Music)

电影中的音乐作品也是电影收益来源的一部分。首先，电影中的主题曲与插曲可以电影音乐原声碟的形式进行全球发售。尤其对于动画片、歌剧及音乐剧形式的影片而言,其电影音乐原生碟的销量十分可观。以 2012 年底上映的影片《悲惨世界》(*Les Misérables*)及 2002 年获得奥斯卡最佳影片奖的影片《芝加哥》(*Chicago*)为例,根据上述电影中出现的音乐所制作的原声音乐专辑在全球范围的成功销售为制片公司带来了巨大的收益。

2014 年初,迪士尼公司拍摄的动画片《冰雪奇缘》(*Frozen*)的主题曲《放手吧》(*Let it Go*)自影片放映的第一周起,就迅速在年轻人中走红。一时间,校园内外似乎随处都听得到这首曲子的旋律。迪士尼很快意识到这个独特的商机,在影片播出不久又随即在全美近一千个影院里加排了"伴唱版"(sing-along version)的《冰雪奇缘》,允许观众随着影片的播放一起高声歌唱影片中的所有歌曲。你也可以将它视作美国版的——"大众卡拉 OK"。①

电影音乐的另一收益来源是电影配乐的收入(music publication income)。电影配乐一般视为职务作品(雇佣作品)。根据版权法的规定,其版权属于电影的制作方所有。因此,电影配乐的商业许可也是制片方获得收益的来源之一。

三、电影的成本与费用

前面介绍了电影的收益,接下来我们就分析一下电影的成本与费用。电影的成本主要包括三大块:(1)电影发行佣金;(2)电影发行费用;以及(3)电影制作成本。

---

① "《冰雪起源》的'伴唱版'进入影院",载《美国今日》(*USA Today*),2014 年 1 月 24 日,原文见:http://www.usatoday.com/story/life/movies/2014/01/22/frozen-sing-along/4783327/.

1. 电影发行佣金(Distribution Fees)

电影发行佣金，又称为“电影发行代理费”，是支付给电影发行方的费用。电影收益中，最先被分割的部分就是支付给电影发行方的发行佣金，其比例一般为电影收益的30%—40%。在虚拟案例HP一片中，电影的发行方与制片方其实为同一家公司——WH电影公司，但这并不妨碍电影公司在会计报表中把发行佣金扣除，虽然这笔费用其实是回到了自己公司的账户里。

2. 电影发行费用(Distribution Expenses)

在扣除电影发行佣金之后，接下来的费用就是电影发行费用，主要包括以下几项：

(1)再次获酬权(Residuals)

再次获酬权，是指制片方在影片的院线播放结束后，继续向参与影片制作的创意及技术人员支付酬劳的规定。再次获酬权是代表演员、编剧、导演的各工会与制片公司集体谈判的结果，酬劳通常以电影总收益的固定百分比支付。由于影片的收益除了院线部分之外，还包括其他来自家庭影院、电视以及互联网等播放平台的收益，代表创作人员的各工会通过集体谈判的力量与电影公司达成协议，使工会的成员(如导演、编剧、演员等)也可从影片其他收益模式中获益，从而得以长期分享影片的成功果实。

(2)拷贝费用(Prints)

拷贝费用，是指制作影片拷贝复本的费用。一般而言，每个影片拷贝的成本约在1,500美元左右。近些年来，制片公司开始使用一种“数字影片工程”(Digital cinema project)的新技术，将影片以电子方式传送给放映方。该项技术无疑降低了影片的拷贝成本，对于降低制片公司的成本是很有帮助的。但是相对于放映方而言，放映影院为了使用新技术，则必须更换所有原先的播放设备以便与新技术兼容。鉴于设备更新的费用价格不菲，不少影院对于何时更换旧设备以采纳新技术仍抱观望态度。

(3)广告宣传费用(Advertising)

电影的广告宣传有多种方式，譬如电视广告、报刊、街头巷尾的广告牌以及媒体宣传等。美国的电影宣传费用十分高昂，一般占电影总预算的一半左右。换而言之，如果一部电影的预算为四千万美金，那么宣传费就要占两千万美金左右。

(4)运费和保险费(Freight and Insurance)

运费和保险费，是指运输影片拷贝件的过程中产生的运费和投保的保险费，该项金额一般较小。

(5)审核费用(Checking Costs)

审核费用，是指在审查放映方资质、执行审计权等过程中产生的费用。

(6)行业协会费用(Trade Dues)

行业协会费用，是指电影公司每发行一部影片时，需向其所属的行业协会“美国电影协会”(MPAA)缴纳的会费。

(7)奖金(Bonus)

参与影片拍摄的创作人员一般在两种情形下可获得额外的奖金：一是当影片的票房收入超过某个预先设定的目标时，参与拍摄的主要演员、编剧和导演可根据合同的规定分得额外的奖金；另一种情形是当影片获得某国际大奖(如奥斯卡奖)时，获得单项奖项的编剧、导演及男女主角、配角可分得额外的奖金。上述奖金的分配方式通常会在雇佣合同(talent agreement)中予以明确约定。

3. 电影制作成本(Production Cost)

在扣除了电影发行佣金和发行费用之后，接下来要扣除的就是电影制作成本。电影制作成本主要包括两大类：电影拍摄成本(negative cost)和利息(interest)。

电影拍摄成本，不仅包括电影拍摄期间产生的所有费用(如剧组工作成员的薪酬、购买作品版权的费用以及其他拍摄成本)，还包括有权享受影片收入分红的成员应得的分红报酬(gross participation)、管理费用(overhead fee)，以及影片拍摄超出预算时需要支付的罚金(over-budget penalty)。超支罚金的计算方法由制片方与投资方于双方合同中约定。一般来说，罚金金额等同于超支部分的金额，即超出预算1美元，罚金也是1美元。以此类推，若一部影片的制作成本超出预算100万美元，那么超支罚金也是100万美元。

利息(interest)，是指自影片拍摄的第一天开始起息，至贷款还清为止的贷款利息。

四、好莱坞会计学的争议

从上述虚拟案例HP影片的电影收益、发行佣金、发行费用及制作成本看，尽管这部影片拿到了近六亿美金的票房，其净利润却是负数。换而言之，制片方在账面上是赔钱的，但事实果真如此吗？

除享誉全球的大腕导演及国际明星之外，多数演员和导演等主创人员的聘用合同中，薪酬部分都是以低水平的底薪加上净利润分红的模式计算的。若制片方的利润报告为负值，那就意味着大部分参与拍摄的人员只能得到合同规定的最低底薪(超级大明星或大导演除外)，但无法享受影片净利润的分红。同样，有些投资者与制片方签订的投资合同中规定：投资者只有在影片有“净利润”时方可收回投资，或方可享受分红。那么，在虚拟案例HP影片中，无论是签署了雇佣合同的演员与导演或是该电影的投资人，都无法拿到分红，因为该影片的净利润是负数。如此一来，就必然引发利益相关人对“好莱坞会计学”的不认同。

事实上，近年来不断出现影片的主创人员起诉电影公司、认为其会计结算方法不合理而导致分配不公的诉讼案件。① 对于所谓的好莱坞会计学，最有争议的项目包括以下几个方面。

1. 利息虚高

批评家指出，一般大型的电影制作公司根本无需向外界融资。即使需要融资，融资的部分也只占电影制作预算的一小部分，根本不会产生数目巨大的利息。而电影公司在计算报表时，却总是将不存在的利息或数量很少的利息计算过高，从而导致最终报表上净利润的数字过低甚至为负。

2. 发行佣金虚高

对于好莱坞会计报表的另一项指控是其高昂的发行佣金。很多行内人认为，规模较大的电影公司的影片制作与发行往往是同一家，故发行佣金实际上就是电影公司自己在回笼资金。即使影片的制片方与发行方是两家公司，由于美国境内的发行程序比较简单，成本也不高，因此发行佣金的比例不应占到总收益的 30%—40%。

3. 家庭影院收益仅入账 20%

前面已经谈到过，电影公司从家庭影院获得的收益其实不只是 20%，但会计报表中却依然沿袭旧例，只记录 20%的收益率。如果家庭影院的收益按照其真正的收益进行记录，那么影片的净利润也会有所提高。

---

① *Buchwald v. Paramount Pictures Corporation*, California Superior Court 1992. 另，关于这个题目的讨论可参考“Buchwald *v.* Paramount Pictures Corp. and the Future of Net Profit,”9 Cardozo Arts & Enter. L. Rev. 525(1991).

4. 账单记录方式不符合行规

批评人士同时指出，一般公司的财务记录方法是自然增长法(accrual method of accounting)，即收益确定后即刻入账，支出产生后即刻入账。这种账单记录方法是一般公认会计原则(GAAP)所认可的。而电影公司所采取的记录方法则是收益入账时间以收到现金为准，支出产生即刻入账。这种记录方式将直接导致利息的增加。此外，对于通过海外预售融资筹集的款项，制作方一般拖延至海外发行方支付剩余金额后，再将全部金额入账。

五、利润分红人的“反制之策”

考虑到好莱坞特有的记账方法，越来越多的利润分红人在签署雇佣合同或投资合同时，会与电影公司进行谈判，争取对己有利的条款及计算方法。

1. 审计权利

首先，净利润分红人会争取对账目的审计权利。审计权利，是指净利润分红人有权聘请有审计资质的第三方机构审计电影制作方在纠纷影片上的账务情况。若净利润分红人的审计报告与制片方提供的净利润报告在金额上有5%或以上的出入，由制片方承担审计费用；若出入低于5%，则由净利润分红人自行承担审计费用。

2. 增加互联网收益

第二，净利润分红人开始要求财务报表中增加影片在互联网上的收益记录。净利润分红人指出，互联网的普及保证了影片在视频网络平台上的高点播率，因此电影公司在互联网上获得的许可费收益也应当显示在收益报告上。目前，多数制片方已同意在财务报表中增加此项收益。

3.“最惠国待遇”(Most-Favored-Nation,MFN)

第三,净利润分红人要求享受与其他净利润分红人同等的分红条件,即“最惠国待遇”,以保证一视同仁的对待。但制片公司常常以不同的净利润分红人对影片的贡献不同为由,拒绝该项要求。

第二节 过失与疏忽险

投保过失与疏忽险(Error & Omission insurance)是电影公司在拍摄影片时需要考虑的环节之一。这也是投资人及发行方同意对影片投资及发行的前提条件之一。本节将具体介绍“过失与疏忽险”的定义、保险公司如何评估该险种以及电影公司的相应对策。

一、何谓“过失与疏忽险”

过失与疏忽保险(Error & Omission insurance),是指投保人(制片公司)为其拍摄的影视作品中可能存在的侵犯他人著作权、商标权或隐私权的过失与疏忽情形而特别申请的保险。

电影公司最迟应在影片正式发行前投保过失与疏忽险。其中,规模较大的电影公司往往在影片开机拍摄之前就购买了上述保险。电影公司愿意提前投保的原因是:一旦媒体报道了某部影片投入拍摄的消息,相关的诉讼风险也会随之而来。因此,电影公司在预算充足的情形下,宁愿更早地投保此险种,而不是等到遭遇诉讼才想起投保。然而,对于规模较小的独立制片公司而言,投保费用并不是一笔小数额。因此,独立制片公司往往是等到影片发行之前才正式投保过失与疏忽险。

二、保险公司对"过失与疏忽险"的评估与理赔

1. 如何评估"过失与疏忽险"的投保申请

保险公司在收到投保方递交的过失与疏忽险申请之后，需要对投保的影片做全面的风险评估。评估一般由保险公司聘请的律师来承担。从投保人递交保险申请到保险公司完成审核，一般要经过以下几个步骤。

第一，制片方委托保险代理人，填写保单申请表格，并在申请表格上注明制片方代理律师的联系方法。

第二，保险代理人将保单申请表提交给保险公司的承销商[①]（Underwriter），由承销商负责评估投保影片的潜在风险，譬如影片是否使用了未获得授权的内容，是否存在版权或商标权的侵权纠纷；影片是否讲述了仍然在世的人的真实故事，是否可能引起涉及隐私权或诽谤的侵权纠纷，以及其他各种潜在风险。承销商在评估的过程中，一般会委托律师核实相关信息的真实性。

第三，受保险公司委托的律师在核查保单信息的过程中，会直接与代表投保人的律师联系，就影片的相关问题进行询问。根据询问及调查的结果，受保险公司委托的律师会出具一份意见书，阐明影片的风险所在。而保险公司则根据这份意见书，决定是否接受投保人的申请，并制定相应的投保条款及保费金额。

对于保险公司而言，他们最关心的是两件事情：第一，投保的影片是否存在潜在的诉讼风险；第二，如果存在诉讼风险，该诉讼可否以简易判决（summary judgment）的方式结案。[②] 换而言之，保险公司并不

① 保险公司的承销商主要负责评估风险，决定是否承保和保费金额。

② 简易判决动议（Summary Judgment Motion）是指由法官决定某案件是否存在需要陪审团参与审理争议事实的法律程序。

关心案子的最终结果如何。众所周知,美国的诉讼费用十分高昂,耗时又长。若投保的影片存在诉讼风险,且又无法在短期内以"简易判决"的形式结案,不论投保人(制片公司)能否赢得诉讼,在漫长的诉讼过程中,保险公司需要承担的风险与律师费用都将是非常巨大的。在这种情况下,保险公司一般会考虑拒绝投保该影片,或者试图控制上述风险——如将该特定风险排除在其提供的保险政策里。

2."过失与疏忽险"的理赔

从上述的投保过程可以看到,保险公司希望投保人在申请投保时全面如实地披露潜在的诉讼风险。那么,如果投保人未能如实披露已知的诉讼风险,会有什么样的后果呢?

保险公司接到理赔案件时的第一件事就是复核保单,确认投保人是否有隐瞒已知风险的情形。若发现投保人有隐瞒已知风险的确实证据,保险公司会采取以下三种处理方法。第一,保险公司单方面撤销保单,保单将被视为"自始至终不存在",保险公司也不承担任何赔偿的责任与义务。当然,这是一种非常极端的处理方式,一般很少出现。第二,保险公司提出由于投保人在投保时未能履行诚实守信的披露义务,故未披露的风险不包括在承保范围内,因此保险公司无义务参加诉讼或支付诉讼及赔偿费用。第三、保险公司保留向投保人追偿的权利。在这种情况下,保险公司会先出面参加诉讼。在诉讼结束后,保险公司有向投保人追偿因诉讼产生的赔偿金额和律师费的权利。

三、电影制片公司与保险公司的谈判

一个硬币总是有两面的。对于投保人而言,其隐瞒风险的主要原因是担心保险公司在得知相关风险之后拒保,或开出过高的保费以致超出预算。但是以上段落已经说明投保人蓄意隐瞒已知风险的后果可能得不偿失。那么，投保人应如何既尽到披露义务，又同时说服保险公司承保呢？下面将介绍一些业界常用的方法，以供参考。

首先，代表电影公司的律师在与保险公司及其律师沟通时，应尽量解释清楚为何影片存在的诉讼风险是可以控制的。这就要求投保人的律师对于影片及其风险有相当程度的熟悉及了解。因此对投保人而言，他应该如实向其律师披露关于影片的所有相关信息，并向律师提供影片的剧本。这样一来，律师才能全面了解影片及其相关风险，及时制定对策，增强说服性。

第二，对于影片中具有潜在诉讼风险的内容与素材，制片公司可考虑修改相关内容，从而避免可能产生的诉讼。这就是为什么电影公司在拍摄电影的过程中，尤其是后期剪辑时，要求律师再次核查影片中涉及版权及商标权(譬如影片中使用的音乐、背景墙上出现的绘画作品、故事人物的名称及地名等)的缘故。在影片放映之前，将影片中可能产生争议的地方尽可能地进行过滤修改是一种规避风险的有效方法。

第三，获得影片中当事人的“豁免书”(Release Form)。之前几章我们曾经谈到过，在影片涉及真人真事时，对于当事人的描述可能侵犯其隐私权及其他人格权。因此，若电影公司能获得当事人签署的“豁免书”，确保当事人同意豁免追究起诉电影公司的权利，那么也可以一定程度上规避潜在的诉讼风险。

第四，允许保险公司设定理赔上限，并同意支付高额保费。投保人可提议保险公司就某个特定风险设定理赔上限，且同意支付高额保费，以此打消保险公司因影片可能存在的风险而存在的疑虑。个别情形下，投保人可能决定放弃对某个特定风险进行投保，以换取保单审核通过。然而这种情况往往比较罕见,因为若放弃投保的话,影片投资人和发行方都可能提出反对,从而影响电影的融资和发行事宜。因此放弃投保特定风险实属下策,不到万不得已时不建议考虑此方法。

第十章　中美电影产业合作的前景展望：行业采访录

笔者在迪士尼公司及美国洛杉矶洛约拉大学法学院(Loyola Law School,Los Angeles)任职期间,有幸与不少中美娱乐圈的资深人士结为好友。于是在撰写此书之际,特恳请他们谈谈自己对中美娱乐产业合作前景的看法。为了使采访的对象具有一定的代表性,以下的摘录分别选自来自中国及美国的导演、制片、投资人以及娱乐法律师及娱乐法教授,以姓氏首字母排序。①

1. F. 杰伊·多尔蒂*

作为娱乐产业的专业人士,我欣喜地看到中国已经成为电影和传媒界的超级大国,这一点是毫无疑问的。在短短几年的时间里,中国经济的开放以及一定程度上社会的开放,促成了中国惊人的发展。目前中国已经迅速成长为世界第二大(电影)票房市场,并且有可能在十

① 由于接受采访的美国同僚们所提供的文字为英文,我们在发表时均将其译为中文,以便于读者的理解。翻译过程中难免有表述不准确的地方,还请各位见谅。同时由于篇幅的限制,有些文字在编辑过程中也作了调整,一并致歉。

* F. 杰伊·多尔蒂(F. Jay Dougherty)是美国洛杉矶洛约拉大学法学院教授,曾任二十世纪福克斯公司电影制片及全球发行法律部副总裁。本文原为英文,由张然同学翻译,下同。

年内超越美国。美国电影在中国的上映是美国电影业发展的重要成就之一。中国似乎也正沿着与好莱坞走向世界一样的道路提高着他们讲述电影故事的能力。

作为霍金路伟律师事务所的兼职法律顾问，我喜欢与我们的中国客户一起工作。比如上海基美影业公司，他们与美国及欧洲的合作伙伴建立了良好的商业与创意合作关系。这些业务正变得越来越成熟。这里有很多与中国有关的故事，我很高兴能参与其中，并帮助他们将创意和书本搬上大银幕。作为一名前好莱坞电影公司的执行官，我发现中国有很多类似好莱坞的优秀人才：他们创意十足、具有细腻的情感和聪明的商业头脑，这些人必然会取得巨大的成功。

电影娱乐业是一项风险极高的产业。一位著名的编剧曾经说过，“在好莱坞，没有人真的知道些什么”。① 他的意思是说人们很难预见到一部电影的成功或失败——总是有意料之外的成功者和意料之外的失败者。但凡有电影和电视行业存在的地方，这都是一条真理。不过，我的中国同事们正在这个“用视觉讲述故事”的神秘行业中成为佼佼者。正因如此，我希望大家对待创意内容的态度能够更加开放些，中美之间也应有更多的合法的金融投资流动。在我看来，上述趋势在现代的数字与经济环境中是不可避免的。

2. 史蒂夫·萨尔茨曼*

作为一位娱乐产业的职业律师，我的角色主要是为中美两国客户

---

① William Goldman, scriptwriter, “In Hollywood, nobody really knows anything.”

* 史蒂夫·萨尔茨曼（Steve Saltzman）是美国 Loeb & Loeb 律师事务所合伙人，原文为英文。

之间基于法律和文化不同所产生的分歧提供咨询和建议,并尽可能地帮助双方进行协商,共同解决问题。譬如,在以下几部电影《形影不离》、《金陵十三钗》、《1942》、《十二生肖》以及《最后一次飞行》的制作过程中,我成为中国制作公司及导演与美国制片公司之间沟通的桥梁。中美两国之间商业与法律以及文化的差异是巨大的,我希望在弥补双方彼此之间的信息缺口方面有所帮助。

譬如在中国,各类法律文件往往比较简洁,其涉及的多数是商业交往中的原则性问题,而交易中最重要的是双方之间的信任关系。但是在美国好莱坞,由于这里有着一百多年开发、制作和开拓全球电影市场的经验,各种行业惯例已日趋完善,并反映在各种不同类型的法律协议中。美国法律文化的重点是要明确规定双方在合同中的具体权利和义务。在美国,如果合同中没有具体的规定,就容易在日后产生争议。因此,美国的法律作用旨在作好万全的准备,并时刻将不明确的地方清楚诉诸于法律合同中。美国律师所受到的教育是要在他们起草的每一份协议中,尽可能预见并覆盖日后可能出现的每一个事件。因此,美国的法律协议都十分冗长,争取面面俱到。这点与中国的法律文件十分不同。

在过去八年代表中国电影公司的过程中,我的感受如下:我认为中国的客户所追求的主要是以下几点:(1)"技术诀窍"的转让,中方希望提高电影制作质量、提高电影制作方法和制作过程的效率,并增强电影发行或开发的能力。这方面最好的例子无疑是北京小马奔腾公司与信实传媒并购数字领域集团一案。通过此次并购,小马奔腾获得了数字领域集团的全部破产资产。(2)中方希望获取能满足世界增长速度最快的票房市场需求的产品,与知名品牌合作,以便提升自身价值,并将观众吸引到中国本土项目和场地中。譬如,作为娱乐产业项目的主题公园或其他品牌的开发项目。(3)与好莱坞的创作和制作团队合作,拍摄出更适合全球市场要求的电影和能满足官方合拍片要求的电影;或者,即便(该影片)不能满足合拍片的要求,也希望该电影在中国和海外市场取得最大的商业成功。(4)在全球范围内进一步扩大国语片的出口。我个人认为这方面存在着巨大的挑战,特别是在美国市场。因为无论是中国电影还是其他外国电影,总体而言,美国观众对外语片的需求不大,甚至是萎缩的。(5)在好莱坞的投资中获取净投资回报。这个目标可能是最难实现的,因为这是由该类投资本身的高风险性和波动性所决定的。

那么,好莱坞又想从中国获得什么呢?答案十分简单,与他们之前想从日本、德国和华尔街身上所获得的东西一样——金钱!无论是通过对美国项目和/或公司进行直接投资,还是通过在迅猛增长的中国市场和消费者中增加占有率,美国的电影公司最期望获得的是利润。

当然,我们也注意到目前双方之间还缺乏一定的信任,双方都提防另一方会进行不公平竞争,并为不能充分理解另一方的需求而焦虑。譬如,美方担心(中方)缺乏责任性和透明度。美方的顾虑还包括:(中国)政府对市场的干预,如中国政府的电影审查制度、市场管理规定、货币控制等。这些因素使得美方在中国开展业务比在其他国家更具有挑战性。

但是,即使存在着上述的担忧及商业和法律文化之间的差异,基于多方面令人鼓舞的原因——譬如中国在娱乐产业界的迅速崛起和经济实力,美国娱乐业对提高中国市场份额的渴求和对中国资本的需求,以及中国对获取并使用"软实力技术"的渴望——中美娱乐产业的从业者们都希望建立合作伙伴关系(当然这并不容易)。最终,当双方之间有更多的业务往来、并对彼此的需求有更为清晰的了解时,这种合作将变得更加容易,甚至更加频繁。当然,也希望能更有硕果。

3. 萧培寰*

我个人认为，好莱坞与中国之间的关系为当今的全球娱乐产业创造了最有活力的机遇。巧合的是，这也是一种最难驾驭的关系，因为这是双边关系中一种全新的尝试，而双方只是在过去的几年中才对彼此有了相对平等的认识。

基于商业惯例、逻辑、设想与审美观的互相认识和理解，将继续成为双方对话的主题。未来几年，我们会需要大量的律师和各种能够搭建沟通桥梁的人员。在初步了解彼此的阶段结束后，双方将需要为大量的革新及重要的跨国活动做好准备。

在不久的将来，我相信美中之间——或者我们应该说“中美之间”——应给予中国更为平等的尊重。这将使娱乐产业的发展规范化，而不只是一种例外。商业的车轮，需要由深入的地理—社会—政治—文化规则来提供动力，除此之外别无他路可寻。

4. 浦晓燕**

中美在影视产业的合作之所以是一个火热的话题，主要是由于中国目前的引进片配额限制以及行业相关准入限制所造成的。对于中美在该领域的合作，我们需要一个更长线的视角去思考：当引进配额限制取消的一天，中美合作的形态将会怎样？纵观国际电影市场，跨

---

* 萧培寰(Peter Shiao)是奥普传媒集团主席、中美电影高峰论坛主席，其原文为英文。

** 浦晓燕是红杉资本(Sequoia Capital)中国基金董事总经理。

文化合拍是否会是主流制片和发行模式的未来发展趋势？当单个电影项目的合作遭遇文化差异、意识形态、分级制度等多种障碍，或多个合拍项目最后以协拍收尾（完全不同的分账模式）时，上述合作模式是否能与好莱坞的利润诉求相契合？

无疑，面对高速成长的中国电影市场，中美双方合作的需求和意愿都颇为强烈，但双方的着力点似乎存在错配：好莱坞希望从中国市场获取利润，而中国则希望从好莱坞引入技术和电影制作、开发及发行的 know-how。

有鉴于此，我个人认为：未来中美电影合作更广阔的前景更可能是从资本、技术和人才的方面进行交流和协作。随着进入中国电影产业的资本的不断累积，对于技术更为依赖、而地域文化因素较弱的科幻题材电影、3D 电影将成为双方最具有合作的领域。这些电影均在中国市场取得了傲人的票房，制片发行商对于获取更高票房分账的渴望也更为强烈。

从技术切入中国市场的最佳实例是 IMAX 近年来在中国的蓬勃发展。该公司近期宣布了将中国业务的 20％的股权分别出售给华人文化产业投资基金和方源资本，作价 8000 万美元，为公司的公开上市发行做准备。来自中国的投资者将会带领 IMAX 中国公司在中国香港甚至 A 股上市。除了继续扩大在中国电影院市场的份额，IMAX 已于与中国电视厂商龙头 TCL 合作进军家庭影院市场。此外，IMAX 也正藉由其在发行端（片源选择等）的影响力逐渐向内容领域渗透。

同时，涉及意识形态内容相对较少、主打“合家欢”的动漫内容也将成为中美合作的另一热点。譬如，在华人文化产业基金与美国梦工厂合作组建的东方梦工厂案例中，虽然中方的诉求是促进国内动漫产业的发展，但此举也势必促成中美在该领域从制片到发行等多层次的合作。好莱坞不仅能够从中国市场获取利润,中国电影也有可能借助好莱坞的全球发行体系实现全球上映,进而参与全球的票房分账。

中国电影产业的迅猛发展吸引了大量资本的进入,中国内容制作开始进入资本和技术密集型的跑道。顺应国家鼓励文化产业发展的利好政策,各种针对文化产业的基金(尤其是专门针对影视行业投资的基金)随之大量出现。目前类似的影视基金约有 100 余家,而公开披露的募集金额已超过 1300 亿元。比如,博纳影视基金针对中国的高净值个人,成功地在短短二十多日内募集到 10 亿人民币,充分反映出民间资本对电影产业的投资热情和长期看好态度。资本的涌入将帮助中国电影产业的进一步发展,提升行业集中度,促进形成类似好莱坞六大电影巨头的产业形态。这将为中国影视产业与好莱坞娱乐产业的对接奠定良好的基础。此外,相对于独立运作或者组建合资公司等投资方式,直接入股已经上市或者有能力上市的国内大型影视企业,也成为一种新的投资方式。这种方式可以让外资集团更有效率地进入中国电影市场,且降低相关风险。

最后需要指出的是,随着进入中国的外国影片数量/配额的增加以及国产电影的进步,双方对黄金上映档期时间段的争夺会愈发明显,发行环节的重要性愈发凸显。因此在政策环境进一步放开的前提下,影片的发行和院线将可能成为中美合作的新契机。

5. 王利锋*

随着中国电影市场的蓬勃发展,中美合拍、中外合拍将会越来越

* 王利锋是幸星数字娱乐科技(北京)有限公司总裁、新文化电影基金合伙人。

常态化。我个人对于中外合拍，尤其是中美合拍的前景是看好的。合拍片面临的主要障碍是双方的沟通问题。目前成功的合拍片数量较少主要是因为缺乏双语的制片人、导演和演员。但随着国际化的进一步深化，这个障碍也将逐渐被消除。双方在人才、资金和市场等方面所存在的巨大互补性将冲破这些障碍，使得越来越多的合拍片成为现实。

现在是中外合拍片刚刚起步的阶段，大家都在摸索和试探合作的模式。要创作出好的合拍片，需要合作各方尽早开始合作，最好是在概念创意阶段和剧本前期创作阶段就共同参与合作。比如，中国合作方可以在题材的选择、政府对合拍的具体规定等方面给予外方指导。这样当剧本成熟的时候，基本就可以通过合拍申请，而不需要之后的反复大量修改。除此之外，中方还可以在剧本的本土化方面给予外方很多意见，使电影更容易被中国的本土观众喜欢和接受。而外方则可以在剧本和故事是否符合国际观众的口味方面给予意见，使得最终的故事和人物都更靠近现实，人物的语言也更贴近生活，而不是让观众感觉不真实，有隔阂感。事实上，不少中外合拍的项目最后夭折的原因是因为双方在剧本已经开发成熟之后才开始探讨合拍的可能性，之后又由于剧本需要继续修改，而合拍方不愿意继续投入时间、精力和金钱，才不得不放弃。

目前，有些国外的片子为了在中国市场提高分账比例，在已经成熟而且即将投入拍摄的剧本里硬生生地塞入一些中国元素，期望这些中国因素能够使之成为合拍片。事实上，对于这类片子，中国政府是不鼓励的。绝大多数此类型的片子最后也拿不到合拍资格，而是以“协拍”的形式完成在中国的少量拍摄，然后以进口片的形式引进到中国。这类片子在海外造成一些误解：国外的电影公司以为这类型的影片已经取得了合拍资格，后来又发现其实是通过引进指标进入中国大陆市场，于是以为中国政府出尔反尔，先审批通过随后又取消该片的合拍片资格。其实，这类片子从来就没有在中国取得过合拍片资格，只是中国的公司参与了部分投资而已，因此并不属于真正意义上的中外合拍片。

很多人认为很难找到一个题材或者剧本是中外双方观众都能喜欢的，这点我不这么认为。我觉得很多故事表达的情感与塑造的人物是可以共通的。很多细节也许开始适合一个市场，但并不适合另一个市场；但是除非个别情况，总还是能够找到新的主意和办法，使其在不伤害一个市场的同时，也能让另外的市场接受的。总之，一个成功的合拍片，不仅可以将合作双方或者多方的人才、资金和市场充分结合，降低投资风险，提高回报收益，同时也可以实现文化交流和对外传播，是多赢的合作模式。

6. 杨燕子*

在过去的几年中，尽管中国在进口电影方面存在着严格的审查制度，但是中美两国已经具备了在娱乐产业中进行合作的可能性，尤其是在电影领域。中国电影的票房收入已经创造了许多里程碑式的纪录——如单部电影票房（多数是国产片）已经超过一亿美元。同时，中国电影的总体票房现已接近三十亿美元。这虽与好莱坞近百亿美元的市场相比仍有差距，但是由于中国票房市场的发展迅猛，中国必然将在未来的四到五年间超越美国市场。这种变化将是革命性的。在

* 杨燕子是电影《喜福会》（*The Joy Luck Club*）、《纽约客@上海》（*Shanghai Calling*）的制片人，原文为英文。

美国占主导的全球电影销售市场中，从未有任何一个国家的票房市场如此接近过美国的票房。

理所当然，诸多的美国电影公司热切地渴望能在中国的电影市场中占有一席之地。出口好莱坞电影一度成为他们通向成功的必然之道。美国的电影公司曾投入大量的精力来敦促中国政府扩大进口电影配额。这一配额在2013年习近平主席访美期间已经明显提高。中国的电影制作人曾反对这一举措，并为他们自身的未来感到担忧。

不过，中国电影迅猛巨变的特征之一表现在中国观众时常更钟情于本地电影，而不是好莱坞大片。这种趋势从去年开始已经比较明显。显然，真实反应中国人物和故事的电影将更有可能主导中国的电影票房。因此，对西方电影公司而言，成功制作满足中国消费者品味的电影将比简单地进入中国市场更具有挑战性，因为只有切实理解中国文化和长久以来的中国文明才能引发中国观众的共鸣并打动他们的内心。出于同样的原因，中国的娱乐公司也正从长远的角度来尝试理解本土电影经常在海外表现不佳的原因。鉴于此，中美两国的电影从业者都将有大量的工作需要完成。但是，这对于在中美娱乐业都有涉足的我们而言，将是一个激动人心的时刻！

7. 周凯旋*

2012年中美两国为解决WTO相关问题达成谅解备忘录，中国对美国大片的引进政策发生了较大变化。比如，电影的引进配额由原来

---

* 周凯旋是北京电影学院“影视金融国际项目”负责人、北京七星联动文化传播限公司创始人。

的每年20部增加至34部,美方的票房分账比例由13%提高到25%。同时,中国民营企业也获得了更多的发行进口影片的机会。上述变化对于中国的电影观众而言应该是一个好消息,因为可以在影院里欣赏到更多优秀的进口大片。但是,作为一名中国电影产业从业人员,我认为未来的路仍然困难重重。

首先,中国电影的盈利仍主要依托于本土市场,国产电影的海外经营之路尚未成熟。我们与美国电影公司的合作,多数仍停留在技术引进和明星参与国产片制作这一层面,我们还没有学会利用国际电影业巨头的发行渠道、内容实力、营销和开发衍生品的经验等资源赚取利润。比如极具海外市场影响力的《卧虎藏龙》,因为美国发行方采用了"买断版权"的方式,因此,即使该电影在北美获得了超过一亿美元的惊人票房,中方制片商仍然出现了亏损。另外,虽然目前中国的一些大型制片和发行公司,如橙天嘉禾、华谊兄弟、博纳国际等,纷纷在探索"电影资本走出去"的道路,希望通过资本输出的方式与美国知名影业公司合作,试图收到"打造国际化品牌"与"进入内容生产领域"的一石二鸟之效果,但是很多的类似合作并不成功,几乎都以"闪婚"、"闪离"的方式收场。因此,对于中国影视公司,需要更多的学习了解美国好莱坞的成熟运作方式,增强谈判能力,方能在未来与美国伙伴共享一杯羹。

附录一　娱乐产业术语词汇表

对于初涉电影行业的人而言，最头疼的莫过于各种奇特的行业术语。这种交流障碍不仅来自于两种语言的不同（如中文与英文的互译），更重要的是在影视行业很多术语是有其特定解释的。譬如，当业内人士打趣说某人“中意”(attached)某电影项目时，听者可能会把“中意”这个词理解为已达成了合同承诺，也有人会认为这不过是指某演员或导演对某个项目表现出了兴趣而已。

在制作这个附录时，我们力图将本书谈到的涉及娱乐产业的术语做一个简单的整理与说明。当然，了解行业术语的最好办法莫过于阅读本书的相应章节，真正理解术语所应用的环境。以下术语表收录娱乐产业常见的英文术语及其中文释义。列表未能穷尽之处，尚请见谅。

20/60/10/10 formula

20/60/10/10 模式:是指向创意人员(尤其是制片和导演)支付约定报酬的一种方式。即在制作前期支付总价的 20%,主要拍摄阶段支付 60%,导演剪辑版完成后支付 10%,影片最终版完成后支付最后 10%。

100/5

某电视剧重播时,编剧根据合同享受再次获酬的权利。其分成模式如下:电视连续剧从第二次重播到第五次重播期间,编剧可获得原约定版税的固定百分比。但电视剧第 6 次重播时,编剧再无获酬的权利。

Abandonment

抛弃:指制作方或电影公司正式停止对某电影或电视节目的开发制作。

Above-the-Line Costs

线上成本:电影成本的一部分,主要是指用于购买电影权以及雇佣创意人员(如演员、导演、编剧)的费用。

Actual Method

应计会计法:一种记账方法,支出和收入在招致或发生时计取,而不是在支付或收到时计取。

Actual Break-Even

实际盈亏平衡点:根据发行费用的预算,当一部电影的收益达到净利润时的时间点。参考“现金收支平衡”定义及“滚动(实际或现金)收支平衡点”的定义。

Ad-Supported

依靠广告收入的电视节目:以广告为主要收益来源的电视节目。

Adjusted Gross Receipts

调整后的总收益:一般是指减去财务杂费后的总收益。但是,业内很多人用该术语指减去所有发行成本后的总收益。

Advance

预付款:预先支付的款项,一般用于(a)获得拍摄电影的权利或(b)对已产生的服务支付费用。参考"扣留款"和"溢余款"。

Answer Print

标准拷贝:影片拍摄完毕后的第一版正像拷贝,可供观看和收听。它综合了原始负片的视频以及音响、音乐和多重效果。

At-Source

源头收益:影视作品发行带来的各种收益来源,一般包括以下发行收益:

a. 影片的院线收益;

b. 家庭影院收益;

c. 电视台播放收益;

d. 以及衍生品的许可费用收益。

Attached

承诺:一般是指创意人员(导演、编剧、演员等)同意参与某部影视作品拍摄的合同承诺(承诺通常是有附加条件的)。

AVOD(Ad-Supported Video on Demand)

含广告的视频点播节目,指通过流媒体播放的视频点播节目(VOD)。此类节目不能永久下载,且插入广告不能跳过。

Back Nine

后九集:在起初仅预定十三集的情况下,由电视网额外预定的 9 集电视剧,以凑成完整的一季剧集(22 集)。

Back-End(Contingent Compensation)

后期分成(风险报酬):指创意人员根据合同规定参与后期分成的获酬方式。一般,后期分成要等到影片的总收益或纯利润数额达到一个目标数额时方可实现,故属于风险报酬的一种。

Below-the-Line

线下成本:指电影拍摄的实际制作成本,如拍摄成本、支付剧组成员的费用、租赁场地的费用、摄像机费用等。

Berne Convention

《伯尔尼公约》:一部由多个国家(包括中国和美国)签署的国际版权公约。

Bible

圣经:美国作家协会《基本协议》中使用的术语,指电视剧集或迷你剧集的长期剧本项目。

Billing Block

演员表:即主要演职人员名单,因其通常以齐头式(block form)的排版方式出现在海报、广告等的底端而得名。

Blog

博客:网络日志一词的简写。

Boilerplate

样板条款:标准合同条款,即在不同合同中几乎一致的合同条款。

Box-Office Gross

票房总收入:电影院卖电影票而获得的票房总收入,此时尚未扣除影院收取的放映费。

Breach

违约:对某一合同条款的违背或侵犯。

Budget

预算:详见“制片成本”。

Business Affairs Department

业务发展部:制片公司中负责与创意人员(导演、编剧、演员)谈判、签署协议的部门。业务发展部的人员多为法律专业背景。

Cash Break-Even

现金收支平衡点：当一部电影的总收益接近净利润时，使用的较低的发行费用来计算。

Cash Method

现金会计法：一种记账方法，支出和收入在支付或收到时计取，而不是在招致或发生时计取。与“应计会计法”相对应。

Ceiling

上限：最高价格。“不超过”。

Chain of Title

作品权属产权链：享有著作权的作品自诞生之日起，由各种转让而形成的所有权权属产权链。

Clear Field

署名位置：约定的片尾演职员表滚动时署名的位置。当合同当事人的名字位于屏幕中央时，该署名的上方和下方都应留有足够空间，同时屏幕上不能出现其他署名。

Completion Bond

完片担保：由完片担保人出具的合同承诺书，同意对以下事宜的任意一项进行担保：(a)保证影片按时拍摄完成，并准时交付；(b)若影片不能按时交付，承诺返还银行贷款。完片担保的担保费通常按照“线上成本”与“线下成本”之和(通常不包括购买电影权所需支付的费用及支付给创意人员的费用)的百分比计算(2%—5%,由市场条件决定)。

Contingent Compensation

风险报酬:在达成某个或某些特定条件时(如影片票房的期待数字)才予以支付的酬金。

Co-Production

联合制片:本意是指根据多国签署的联合制片条约,由分别位于不同国家的两家(或两个以上)制片公司联合制作的合拍片。现在泛指与拍摄电影有关的任何合伙或合资方式。

Cover Shots

替代镜头:为了替代某些不适合在特定媒体(例如民航或电视)上播出的内容而额外拍摄的镜头。被替代的镜头多为裸露或亵渎性的内容。

Completion Guarantor

完片担保人:出具完片担保函的一方。

Cross-Collateralized

交叉抵押:将一部或某一地区的电影总收益用于补偿另一部或另一地区电影的损失。

Cuts

剪辑:指影片经过剪辑之后的版本。

Dailies

一天的拍摄中完成的全部镜头。

Daily Variety:

《每日综艺》:好莱坞行业报道刊物(日刊),主要报道娱乐新闻,并对大量电影和电视节目的情况进行追踪报道。

Deal Memo

交易备忘录:一份包括谈判双方已达成主要条款的备忘录,通常具有约束力。

Default

违约:对某合同条款或约定内容的违背或违反。

Deferment

推迟付款:用于支付创意人员(导演、演员、编剧等)的固定金额付款。该款项从总收益中支出,通常在达到"现金收支平衡点"时支付。

Deferred compensation

递延报酬:以未来某事件的实际发生为支付条件的报酬。

Department Head

部门总监:指节目制作中主要的线下人员,负责管理各自的具体部门。例如服装设计、艺术指导、剪辑师、摄像师、选角导演等。

Depiction Release

形象许可：由个人授予制片方，允许其在电影或电视节目中描述本人的形象或真实经历（可以添加戏剧性、虚构性成分）的许可。

Delivery

交付：交付电影胶片。

Development Activities

剧本开发活动：于剧本开发阶段进行的活动，包括面试演员、雇佣编剧等活动。

Development Fee

剧本开发费：向创意人员在剧本开发阶段付出的劳动所支付的费用。

Development Stage

剧本开发阶段：开发剧本的阶段。

DGA（Director Guild of America）：美国导演协会。

Distant Location

长途片场：一般定义为距个人居所所在地路程超过 100 英里的拍摄场地。

Distribution Fee

发行费（发行佣金）：电影发行方收取的费用，经常按影片总收益的百分比计取。

DVD

数码视频光碟

Distributor

发行方:负责发行影片的公司。

Domestic Territory

国内市场:在好莱坞起草的合同中,一般指"美国和加拿大"地区。

Double-Banger

Double-Banger:由两部分组成的拖车,一般在拍摄现场用作演职人员的更衣室。

DP(Director of Photography):摄像指导,即摄像师。

Droit Morale(Moral Rights)

精神权利:著作权的一种权利,常见于欧洲著作权法。美国版权法中并无"精神权利"的规定。

DRM(Digital Rights Management)

数字版权管理:一种用来监控、跟踪版权作品使用情况的技术。它可以帮助管理版权作品,保护其不受非法使用、利用、公开、修改、破坏等。

DTO

指能够开放给用户永久下载的内容(例如电视剧),通常需要收费。

DVR(Digital Video Recorder)

数字视频录像机:一种把电视节目或电影录制下来用于之后的重播的设备。

E&O Insurance(Errors & Omissions Insurance)

过失与疏忽险:指投保人(制片公司)为其拍摄的影视作品中可能存在的侵犯他人著作权、商标权或隐私权的过失与疏忽情形而特别申请的保险。

EST(Electronic Sell Through)

电子零售:指供购买者永久保存(例如在硬盘上制作永久拷贝)的内容(通常是通过互联网传递的视频内容)。EST 通常是可移植的,即所有者可以将其转录到 DVD 或者其他便携设备中去。

Exhibitor

放映方:一般为电影院的所有者。

Exploit

开发:将影片使用在任何可产生收益的环节。

Fair Use Doctrine

合理使用原则:属于著作权法的例外与限制情形。即允许使用者在未取得著作权人同意的情况下使用受著作权保护的作品。其政策意义在于鼓励某些特定目的下对版权作品的使用,例如文学批评、新闻报道、评论、教学和研究等。

Favored Nations

最惠国待遇:保证在特定问题上以同等待遇对待参与各方的协议。换言之,各方均享受无差别待遇。

Film Rentals

电影租金:电影放映方从票房总收益中扣除放映费用后,支付给发行方的影片收益。

Final Cut

最终剪辑:电影的最终修改版本。

First Dollar Gross

先期总票房:一种分账方法。按照调整后的总收益(即总收益扣除财务杂费)的百分比计算,一般还需扣除任何已支付的预先款。

First Draft Screenplay

剧本初稿:根据美国作家协会《基本合同》的定义,剧本初稿是指连续完整剧本(包括完整对白)的第一稿。

First Negotiation

优先谈判权:在进行购买版权或订立雇佣关系的谈判时,优先于任何第三方提出要约的权利。

Fixed Compensation

固定报酬:确保予以支付的报酬。只要个人在完成约定服务时即可获得,不以任何未来事件的发生(例如影片盈利等)为条件。

Floor

下限:最低价格。“不低于”。

First Look

第一阅读权(优先谈判权):指优先阅读剧本、购买剧本的权利。

Force Majeure

不可抗力事件:不可预见的、破坏性的事件,例如地震、洪水、罢工、战争等。不可抗力事件的形式通常会在合同里提前约定清楚。

Forced Call

强制工作:指演员尚未达到美国演员工会规定的最低休息时间(12 小时)的情况下,被要求返回工作的情形。

Foreign Territory

海外市场:不含国内市场的全球市场。

Frontload

前期支付:在项目早期(例如工作开始阶段)就支付总价款较大份额的

支付方法。

GAAP（Generally Accepted Accounting Principles）：公认会计准则的首字母缩写。

Green Light

“绿灯”批准：一部电影被批准拍摄。

Gross Participant

总收益分红人：有权获得调整后总收益分红的一方。

Gross Participation

总分账收益：电影公司总收益的一定比例，通常在计算时会扣除一些费用，如税费、行业协会费用、附加酬金等。事实上电影公司很少有在计算总分账收益时不进行减扣的。

Gross Receipts

（影片）总收益：一部电影在各个环节所获得的全部收益。

Guaranteed Compensation

保证报酬：参见“固定报酬”。

Guaranteed Step

保证付酬阶段：编剧确保能获得酬金的不同创作阶段（例如初稿、修改、润色等），具体酬金数额取决于编剧的工作质量。

Guild

工会:即行业组织(例如电影演员工会)。

Guild Signatory

缔约工会:参见“缔约制片方”。

Hard Floor

硬分账收入:一般而言,制片人在获得分账之前要先扣除需支付给其他演员的分账收入。而“硬分账收入”则是在合同中规定的由制片人享有的最低分账比例。例如,某制片方有权获得净利润50%作为其分账收入,再扣除所有其他人员的分账收入后,制片商所得的硬分账收入保证为净利润的10%。

Hiatus

间隔:制片周期中或不同制片周期间预先安排的间歇。

Home Video Royalty

家庭影院许可收益:影片发行收益的一个来源,比例通常是20%,其余金额由发行商保留。

Hold-Back Period

权利暂停期:合同中的某项规定,要求作品权利人在某特定时间内不得开发电影作品的条款。

Hollywood Reporter

《好莱坞报道》:与《每日综艺》类似的娱乐行业新闻刊物。

Hyphenate

身兼数职的人,例如同时兼任编剧、导演。

Inducement Agreement

劳务承诺协议:创意人员签署的、表示其愿受其转租公司代为签署之合同约束的协议。

In the Black

黑字:即盈利。

In the Red

赤字:即亏损。

IPTV(Internet Protocol Television)

网络电视(互联网协议电视):电视节目以数据包的形式由电视网通过封闭网络提供观看。如果网络系统的状况允许,IPTV 技术也能够提供游戏点播、数据服务、数字音乐甚至家庭安保服务。

ISP(Internet Service Provider)

网络服务供应商。

Last Refusal

最后否决权:也称为竞价权,即买方在同等条件下有优先于其他第三方的购买权。

Lead-Ins/Lead-Outs

导入/导出:在节目播出前后时长为 15 秒至 30 秒的“不要走开”的提示。

Libel

书面诽谤:以书面或印刷品的形式对他人进行的诽谤。

License Fee

许可费:在电视行业指由电视台支付给制片方、用以购买相应的节目的播出权的费用。

Literary Option

选择购买权:指在一定时间内享有的排他的、不可逆的购买著作权或其他相关产权的权利。

Loan-Out

转租公司:创意人员为了避税而设立的公司。转租公司以“转租”的形式将创意人员的服务“出租”给制片方,并代表创意人员与制片方谈判、签署合同。

Long-Form Contract

正式合同(长版合同):一份包含所有合同规定的全面协议,通常包括全部样本文件。

Main Titles

片头字幕:电影开场时的字幕。

Merchandising Rights

商品化权:故事中的角色商品权。

Meal Penalties

用餐时间罚款:美国演员工会制定的因制片方违反工会关于演员用餐休息时间的规定而对其进行的罚款。

Minimums

最低工资:指行业工会或组织规定的最低工资。

MPAA(The Motion Picture of America Association)

美国电影协会:代表美国主流电影制片方和发行方利益的商业行会。

Negative Cost

电影拍摄成本(负片成本):拍摄电影的成本,包括线上成本、线下成本以及某些杂项成本,如财务成本、完片担保费及应急保留金等(一般是线上预算成本和线下预算成本的10%)。

Negative Pick-up

底片提交协议:用于规定电影公司交付电影时权利与义务的协议。协议中通常规定电影公司在交付电影时，可享有国内发行权，并获得之前谈好的费用及许可费用。

Net Proceeds

净收益：合同术语，其计算和支付方式需要在合同中特别定义。也称为“净利润”或“项目净利润”。

Net Profits

净利润：影片总收益扣除影片发行费用、发行佣金以及电影制片费用之后的收益。

Non-Theatrical Release

非影院发行：指在电影院之外的其他场所（如学校、教堂和军事基地）放映电影。此处的“非影院放映”不是指“院线之外的其他发行方式”。

Novelization

小说化：将电影或电视节目改编为小说的过程。

NVOD（Near Video On Demand）

准视频点播：指将视频内容安排在特定的时间间隔上播出，并可以预先购买的点播技术。视频的内容可以下载到 DVR 上减少缓冲时间，也可以直接以视频流的形式播出。

On Spec（On Speculation）

期待：指在未得到酬金许诺的情况下提供服务。最常见的形式是作家在无合同的情形下创作剧本。

One-Off

One-Off：一次性协议，例如剧本创作协议等。

One-Sheets

海报：宣传即将上映的电影或电视剧的海报。

Off-the-Tops

财务杂费：从总收益中扣除的特定杂费用，如支票费、托收费、货币兑换费、交易费、税金和协会基金等。

Option

期权（选择权）：在一定时间内享有实施某行为的权利。如在一段时间内享有开发某小说电影权的独家权利。

Output Deal

发行协议：要求合同一方取得拍摄电影所需要的所有电影权的协议。

Overages

溢余款：可指分账收入或许可费中的任何一项。

Overhead

管理费：在计算电影拍摄费用及发行费用时收取的管理费用（通常为预算的 15%）。

Overall Deals

整体协议:电影公司或电视台与编剧签订的、在合同期内以支付高额酬金为对价换取该编剧所有作品的所有权利益或“首拍权”的协议。协议的对象可能仅包括电视剧本,也可能包括该编剧的所有作品。大部分成功的电视剧集创剧人都会在职业生涯的某个阶段签订这样的协议。

Over-budget Penalty

超预算罚金:通常见于导演与制片风险报酬计算方法的合同条款。如果某项目超出预算,则电影公司有权从本应支付给导演或制片的风险报酬中扣除一定的超额成本。

Participations

分账收入:根据电影的总收益比例或净利润比例支付给投资方或创意人员(导演、演员、编剧)的风险性付款。

Paid Advertising

付费广告:由电影公司制作并付费的用作宣传电影或电视节目之用的广告。

Passive Payments

被动收入:参见“版税”。

Pay-or-Play

付费或参与:电影公司与创意人员(导演、编剧或演员)之间签订的合同条款,若导演、编剧或演员因任何原因未能参与电影的拍摄,其有权按照合同规定的数额获得全额补偿。

Per Diem

日息:每日补贴,用来补贴餐饮和其他杂项的花费。

Pilot

试播集:电视剧集的首集或者试播集。电视台一般会先制作有限的试播集,试探广告商的反映以及电视收视率。只有在收到正面回应时,才全面开发电视剧集。

Pilot Option Period

试播选择期:参见“试验选择期”。

Pilot Season

试播季:通常为每年的一月中旬至四月间。美国的主流电视台在这段时间内制作电视剧的试播剧集,并根据观众的收视率及广告商的反馈,决定是否继续该电视剧的制作。若某电视剧的试播效果良好,该电视剧则获得在秋季正式首播的机会。

Pilot Test Deals

试播试验协议:参见“试验选择协议”。

Polish

润色:对电影、电视剧本的文字润色调整。

Possessory Credit

署名:把影片归属于某位个人的署名方式。

Pre-Production

前期制作:指影片拍摄前三个月所需的准备工作。

Pre-Sale

影片预售:制片公司在电影拍摄之前将影片的发行权预售给发行方(通常为海外发行方)的做法。制片公司通过预售影片的发行权,获得部分的融资。

Prequel

电影前传:描述影片的主角在影片时间线之前经历的电视或电影。根据美国作家协会的定义,前传属于续集的一种。

Presentation

展示版本:未完全成型的试播集,即无播出计划,仅供电视台评估是否制作后续剧集使用的电视剧原型。不过,有些展示版本在彻底完成后也会作为试播集播出。

Previews

试映:指电影或电视剧试播集的试映。通常组织者会请观众填写评价表,有时还会在放映结束后组织研讨。

Prima Facie

表面证据：原文为拉丁语，意为"在表面上"。指能够自证其说的证据。

Principal Photography

主要拍摄阶段：影片制作（录制或拍摄）的时间，有时也称为"拍摄"。

Prints & Advertising(P&A)

拷贝和广告费用：电影拷贝成本及广告支出，属于发行费用中的一部分。

Producer-Signatories

缔约制片方：与美国演员工会、美国作家协会、美国导演协会等组织签订了劳资谈判合同的制片公司。

Production Bonus

制作奖金：影视项目进入制作阶段后支付的奖金，大多数情况下是付给编剧的。

Project

项目：在电影正式开拍前用来形容"电影"的方法。

Project Net Profit

项目净利润：参见"净收益"。

Public Domain

公共领域：公众可任意使用的作品领域，包括不受著作权法保护的作品和著作权有效期过期的作品。

Publisher's Release

出版社声明:出版社做出的不享有除作品发表权之外的其他权利(如作品电视权、电影权)的声明书。电影公司需要上述保证,以便直接向作者购买作品的电影权或其他权利。

Quote

惯例薪酬:个人的过往薪酬,即其在过去类似工作中获得的报酬。

Recoupment

扣留款:电影发行方在支付溢余款之前收回预付款的权利。

Release Patterns

上映计划:电影上映或发行的策略。例如,影片上映首周的院线覆盖率及何时扩大到其他院线的策略。

Release Print

发行拷贝:影片放映方使用的正片电影拷贝。

Remake

翻拍作品:根据同一部版权作品重新拍摄的作品。翻拍作品的定义包括:(1)主要角色与原作品一致;(2)主要角色的情节活动与原作品一致。

Residuals

再次获酬权:是指制片方在影片的院线播放后继续向参与影片制作的

创意及技术人员支付酬劳的规定。再次获酬权是代表演员、编剧、导演的各工会与制片公司集体谈判的结果，通常为电影总收益的固定百分比。

Reversion

权利回归：即作品的所有权在某个特定时候返回到创作人手中的情形。

Rewrite

改写：重写或修改电影或电视剧本的过程。

Rolling(Actual or Cash)Break-Even

滚动(时间或现金)盈亏平衡点："滚动"是指根据累积的支出，实时重新计算的实际或现金收支平衡点，而不是指首次出现的实际或现金收支平衡点。例如，总收入的100%在经过滚动(时间或现金)盈亏平衡点后，等同于净利润。

Royalty

版税(许可费)：按照总收益或净利润的百分比计算的费用，通常由发行方支付给权利人，作为获得电影发行权的一种对价。

Run of the Picture

拍摄时间：即整个主要拍摄阶段的长度，该时间通常也是单个演员工作天数的标准。

SAG(Screen Actors Guild)：美国电影演员及表演艺术家协会

Sales Agent

销售代理:代表电影权利人负责影片发行与许可的代理人。

Scale

最低合同工资:即由行业工会规定的最低工资。

Script Doctor

剧本医生:负责"修饰"或者"修复"剧本的编剧人员,惯常的做法是在剧本中加入一些笑话或者给剧本"加点料"。剧本医生的报酬极高,因此通常电影公司只会短期雇佣他们来修改一些接近开"绿灯"的影片剧本。

Separate Card

独立署名:即在演职员表中独立出现在画面中的署名。

Separated Rights

版权的分割权:根据美国作家协会的协议,作品的权利可分割为出版权、电影权、电视权、游戏权等。

Sequel

续集:根据美国作家协会的定义,指原作中的主要角色所经历的全新故事的作品。

Series Regular

固定角色:根据合同规定在电视剧集中固定出现的角色(区别于客串

角色）。固定角色无需每集都出现，但需在整个剧集中经常出现。

Series Sales Bonus

剧集销售奖金：当电视台在试播剧集获得良好反馈、决定购买后续剧集时，由制作方发给相关创意人员（多为试播集的编剧及导演）的奖金。

Set of Revisions

剧本修改：也称“改写”，即对剧本的再加工，例如根据初稿创作第二稿。

Set-Up Bonus

立项奖金：在原作品的购买者与电影公司或投资方达成协议开发该作品（即作品在电影公司获得立项）之后，额外付给原著作权人的一笔奖金。

Shared Writing Credit

共同署名编剧：即“编剧”的署名权属于两个或两个以上的编剧。

Show-runner

剧集运作人：日常负责电视剧集制作的执行制片人。剧集运作人通常是该剧试播集的创剧人，也是拍摄中的实际管理人，只向电影公司或电视网的老板汇报工作。

Slander

口头诽谤：诽谤的一种，表现为通过语言或者动作诽谤他人。

Soft Floor

软分账收入:类似于硬分账收入,除了额外的分账收入和财务杂费外,主要部分由制片商承担,而不是由电影公司独家承担。

Sole Writing Credit

独立署名编剧:即"编剧"的署名权属于一位编剧或者一个编剧团队。

Spec Scripts

代售剧本:等待购买的剧本,即创作时没有确定的报酬或买家的剧本。

Spin-Offs

衍生剧:从原有电视剧中衍生出的新剧集。衍生剧通常分为两种:原版衍生剧和移植衍生剧。前者是指继续沿用原剧集中的角色的作品,而后者则是指让新剧集中的角色在原有剧集中短暂露面,以培养其观众认知度的作品。

Spotting

配乐定位:影视作品的作曲、导演、制片人观看电影或电视片的剪辑版本,以确定在何处添加配乐的过程。

Stop Date

终止日期:创意人员(演员、导演、制片)在合约中与制片方约定停工的日期。此后创意人员将不再负有为制片方继续工作的义务,无论影片是否完工。

Streaming

流媒体：网络媒体术语，指通过数据包的形式发送的、能够供用户阅读、收听或观看的媒体节目。

Submission Release Form

稿件提交协议：投稿人在主动向潜在买家（电影公司）提交其创意或脚本时签署的协议。协议的目的在于豁免电影公司可能承担的“盗取创意”而引起的法律纠纷。

Sub-distributor

分发行方：由发行方授权负责影片“再许可”的一方。

Studio

电影公司：一般指美国主要的电影公司（如华纳兄弟、索尼、迪斯尼、米高梅、福克斯、环球和派拉蒙等）。电影公司的提法有别于“独立制片公司”。

SVOD(Subscription Video On Demand)

订阅视频点播：指有线电视网以收取订阅费的方式提供不限量的视频点播服务。

Syndication

辛迪加（组合）：特指向电视台捆绑销售电视节目的方式。

Talent

创意人员：一般指参与影片拍摄的编剧、导演及主要演员。

Television Pilot

电视试播集:参见“试播集”。

Term Deal

合同期协议:参见“整体协议”。

Test

试镜:在电视行业中特指为某剧集或者其试播集中的角色进行的正式挑选演员的过程。

Test Option Period

试播选择期:电影公司决定是否在电视剧试播集中使用某演员的一段时间。

Trades

行业评论:报道美国好莱坞产业的杂志,如《美国综艺周刊》和《好莱坞报道》。

Treatment

故事梗概:电影或电视剧的故事大纲。

Trips（Agreement On Trade-related Aspects of Intellectual Property Right）

与贸易有关的知识产权协议。

Turnaround

转股权：电影公司决定放弃拍摄某作品时，允许制片人或其他参与的创意人员在一段时间之内将该作品转售给其他潜在买家。换而言之，处在转股期的作品，是被其原先所属的电影公司放弃，而正在寻找新买家的作品。

Under-budget Bonus

成本控制奖金：导演或制片在有效的控制影片拍摄成本时获得的额外奖金。电影公司承诺将实际拍摄所节省的预算部分（或固定金额）作为奖金发给制片或导演，作为对其控制成本的奖励。

Underlying Material

原作品材料：作为电影或电视节目之基础的作品（包括书籍、电影、台词、漫画、动画等）。

Up-fronts

预售期：电视台向广告客户预售其拟定于当年秋季播出的电视首播剧集的期间（通常为五月底）。客户可通过中介与电视台销售部门谈判购买的广告时段。因电视台大多广告皆是在该特定期间预售而得名。剩余的广告时间则在“散市”上随机卖出。

Upset Price

起拍价：电视剧集的购买方必须向试播集的作者支付的最低价格。该价格由美国作家协会规定，购买者必须支付这笔钱才能继续购买该作品的其他权利。

VOD(Video On Demand)

视频点播:根据用户的选择播放视频节目的互动电视系统。

Work-for-Hire

职务作品(雇佣作品):雇员在其职务范围内为其雇主所创作的作品。中美两国版权法对于雇佣作品的权属规定是不同的。

WGA(Writers Guild of America)

美国作家协会

WIPO(The World Intellectual Property Organization)

世界知识产权组织

附录二　样本合同[①]

1. 真人真事影片的授权合同

Authorized Life Story Rights Purchase Agreement

THIS AGREEMENT is made and entered into by and between Owner and Purchaser on this [*date*]. This Agreement is composed of the following terms and conditions.

1. GRANT OF RIGHTS: Owner does hereby exclusively sell, grant, convey, transfer, set over and assign to Purchaser, Purchaser's successors, licensees and assigns all rights in and to the Material, including, but not limited to the following:

(a) Production and Distribution: The sole and exclusive right to make television programs and motion picture versions or adaptations of the Material or any part thereof, and to produce one or more tele-

---

① 样本合同中部分附有学生翻译的中译文，仅供参考之用，不建议作为正式的法律文件使用。

vision productions of any type based upon or adapted in whole or in part from the Material, or any part thereof, or any such versions or adaptations(all of such programs, motion pictures, versions or adaptations thereof being hereinafter referred to as "productions"), and to produce, remake, distribute, exhibit, broadcast, perform, sell, license for exhibition, exploit, dispose of and generally deal in any manner with one or more productions.

(b) Adaptation and Fictionalization: The sole and exclusive rights to translate into all languages, and to freely adapt, revise, rearrange, add to and subtract from the Material, or any part thereof, and the title, theme, plot, sequences, incidents, and characterizations thereof, to make sequels to and new versions or adaptations of the Material or any part thereof; to make serials of the Materials or any part thereof; to use any part or parts of the Material or the theme thereof or any incidents, characters, character names, scenes, and sequences therein contained in conjunction with any other material or materials; and to separately or cumulatively do any or all of the foregoing, to such extent as Purchaser in Purchaser's sole discretion may deem expedient or desirable in the exercise of any of the rights, licenses or privileges herein conveyed. Purchaser has the right to fictionalize, simulate, portray or impersonate Owner's name, likeness and biography in the productions, and to make use of incidents which have occurred in relation to the Material, factually or fictionally, and Purchaser may employ any actor to portray Owner, in Purchaser's sole discretion. Notwithstanding anything contained in this Clause 1(b) to the contrary, it is Purchaser's intention to portray Owner's story as factually as possible with the understanding that Purchaser has the right to deviate from the facts to enhance the dramatic value of the Material.

(c) Copyright: The sole and exclusive right to secure copyright registration (or equivalent protection in countries where no copyright law exists) of such productions, and any other versions or adaptations of Material, and any soundtracks or recordings in connection therewith, in all countries of the world under any now existing or hereafter created laws, regulations or rules, in the name of Purchaser or any other person, firm or corporation. Purchaser shall be deemed to have acquired and is hereby granted and assigned all rights in the Material under any copyright which may have been herein granted, sold, assigned and set over to Purchaser. If requested by Purchaser, Owner agrees to execute, acknowledge and deliver, or cause to be executed, acknowledged and delivered to Purchaser, any instruments that may be required by Purchaser to establish and vest in Purchaser such rights under such copyright.

(d) Publicity and Advertising: Purchaser shall have the customary right for advertising and publicity' purposes to broadcast, prepare, publish and copyright publications in newspapers, magazines and periodicals of all types, of any synopses, excerpts, summaries, and stories (all of which shall collectively be referred to as "synopses" herein and may not exceed 2,500 words) of the Material or any part thereof, and the right to use said synopses in posters, lobby displays, press books, trade publications, newspapers, magazines and other periodicals, and all other media of advertising, and publicity whatsoever (and to copyright said synopses in purchaser's name in all countries and languages of the world).

The foregoing rights, licenses, privileges and properties shall be enjoyed by Purchaser throughout the world, and the enumeration thereof shall not be deemed to restrict or limit in any way the generality of the grant made in this clause.

Nothing herein contained shall be interpreted or construed to obligate Purchaser to produce any production of the Material, or exercise any of the other rights, licenses or privileges herein conveyed.

2. COMPENSATION: As full consideration for all rights, licenses, privileges and property herein conveyed, and all warranties, representations, and covenants herein made by Owner, Purchaser agrees to pay Owner the following sums, as applicable:

(a) If Purchaser shall produce or cause to be produced a program or mini-series intended for initial exhibition over commercial television the purchase price shall be thirty thousand (30,000) dollars, payable upon exercise of the option. The Option payments will be applicable against and deducted from the Purchaser Price.

(b) If Purchaser shall produce or cause to be produced a motion picture intended for initial release in theaters, Purchaser shall pay Owner an additional sum of ten thousand (10,000) dollars, payable on first theatrical exhibition.

(c) If Purchaser shall produce or cause to be produced a remake of any production hereunder, Purchaser shall pay Owner 50% of the applicable Purchase Price, payable on commencement of principal Photography of the'remake.

(d) If Purchaser shall produce or cause to be produced any sequel to any production hereunder, Purchaser shall pay Owner 33% of the applicable Purchase Price, payable on commencement or principal photography of the sequel.

3. OWNER'S RIGHT OF REVERSION: Notwithstanding anything to the contrary herein, if Purchaser shall fail to commence principal photography within seven (7) years of the date of exercise of the option herein, then all rights granted and disposition. Purchaser shall execute any documents required by Owner to evidence a reversion of rights back to Owner.

4. OWNER'S PUBLICATION RIGHTS: If Owner at any time enters into a publishing agreement relating in any way to Owner's story or to the Materials, and Owner receives revenues pursuant thereto prior to the procurement of a firm development or production commitment from a network, sponsor or other financing entity, Purchaser shall receive no consideration therefrom. Upon obtaining a firm development or production commitment from a network, sponsor or other financing entity, however, Purchaser shall receive 10% of all gross commencing with the date upon which such commitment is made (of

which Purchaser shall give Owner notice). Purchaser's percentage shall be increased by 5% to an aggregate 15% of all gross royalties, advances and other consideration paid or to be paid to Owner therefrom commencing with the date of the initial telecast, or theatrical release of the first production produced pursuant hereto, if any, and continuing in perpetuity.

Owner shall cause the publisher to pay Purchaser's share directly to Purchaser as a third party beneficiary at the same time it pays Owner's share, and Purchaser shall have the same rights as Owner to receive statements from the publisher as well as the same rights to audit and object to statements. Such a provision shall be inserted into the agreement with the publisher, as well as a provision stating that such provision may not be modified or stricken without Purchaser's written consent. If such percentage is not paid directly to Purchaser as above-described, then Owner shall pay it within one week of Owner's receipt in each instance.

The parties hereby agree to all the terms and conditions set forth above by signing below.

____

Owner

____

Purchaser

2. 保密协议

Confidentiality Agreement-Nondisclosure Agreement for Submitting Ideas

Agreement, entered into as of this________ day of________ 20____ between________ (*hereinafter referred to as the "Author"*), located at________ and________ (*hereinafter referred to as the "Recipient"*), located at________.

Whereas, the Author has developed certain valuable information, concepts, ideas, or designs, which the Author deems confidential (hereinafter referred to as the "Information"); and Whereas, the Recipient is in the business of using such Information for its projects and wishes to review the Information; and

Whereas, the Author wishes to disclose this Information to the Recipient; and

Whereas, the Recipient is willing not to disclose this Information, as provided in this Agreement.

Now, Therefore in consideration of the foregoing premises and the mutual covenants hereinafter set forth and other valuable considerations, the parties hereto agrees as follows:

1. Disclosure: Author shall disclose to the Recipient the Information, which concerns:________

2. Purpose: Recipient agrees that this disclosure is only for the purpose of the Recipient's evaluation to determine its interest in the commercial exploitation of the Information.

3. Limitation on Use: Recipient agrees not to manufacture, sell, deal in, or otherwise use or appropriate the disclosed Information in any way whatsoever, including but not limited to adaptation, imitation, redesign, or modification. Nothing contained in this Agreement shall be deemed to give Recipient any rights whatsoever in and to the Information.

4. Confidentiality: Recipient understands and agrees that the unauthorized disclosure of the Information by the Recipient to others would irreparably damage the Author. As consideration and in return for the disclosure of this Information, the Recipient shall keep secret and hold in confidence all such Information and treat the Information as if it were the Recipient's own proprietary property by not disclosing it to any person or entity.

5. Good Faith Negotiations: If, on the basis of the evaluation of the Information, Recipient wishes to pursue the exploitation thereof, Recipient agrees to enter into good faith negotiations to arrive at a mutually satisfactory agreement for these purposes. Until and unless such an agreement is entered into, this nondisclosure Agreement shall remain in force.

6. Miscellany: This Agreement shall be binding upon and shall inure to the benefit of the parties and their respective legal representatives, successors, and assigns.

In Witness Whereof, the parties have signed this Agreement as of the date first set forth above.

Author

Recipient

Company Name

By

Authorized Signatory, Title

保密协议
创意提交不公开协议
（参考译文）

本协议于20____年____月____日由甲方____________________（以下称为“作者”），位于____________________，与乙方____________________（以下称为“接收人”），位于____________________，共同签署。

鉴于作者已经提出了某些有价值的信息、概念、创意或设计，作者将这些内容视为机密（以下称为“保密信息”）；复鉴于接收人从事的业务是将这些保密信息用于其作品，并希望评估该保密信息；且复鉴于作者希望向接收人披露该保密信息；且接收人愿意按照本协议的规定不公开这些信息。

考虑到上述前提及双方之间的互相保证，以及其他与受益价值相等的回报，双方在此达成以下协议：

1. 披露：作者应向接收人披露该保密信息，其内容为：______________________________。

2. 目的：接收人同意保密信息的披露仅限于评估确定其商业开发保密信息的利益之目的。

3. 使用限制：接收人同意不加工、出售、买卖或以任何方式另行使用或盗用被披露的保密信息，包括但不限于改编、模仿、改版或修改。本协议中的任何内容均不应被视为给予了接收人使用保密信息的任何此类权利。

4. 保密：接收人理解并同意，接收人若未经授权将保密信息披露给其他人，将无可挽救地伤害作者的利益。作为对获得该保密信息的对价和回报，接收人应将所有保密信息视为机密，并将其像自有财产权利一样对待，不披露给任何人或实体。

5. 善意协商：在评估保密信息的基础上，如果接收人希望继续开发保密信息，为实现该目的，接收人同意进行善意协商以达成一份双方满意的协议。直到并且除非该协议达成，本保密协议应持续有效。

6. 其他：本协议应具有约束力，并应保证双方当事人及其各自的法定代表人、继承人和受让人的利益。

本协议双方当事人在上述日期签署本协议，特此为证。

作者

接收人

公司名称

授权代表签字、职务

3. 发行协议

Distribution Agreement[①]

Agreement entered ________, 20 ________ between ________, a ________ corporation with its principal place of business located at ________ ("*Distributor*"); and ________, a ________ corporation with its principal place of'business located at ________ ("*Producer*".).

Whereas, Producer is engaged in the [*creation, editing and*] production of certain films, videocassettes, and videodiscs which are artistic works entailing abstract themes represented through the use of [*micro, mini, mainframe*] computer-generated animation (collectively herein the "Films");

Whereas, Distributor is in the business of distributing films of the type and nature' of Producer's Films, among others, worldwide;

Whereas, Producer would like to have its Films distributed by Distributor, and Distributor would like to distribute such Films, all as further specified hereinbelow;

Therefore, Producer and Distributor, for good and valuable consideration given and pursuant to the terms, conditions and covenants contained herein, hereby agree as follows.

1. 01. Definitions:

1. 02. "Distribute" and any grammatical expression thereof inclu-

---

① Alexander Lindey、*Michael Landau*, *Lindey on Entertainment*, *Publishing and the Arts*, 3rd edition.

ding but not limited to distributing, distributed, distributes, means sale or lease.

[1.03. "Film" means (16,35,65) mm in either color or black and white (*in accordance with standards equal to or surpassing SMPTE standards*)].

1.04. "Gross Receipts" means all payments actually received by Distributor based upon its retail pricing and marketing, without deduction for overhead, losses, or marketing (*including advertising*) expenses.

1.05. "Non-theatrical" means a use of a Film for purposes other than electronic transmission, stage or theater presentation, public entertainment, or any other presentation where a fee, admission charge, or transmission or viewing charge is made or collected.

1.06. "Territory" means the (*world*).

1.07. "Theatrical" means a use of a Film for pay television, pay cable transmission, or where there is any other presentation where a fee, admission charge, or transmission or viewing charge is made or collected.

1.08. "Videodisc" means an optical or laser read-only platter of (*dimensions, cover protected or not*).

1.09. "Videocassette" means (8 mm, 1/2 inch, 3/4inch, 1 inch) tape in the (VHS) format.

1.10. "And" includes "or," and "for" includes "amid."

1.11. The singular includes the plural and vice versa unless the context otherwise specifies or requires.

2.01. Distributorship；Copies；Pricing：

2.02. Producer hereby grants to Distributor the（*nonexclusive*）right to distribute the Films in the Territory for non-theatrical and theatrical purposes（the "Distributorship"）.

2.03. Upon the receipt by Distributor of any executed sale or lease agreement for one of the Films, Distributor shall promptly notify Producer of such order in writing, stating therein whether the order is to be filled by film, videocassette, or videodisc, where more than one format or size is listed in the definitional section above, insert requirement that Distributor provide specifications as to such for filling of orders and Producer shall then provide to Distributor a copy of such Film as specified within seven（7）days of such receipt of such notice, if such copy is necessary to fulfill such order. For a sale, Producer shall provide to Distributor an SMPTE or similar industrial standard copy. For a lease, Producer shall provide to Distributor a high quality copy when such copy is required；otherwise, Distributor shall use such copies which it has on hand, and shall be responsible for cleaning and maintaining any such copies. Producer is responsible for transfer fees.

2.04. The Films are listed and described in Appendix A appended hereto and incorporated herein, with amounts specified next to each such Film for wholesale sale or lease/per showing（collectively, the "Wholesale Price"）. The Wholesale Price may be changed at the discretion of Producer by giving written notice thereof to Distributor, and any such written notice shall be deemed incorporated herein without further action by either party. Distributor shall establish its own retail pricing.

3.01. Warranties and Representations:

3.02. Producer warrants and represents as follows:

Producer is not currently bound by any other agreements, restrictions or obligations which do or would in any way interfere or be inconsistent with the Distributorship. (*For exclusive Distributorship, add clause stating Producer shall not in the future enter into any such agreements, restrictions or obligations which would interfere, etc.*)

Producer is capable of entering into this Agreement in every and all respects and that no aspects of this Agreement violate or are protected by the right, title, interest or similar right of any third person or entity, however organized.

4.01. Obligations of Distributor:

4.02. Distributor shall use its best efforts to promote the distribution of the Films in the Territory, including but not limited to the advertising of the Films in appropriate media, the informing of customers and potential customers of' the Films and the counselling of customers and potential customers in the value and use of the Films.

4.03. Distributor shall maintain and distribute a formal film and video catalog which shall be attractive in design and reasonably durable. Entries therein shall be alphabetical and shall include biographical information provided by Producer and reasonably edited by Distributor, and selected frame enlargements from the Films. Each such enlargement shall bear the following notice beneath it in 8 point or larger type: "From the film "(*Name*), "copyright © (*Date*) by (*Producer*). All Rights Reserved. "Space provided to the Producer in any and all such catalogs shall be dependent solely upon the number of Films; otherwise Producer's Films shall receive the same attention with regard to number of frame enlargements, size of biographical information (space, point, style) as that provided every other producer.

4.04. Distributor shall meet all reasonable business standards for displaying and distributing 'the Films to customers and potential customers.

4.05. Distributor shall be responsible for packaging copies of the Films provided by Producer for distribution and conveyance within the Territory.

4.06. Distributor shall be responsible for paying any and all sales, value added or related taxes, and all freight, shipping and insurance charges which are its obligations and not a customer's.

4.07. In the event a copy of a Film which has been received by Distributor is lost, damaged, destroyed, stolen, or otherwise rendered unusable, Distributor shall either replace such copy at its own expense or pay to Producer the Wholesale Price for such Film.

5.01. Royalties, Accounting:

5.02. Distributor shall pay to Producer the greater of the Wholesaled Price or the following Royalties:

a. Fifty (50%) of the Gross Receipts accruing from non-theatrical sales of the Films;

b. Seventy-five (75%) of the Gross Receipts accruing from non-theatrical leases of the Films;

c. Sixty (60%) percent of the Gross Receipts accruing from theatrical sales of the Films; and

d. Eighty (80%) of the Gross Receipts accruing from theatrical leases of the Films;

Collectively, Wholesale Price and Royalties being "Amounts Due."

5.03. Distributor shall submit to Producer within ninety (90) days of June 30 and December 31 of each year, a report setting forth the sales and leases made, including to whom by name, address and telephone number, the Gross Receipts derived therefrom, and the Amounts Due. Included with each such report shall be a check in the Amounts Due payable in United States currency made out to Producer. Where a sale or lease was made in a foreign currency, the Amounts Due thereon shall be calculated at the highest exchange rate in effect at the time such sale or lease was effectuated.

5.04. Any overpayment by Distributor to Producer pursuant to paragraphs 5.02 through to and including 5.03 hereinabove shall be recoverable and recoupable from any or all monies accruing to Producer pursuant to this Agreement.

5.05. Distributor shall maintain its files, documentation and related accounting work material for such period as is required by the statutes, rules and regulations of the United States Internal Revenue Code and the Internal Revenue Service. The Producer shall have the right two (2) times each year to request access to such materials during reasonable business hours and without disruption to the operations of Distributor for the purpose of an accounting and may, for such purpose, hire or otherwise employ an independent certified accountant.

6.01. Trademarks, Copyrights:

6.02. Distributor shall ensure that the relevant names, trade and service marks, and copyrights of Producer shall be properly referenced in the catalogs, sales brochures, and related materials, including the' packaging of copies of Films, within the Territory to protect their validity and legal status and the rights and title to them as held by Producer.

7.01. Termination:

7.02. This Agreement shall be in effect for a period of two (2) years from the effective date hereinabove given, and shall automatically renew for additional one (1) year periods thereafter unless either party not later than three (3) months prior to any such termination date shall give the other party written notice, either hand-delivered or mailed postage prepaid certified or registered, return receipt requested, of its intent to not renew, with the following exception: either Distributor or Producer' may terminate this Agreement at any time after the initial two (2) year term where Gross Receipts from both sales and leases, in the aggregate for all Films, amount to less than one thousand U. S. dollars ($1,000 U. S.), by giving written notice as specified in this paragraph.

7.03. In the event of termination, Distributor shall:

a. Continue to provide services as required to its then existing Film customers, including those specified in subparagraph. b. herein below;

(b. Be permitted to negotiate and enter into contractual relations pursuant to its Distributorship up to the date of termination);

c. Shall continue to make all payments as provided for herein to Producer; and

d. Shall return to Producer all copies of the Films not required to fulfill the obligations specified herein.

7.04. In the event of termination, Producer shall continue to provide such copies of the Films so that Distributor can fulfill the terms of its contractual relations with those customers described in paragraph 7.03 hereinabove.

8.01. Third-Party Disputes; Indemnification:

8.02. If any claim is asserted or action or proceeding brought against Distributor which alleges that all or any part of the Films infringes or misappropriates any copyright or other proprietary right or title, then Distributor shall give Producer prompt written notice thereof and Producer shall defend or settle such claim or action within its discretion. Claims or actions arising from contractual disputes between Distributor and its customers, shall be defended or settled by Distributor within its discretion. Claims or actions involving a copyright infringement or other misappropriation of rights or user inherent in the Films shall be prosecuted or settled by Producer upon prompt written notice thereof by Distributor.

8. 03. Where it is determined by a court of last resort in a final judgment that any Film or part thereof infringes or misappropriates the copyright or other proprietary rights of a third-party and damages are ascertained against Distributor, Producer shall indemnify Distributor for any such damages.

9. 01. Benefit, Assignment:

9. 02. This Agreement shall inure to the benefit of and be binding upon the parties hereto and their divisions, subsidiaries, affiliates, successors-in-interest, personal and legal representatives, heirs and executors, where applicable.

9. 03. This Agreement or any delegation of performance due hereunder may not be assigned by the parties hereto without the written consent and authorization of the other party.

10. 01. Other Films:

10. 02. Producer may from time to time submit new films, videocassettes, or videodiscs with respective Wholesale Price to Distributor for inclusions within this Agreement and Distributor shall within fourteen (14) days of receipt of any such film, videocassette, or videodisc state in writing to Producer whether or not such film, videocassette, or videodisc shall be distributed by it. In the event Distribu-

tor elects not to distribute such film, videocassette, or videodisc, Distributor shall return such film, videocassette, or videodisc to Producer within the specified time. Otherwise, the submission by Producer and the written acceptance by Distributor shall be deemed to incorporate and include such film, videocassette, or videodisc herein without further action on the part of either party.

11.01. Severability:

11.02. If any part of this Agreement is found violative of any law or is found to be otherwise legally defective, this Agreement shall be construed and interpreted without reference to such part.

12.01. Laws, Forum, Enforcement:

12.02. This Agreement shall be interpreted and construed in accordance with the local, internal law, and not the conflicts rules, of the State of________.

12.03. The forum selected by the parties hereto for the sake of convenience and based upon 'requisite contacts and involving any proceeding or suit in law or equity arising from or incident to this Agreement as among the parties hereto shall be located in________.

12.04. In the event of a dispute among the parties hereto concerning an accounting of royalties or other fees or payments due hereunder, such dispute and only such dispute shall be arbitrated in________ pursuant to the rules of the American Arbitration Association then in effect. Where an error in favor of the Producer is found, other than payment byDistributor of any such discrepancy, the only damages to be awarded to Producer shall be interest at the prime rate of the________ Bank, in effect for the time period between when such payment should have been made and when the award is entered. Each party shall bear its own costs and fees, including attorney's fees.

13.01. Entire Agreement:

13.02. This Agreement constitutes the entire understanding of the parties hereto and supersedes any and all prior or contemporaneous representations or agreements, whether written or oral, among the parties, and cannot be changed or modified unless in a writing signed by all the parties hereto, except as otherwise specifically noted hereinbefore in this Agreement in paragraphs 2.04 and 10.02.

14.01. Waiver:

14.02. No term or provision hereof shall be deemed waived and no breach excused unless such waiver or consent shall be in writing and signed by the party claimed to have waived or consented.

15.01. Surviving Obligations:

15.02. The obligations pertaining to paragraphs 4.07, 5.02, 5.03, 5.05, 7.03 and 7.04 shall survive termination of this Agreement.

16.01. Publicity:

16.02. Producer shall provide to Distributor such information as is deemed necessary by Distributor throughout the duration of this Agreement for advertising or other publicity purposes.

17.01. Notice:

17.02. Notice shall be deemed given hereunder when sent by prepaid, first class United States mail sent to the addresses hereinabove given or such other addresses as may be given by one party to the other as the need arises, unless otherwise specified in this Agreement.

18.01. Headings:

18.02. The headings of the several Articles herein are inserted for convenience in reference only and are not intended by the parties to be a part of or to affect the meaning or interpretation of this Agreement.

In Witness Whereof, the parties hereto have been duly authorized and empowered to set their hands as of the day and year first above written.

By:

By:

Title:

Title:

Wholesale Distributor's Pricing and List of Films

Title Running Color or Sale Lease

Time B/W Lease Price

4. 弃权书

General Release

I,________,residing at________,City of________,State of________, in consideration of one dollar ($1), lawful money of the United States, to me in hand paid by________,residing at________,City of ________,State of________,and for other good and valuable considerations,

Do hereby remise, release and forever discharge the aforesaid________, his heirs, executors, administrators and assigns, of and from all and all manner of actions, causes of action, suits, debts, dues, sums of money, accounts, bonds, covenants, contracts, agreements, judgments, claims and demands whatsoever in law or equity, which against the aforesaid________I ever had, now have, or which my heirs, executors, administrators or assigns, or any of them, ever had, now have, or hereafter can, shall or may have, for or by reason of any cause, matter or thing whatsoever, from the beginning of the world to the date of these presents.

In Witness Whereof I have hereunto set my hand and seal this________day of________,20________.

(*L. S.*)

(Acknowledgment)

弃权书（参考译文）

本人________，居住于________州________城市________，兹收到乙方________州________城市的________（人）支付至我手中的报酬，共计________美元，作为与受益价值相等的回报。

本人特在此同意放弃、让渡并永久免除向上述乙方________、其继承人、执行人、管理人和受让人提起各类诉讼、诉由、讼案、债务、应付费用、款项、账目、保函、保证、合同、协议、判决、索赔和要求的权利，不论依据法律或衡平法。上述权利是指从开始并直至（索赔等）事件发生之日，本人曾经享有、正在享有或本人的继承人、执行人、管理或受让人，或其中的任何人，曾经享有、正在享有或此后能够、应该或可能享有的、对上述________提出索赔的权利。

本人于20____年____月____日在此签名并盖章，特此证明。

签字：

确认

5. 竞业禁止协议

Non-Compete Covenants

In consideration of(*ABC, Inc.*), a ________ corporation with principal place of business at ________, City of ________, State of ________ (*herein called the Purchaser*), agreeing to purchase simultaneously herewith certain of the assets of (*XYZ. Inc.*), a ________ corporation with principal place of business at ________, City of ________, State of ________ (*herein called the Seller.*), and in order to induce the Purchaser to make such purchase,

I, the undersigned, residing at ________, City of ________, State of ________, being an officer, to wit, (*Treasurer*) (*and Director*) of the Seller, and also a holder of ________ shares of the Seller's capital stock,

Do Hereby Covenant and Agree that I shall not for a period of (*five*) years from the date hereof, anywhere in the (*United States*) engage or be employed, directly or indirectly, whether as officer, director, stockholder, agent or employee, in the business of (*here specify the nature of the Seller's business*), or in any similar or competitive business whatever.

I further agree that if I violate the provisions hereof, remedy by injunction shall lie against me.

In Witness Whereof I have hereunto set my hand and seal

this ________ day of ________, 20____.

(*L. S.*) Signature of Party

(*Acknowledgment*)

竞业禁止协议(参考译文)

鉴于(ABC公司),为一家＿＿＿＿＿＿公司,主要营业地址位于＿＿＿＿州＿＿＿＿城市＿＿＿＿＿＿(在此称为"买方"),同意收购(XYZ公司)的一定资产,该公司主要营业地址位于＿＿＿＿州＿＿＿＿城市＿＿＿＿＿＿(在此称为"卖方")。为促使买方进行上述收购交易,

本人,即签字人,居住于＿＿＿＿州＿＿＿＿城市＿＿＿＿＿＿,作为一名主管人员,即卖方的(财务主管)(和总监),并持有卖方股本的＿＿＿＿股份。

特在此保证并同意:自签约之日起(5)年,本人不应在(美国)的任何地方直接或间接地从事或受雇于(在此列出卖方业务的性质)业务,或任何与其业务相类似或相竞争的业务,无论作为主管、总监、股东、经纪人或雇员。

本人进一步同意,如本人违反本规定,本人应被处以禁令救济。

本人于20＿＿年＿＿月＿＿日在此签名并盖章,特此证明。

签字:

确认

6. 期权协议相关条款

Options Agreement

(Grantee of Option)

Dated

(Address)

Dear ________

I am the owner of [*here describe the subject matter of the option*], herein called the Copyrights. I hereby grant you an option to purchase all (*my*) (*the*) right, title and interest in the Copyrights on the following terms and conditions:

1. The option shall commence upon your written acceptance hereof and shall expire at (*6:00 p.m., Eastern Standard Time*), on (*here insert date*).

2. The purchase price of the Copyrights shall be $ ________, payable in cash or by certified check at the closing.

3. Concurrently herewith you have paid me the sum of $ ________, as the consideration for this option. If you do not exercise the option, this sum shall be retained by me, free of any claim on your part. If you exercise the option, this sum shall be applied against the purchase price.

4. If you elect to exercise the option, you shall do so by written notice sent to me on or before the expiration date specified in clause 1. The notice shall be sent by registered mail, return receipt requested, ad-

dressed to me at the address below specified, unless I specify a different address by like notice. The closing shall be held within (*five*) days after the date of the exercise of the option at the office of my counsel, Messrs. ________ with offices at , City of________ State of ________.

5. At the closing you shall pay me the full purchase price of the Copyrights, less the consideration previously paid for this option; and I shall thereupon deliver to you a Bill of Sale and Assignment covering the Copyrights.

6. I represent and warrant to you that I am the sole owner of the Copyrights; that it is free and clear of all liens and encumbrances; that there are no restrictions or limitations on the sale thereof; and that I have the full right and power to dispose of the same. These warranties shall survive the sale of the Copyrights.

7. This option shall ensure to the benefit of and shall be binding upon our respective heirs, executors, administrators and assigns.

If the foregoing fully sets forth our understanding, please so indicate below. This letter will then constitute a binding option.

Yours truly,

Confirmed and Accepted:

Grantor of Option

Dated:

Address:

Signature of Optionee

期权协议相关条款(参考译文)

尊敬的________:

本人是__________(称为“题述版权作品”)的版权所有人。本人在此授予贵方期权,以使贵方能够按照以下条款和条件,购买本版权作品中的全部(或部分)__________权利、所有权和利益:

1. 期权应从贵方书面确认签署时其实,并于________日________时截止。

2. 题述版权作品的购买价格为________美元,在成交时应以现金或保兑支票方式支付。

3. 同时,贵方已在此向本人支付了________美元,作为题述版权作品的期权价格。如果贵方决定不行使题述期权,上述金额由本人保留,且不向贵方提出任何索赔。如果贵方决定行使该期权,则上述金额从购买价格中抵扣。

4. 如果贵方选择行使本期权,贵方应在第一条规定的期满日或之前向本人方发送书面通知。该书面通知应以挂号信并附回执的方式寄到本人如下地址,除非本人以类似通知的方式列出了其他地址。成交仪式应在执行该期权后(5)天内,在本人的法律顾问办公室(位于________州________城市________)举行。

5. 成交时，贵方应向本人支付题述版权作品的全部购买价格，在扣除之前为购买本期权而支付的金额之后。随后，本人应向贵方发送版权销售证书及转让书。

6. 本人承诺并保证：本人是题述版权作品的唯一所有权人；题述版权作品不存在任何形式的抵押或质押；题述版权作品的销售与转让不受任何约束或限制；本人有全权处理题述作品的版权。上述保证在版权出售后应持续有效。

7. 期权协议应确保合同双方及其各自继承人、执行人、管理人和受让人的权益，并对其具有约束力。

若合同双方对上述文字无异议，请在此签字。本信函将构成一份具有约束力的期权协议。

期权授予人：

日期：

地址：

期权受让人签字：

7. 翻拍与续集相关条款

Remakes and Sequels

The Author expressly reserves all sequel rights in the[*Novel*],including (but not by way of limitation),the right to use the characters contained in the (*Novel*) in any literary work or works that he may hereafter write. Notwithstanding the use of such characters,no rights in any new literary,work or works of the Author shall be deemed to be granted to or acquired by the Purchaser hereunder. The Purchaser shall have the right to produce remakes of the Motion Picture,but it shall have no right to produce any sequels thereto.

a. The term "remake" as herein used shall mean a motion picture (1) that deals with substantially the same characters as those presented in the initial Motion Picture;(2) that has substantially the same plot and story-line as the initial Motion Picture,though the form or manner of the presentation may be different;and (3) that does not continue the original story or carry it forward or backward in point of time.

b. The term "sequel" as herein used shall mean a motion picture produced after the production of the initial Motion Picture hereunder or a remake thereof as above defined (1) that deals with substantially the same characters as those presented in the original Motion Picture;(2) that has a substantially different plot,story-line and episodes;(3) that reveals the characters in substantially new and different situations;and (4) that represents a continuation of the original story,not a re-telling of it.

翻拍与续集相关条款(参考译文)

作者明确保留拍摄(本小说)所有续集的权利,包括(但不限于)在任何文学作品或以后可能创作的作品中使用(本小说)所包含的各种人物的权利。即使买方有使用上述人物的权利,任何新文学作品或作者作品中的权利均不应被视为在本协议中授予或给予了买方。买方享有翻拍电影的权利,但是无权拍摄电影的续集。

a. 本协议中的"翻拍片"是指一部电影(1)其涉及的人物与原电影中呈现的人物实质上是相同的;(2)其剧情和故事情节与原电影实质上相同,虽然其表现形式或方式可能有所不同;且(3)不是延续原故事或在原故事的时间点上向前推或向后推的故事。

b. 本协议中的"续集"是指在原电影拍摄完成后、制作的一部影片或翻拍片(见定义如上),其(1)涉及的各种人物与原电影中呈现的人物实质上是相同的;(2)其剧情、故事情节与剧集与之前电影有显著不同;(3)在全新和实质不同的情况下表现人物;且(4)代表了原故事的一种延续,而不是复述原故事。